Est classique le livre qu'une nation ou un groupe de nations ou les siècles ont décidé de lire comme si tout dans ses pages était délibéré, fatal, profond comme le cosmos et susceptible d'interprétation sans fin.

N'est pas classique (je le répète) un livre qui nécessairement possède tel ou tel mérite, mais un livre que les générations humaines, pressées par des raisons différentes, lisent avec une ferveur préalable et une mystérieuse loyauté.

Jorge Luis Borges

DANS LA MÊME COLLECTION

L. BRISSON (avec la collaboration de F. Plin) : *Platon 1990-1995 : bibliographie*, 416 p., 1999.

H. CHERNISS : *L'Énigme de l'ancienne Académie*, suivie en Appendice de E. N. TIGERSTEDT : *Le Système caché*. Introduction et traduction de L. Boulakia, Avant-propos de L. Brisson, 232 p., 1993.

J.-Y. CHATEAU (textes réunis par) : *La Vérité pratique. Aristote,* Éthique à Nicomaque, *livre VI*, 376 p., 1997.

G. DAHAN, I. ROSIER-CATACH (textes réunis par) : *La* Rhétorique *d'Aristote. Traditions et commentaires de l'antiquité au XVII*e *siècle,* 360 p., 1997.

M. DIXSAUT : *Le Naturel philosophe. Essai sur les dialogues de Platon*, 424 p., 1985, 2e éd. 1994.

– (dirigé par) : *Contre Platon I. Le Platonisme dévoilé*, 464 p., 1993.

– (dirigé par) : *Contre Platon II. Renverser le platonisme*, 322 p., 1995.

M. DIXSAUT, F. TEISSERENC (textes réunis par) : *La Fêlure du plaisir. Études sur le* Philèbe *de Platon :*

– *1. Commentaires*, 1999.

– *2. Contextes*, 1999.

A. GIGANDET : *Fama deum. Lucrèce et les raisons du mythe*, 448 p., 1997.

V. GOLDSCHMIDT : *Platonisme et pensée contemporaine*, 272 p., 1990.

M.-F. HAZEBROUCQ (nouvelle traduction, commentaire et notes par) : *La Folie humaine et ses remèdes. Platon*, Charmide *ou* De la modération, 360 p., 1997.

H. JOLY : *Le Renversement platonicien. Logos, epistèmè, polis*, 408 p., 3e éd., 1994.

NIETZSCHE, RITSCHL, ROHDE, WILAMOWITZ, WAGNER : *Querelle autour de* La Naissance de la tragédie, Introduction et traduction par M. Cohen-Halimi, M. Marcuzzi, H. Poitevin, 304 p., 1995.

D.P. TAORMINA : *Jamblique, critique de Plotin et de Porphyre. Quatre études*, 192 p., 1999.

THÉMISTIUS : *Paraphrase de la* Métaphysique *d'Aristote (livre lambda),* traduit de l'hébreu et de l'arabe, introduction, notes et *indices* par Rémi Brague, 176 p., 1999.

L. JAFFRO, B. FRYDMAN, E. CATTIN et A. PETIT (dirigé par) : *Leo Strauss : art d'écrire, politique, philosophie, texte de 1941 et études,* 336 p., 2000

TRADITION DE LA PENSÉE CLASSIQUE
Directeur : Monique DIXSAUT

ONTOLOGIE ET DIALOGUE

MÉLANGES EN HOMMAGE
À
PIERRE AUBENQUE

avec sa collaboration
à l'occasion de son 70e anniversaire

Texte réunis par
Nestor L. CORDERO

Ouvrage publié avec le concours
de l'université de Rennes I

PARIS
LIBRAIRIE PHILOSOPHIQUE J. VRIN
6, Place de la Sorbonne, V^{e}
—
2000

La citation de Borges présentée en exergue est extraite de *Enquêtes*, trad. Paul et Sylvia Benichou, coll. Folio / Essais, Gallimard, Paris, 1967, p. 251-252

ISBN 2-7116-1468-9
Imprimé en France

pour Gérard Paulhac, *in memoriam*

Deux Grecs parlent entre eux: Socrate peut-être,
et Parménide.
Mieux vaut ne jamais savoir leurs noms :
l'histoire sera ainsi plus mystérieuse
et plus sereine.
Le sujet de leur dialogue est abstrait. Ils évoquent
parfois des mythes auxquels
ils ne croient ni l'un ni l'autre.
Les arguments qu'ils mettent en avant peuvent être
souvent captieux et ne les
mènent à rien.
Ils n'engagent pas de polémiques. Ils ne cherchent ni
à persuader ni à être
persuadés, ils ne songent ni à gagner ni à perdre.
Ils ne sont d'accord que sur une seule chose :
ils savent que la discussion est
le seul chemin possible pour parvenir à une
vérité.
Affranchis du mythe et de la métaphore, ils pensent,
ou essayent de penser.
Nous ne saurons jamais leurs noms.
Cette conversation entre deux inconnus quelque part
en Grèce est le fait
capital de notre Histoire.
Ils ont oublié la prière et la magie.

Jorge Luis BORGES, « Le commencement », dans *Atlas*,
trad. F. Rosset, Paris, Gallimard, 1988.

AVANT-PROPOS

> On peut fort bien dialoguer sans être d'accord sur rien, du moins sur rien de déterminé ; si l'on tombe d'accord sur quelque chose, cette chose rend le dialogue inutile [1].

Le titre de cet ouvrage, *Ontologie et dialogue*, pourrait sembler, *a priori,* incongru, voire bizarre. En effet, quel rapport peut-il y avoir entre l'ontologie et le dialogue ? Un bref aperçu sur le but poursuivi par ce volume (à l'origine, un hommage rendu à Pierre Aubenque par des amis, des collègues et des anciens disciples, par l'intermédiaire d'un *dialogue* avec quelques idées du Maître), montre la pertinence du rapport entre les deux notions.

Mais… pourquoi *ontologie ?* Les deux travaux principaux de Pierre Aubenque[2] portent sur Aristote, dont la philosophie est envisagée selon deux perspectives différentes mais forcément complémentaires. L'un des sujets, la « prudence », relève de la pratique – au sens très large – mais cette pratique est censée s'appuyer sur une « théorie sur l'être » (qui est l'autre sujet traité) ; autrement, elle serait privée de toutes sortes de repères et rien ne distinguerait une action réfléchie d'un parcours capricieux. Le couple théorie-pratique, attesté chez les philosophes au moins depuis Héraclite[3], confirme dès l'origine que la philosophie n'a pas de sens si elle n'est pas conçue comme un mode de vie[4]. Toutefois, pour que la théorie soit capable de fonder des normes d'action valables d'une manière générale, cohérentes, dont le *telos* doit être la perfection (*aretè*) de l'être humain, son regard[5] ne

1. P. Aubenque, *Le Problème de l'être chez Aristote,* Paris, P.U.F, 1962, p. 294.

2. *Le Problème de l'être chez Aristote*, et *La Prudence chez Aristote*, Paris, P.U.F., 1963.

3. *Cf.* fr. 112 : « …la sagesse consiste à énoncer (*legein*) des choses vraies et à agir (*poiein*) selon la nature, en écoutant ».

4. Sur la philosophie comme mode de vie, *cf.* le remarquable ouvrage de Pierre Hadot, *Qu'est-ce que la philosophie antique ?,* Paris, Gallimard, 1995.

5. N'oublions pas que *théorie* dérive de *theorein*, qui signifie « voir », « contempler ».

doit pas se poser sur ce qui est contingent, aléatoire. Il doit s'appuyer sur l'être des choses, sur le fondement de la réalité. La *théorie* ne peut devenir fondement de la *pratique* qu'en s'appuyant sur une conception de l'être, sur une *ontologie*.

Cette notion délimite un territoire. C'est à l'intérieur de ce territoire que se place l'ensemble de l'œuvre de Pierre Aubenque. Les travaux qui sont réunis dans cet ouvrage collectif n'ont qu'un but : remercier M. Aubenque de nous avoir accompagnés lors de nos randonnées, parfois timides, parfois très audacieuses, à l'intérieur de cet univers si passionnant, et même, parfois, de nous avoir invités à y rentrer, guidés par sa « prudence ».

Il serait superflu d'affirmer – car il s'agit d'une réalité incontestable – que Pierre Aubenque occupe une place de choix dans le domaine des études anciennes, non seulement comme auteur mais aussi comme pédagogue. Ses deux livres principaux, ainsi que le grand nombre d'articles qu'il a consacrés à la philosophie ancienne relèvent non seulement de l'histoire de la philosophie, mais de la Philosophie, tout court. M. Aubenque ne fait pas des recherches *sur* les Grecs ; il entame un dialogue philosophique *avec* les Grecs, et tous ceux qui l'écoutent (ou qui le lisent) depuis des années ont toujours l'impression de se trouver face à quelqu'un qui a été capable d'effacer le temps qui nous sépare des anciens et qui s'adresse à son public comme Platon, Aristote, Plotin et d'autres auraient pu dialoguer avec leurs contemporains. C'est pour cette raison que les auteurs des travaux qui font partie de ce volume ont décidé, à leur tour, de *dialoguer* avec Pierre Aubenque.

Le fait de *dialoguer* suppose, tout d'abord, un certain état d'esprit. « Un vrai dialogue n'est possible que si l'on *veut* vraiment dialoguer »[1], c'est-à-dire, échanger des *logoi.* C'est le cas des chercheurs qui se sont associés à cette entreprise et qui sont conscients du fait – décrit en quelques mots par P. Hadot – que, dans tout dialogue, « les interlocuteurs découvrent par eux-mêmes, et en eux-mêmes, une vérité indépendante d'eux, dans la mesure où ils se soumettent à une autorité supérieure, le *logos* »[2]. Mais le *logos* est dynamique ; dans ce mouvement d'allée et de retour, il se métamorphose. Comme l'affirme Monique Dixsaut à propos de Platon, « le *dialegesthai* dépasse les fausses antinomies concernant le *logos* : celle de l'actif et du passif, du prendre et du recevoir, du positif (persuader) et du négatif (réfuter) »[3].

1. P. Hadot, *op. cit.*, p. 103.
2. *Loc. cit.*
3. *Le Naturel philosophe*, 3ᵉ éd., Paris, Vrin, 1988.

Mais la notion de dialogue occupe aussi une place de choix dans la conception aubenquienne de l'ontologie d'Aristote. Selon Aubenque, en effet, « l'être n'est autre que l'unité de ces intentions humaines qui se répondent dans le dialogue »[1]. La tâche de l'ontologie est par conséquent infinie, car « elle n'aurait d'autre fin que la fin du dialogue entre les hommes »[2] ; et c'est dans ce dialogue sur l'être que l'on trouve la clé de la nouvelle interprétation d'Aristote proposée par P. Aubenque : « La parole humaine sur l'être est dialectique, non scientifique »[3]. Mais, comme l'être se constitue dans et par le langage, la dialectique devient la seule *réalité* de l'ontologie : « L'homme ne se poserait pas des problèmes sans l'idée que ces problèmes admettent une solution »[4]. La dialectique atteste de ce questionnement.

Les idées que Pierre Aubenque a semées dans ses ouvrages et dans son enseignement oral ont poussé chez ses disciples et ont élargi le domaine de la recherche des Antiquisants. Une telle personnalité ne peut que mériter une reconnaissance sincère et profonde. Ce n'est pas la première fois que Pierre Aubenque est l'objet d'un témoignage écrit d'amitié et de respect. Il y a une dizaine d'années, Rémi Brague et Jean-François Courtine ont publié un ensemble de travaux pour rendre hommage à son œuvre et à sa personnalité[5]. Les essais que nous présentons ici veulent reprendre cette bonne vieille habitude qui consiste à remercier certaines personnes d'être ce qu'elles sont, tout simplement.

En janvier 1997, l'équipe de recherche « Philosophie des Normes » de l'U.F.R. de Philosophie de l'Université de Rennes I décida de consacrer deux journées en hommage à Pierre Aubenque. Des nombreux collègues et amis du Maître ont bien voulu s'associer à cette initiative, et d'autres, qui n'ont pas pu participer à l'événement, ont eu la gentillesse de nous envoyer des communications écrites. Cet ouvrage collectif est constitué par ces travaux, réunis sous le titre (approuvé par M. Aubenque lui-même) de *Ontologie et Dialogue*. Ils s'inspirent tous de sujets traités par Pierre Aubenque, soit dans ses écrits, soit dans ses cours et séminaires. Leurs auteurs ont ainsi voulu démontrer que le dialogue encouragé par son Directeur pendant plus de vingt ans au Centre Léon Robin (Université de Paris IV), véritable vivier de chercheurs, aussi bien français qu'étrangers, reste toujours ouvert. L'éditeur de ce volume, membre du Centre depuis 1968, peut témoigner aussi de l'ambiance amicale que M. Aubenque a su

1. P. Aubenque, *op.cit.*, p. 132.
2. *Loc.cit.*
3. P. Aubenque, *op.cit.*, p. 302.
4. *Loc.cit.*
5. *Herméneutique et Ontologie*, Paris, P.U.F., 1990.

instaurer autour de lui, partagée par ses élèves et ses amis, et – comme l'ont exprimé R. Brague et J. F. Courtine – « rares sont ceux des premiers qui ne soient pas entrés au nombre des seconds »[1].

C'est grâce à la gentillesse de Mme Monique Dixsaut que cet ouvrage a trouvé une place dans la prestigieuse série qu'elle dirige, et c'est grâce à l'appui de Mme Jacqueline Lagrée, de l'Université de Rennes I, que les Journées Aubenque, dont le prolongement se trouve dans cet ouvrage, ont pu avoir lieu ; qu'elles reçoivent ici mes remerciements les plus sincères.

Nestor-Luis Cordero
Université de Rennes I

1. *Op. cit.*, p. VII.

PLATONICA

VÉRITÉ ET FAUSSETÉ DE L'*ONOMA* ET DU *LOGOS* DANS LE *CRATYLE* DE PLATON

Michel FATTAL

Peut-on dire à l'instar de D. Ross que l'objet de la recherche du *Cratyle* porte sur l'*étymo*logie et sur rien d'autre [1] ? Peut-on par ailleurs affirmer que le *Cratyle* « est, de tous les dialogues, celui qui est le plus exclusivement limité au *logos*, celui qui est le plus exclusivement un *logos* au sujet du *logos* » [2] ? En fait, les premiers mots du dialogue permettent de constater que l'objet explicite de la recherche n'est autre que celui de la « justesse des noms » (ὀνομάτων ὀρθότης) (383 a) [3].

J'ajouterai que ce qui intéresse Socrate, ce n'est pas seulement de voir comment et sous quelles conditions les noms sont justes et vrais – thèse de la rectitude des noms qui est soutenue par Hermogène et Cratyle –, mais de montrer également et *surtout* qu'ils peuvent être incorrects et faux. Ainsi, l'intention de Socrate dans le *Cratyle* consiste à examiner les conditions de possibilité du faux dans les noms en particulier et dans le langage en général. Il ne s'agira pas tant pour Socrate d'étudier le caractère conventionnel ou naturel du langage que de renvoyer dos à dos Hermogène et Cratyle afin de les amener à reconnaître qu'il est possible de « dire faux ». Mais peut-on aller jusqu'à affirmer que Platon élabore une véritable théorie du langage à partir du moment où il contrevient à l'injonction sophistique de

1. D. Ross, « The Date of Plato's *Cratylus* », *Revue Internationale de Philosophie* 9, 1955, p. 191. Sur le statut de l'étymologie, voir *infra*, p. 23 *sq*.

2. J. Sallis, *Being and Logos. Reading the Platonic Dialogues*, Bloomington and Indianapolis, Indiana University Press, 3e éd. 1996, p. 184.

3. Sur l'étroit réseau de signification associant la pureté, la précision, la rectitude et la vérité chez Platon, *cf.* H. Joly, *Le Renversement platonicien. Logos, Episteme, Polis*, Paris, Vrin, « Bibliothèque d'Histoire de la Philosophie », 2e éd. 1985, p. 74-78.

l'impossibilité du « parler faux » et critique le point de vue de la correspondance des noms et des choses[1] ? On peut déjà dire que c'est en définissant pour la première fois l'*onoma* en tant qu'*organon* (388 a) et en tant que *mimèsis* (423 b-e, 430 a-b)[2] que Platon accorde un statut ontologique et épistémologique au nom. En tant qu'« instrument », le nom a en effet pour fonction de « distinguer » (διακρίνειν) les choses ou plus précisément de discerner l'essence (οὐσία) des choses (388 b-c). Grâce à cet instrument *diacritique* par lequel nous définissons l'« être » même des *pragmata*, « nous nous instruisons les uns les autres » (διδάσκομέν τι ἀλλήλους) (388 b), c'est-à-dire que nous communiquons les uns avec les autres. La connaissance de l'être même des choses et de la vérité réalisée par la médiation du nom devrait permettre la communication des esprits[3]. « Qui sait (ἐπίστηται) les noms, sait (ἐπίστασθαι) aussi les choses » (435 d ; 435 e-436 a). L'*onomastique* devient ainsi une science (ἐπιστήμη) de l'être, un dire sur l'être, une ontologie enseignable et communicable. Cet instrument à la fonction *didactique* et *diacritique* se met en d'autres termes au service d'une vérité qui lui est extérieure, l'οὐσία[4]. En tant qu'« imitation », le nom va donc mimer, montrer et signifier la nature même de la chose (422 d-423 e). Il faut cependant préciser que Socrate met progressivement en doute, face à ses interlocuteurs, le caractère

1. On trouve déjà chez Héraclite et Parménide une telle correspondance du langage et de la réalité. Plus précisément, le *logos* héraclitéen manifeste la vérité en imitant l'harmonie des contraires qui est constitutive du cosmos et le *logos* parménidien se charge de dévoiler la vérité de l'être. Il n'en demeure pas moins que l'un et l'autre ont pressenti la possible discordance du nom et de la chose. L'Un, qui est sage, dit Héraclite, ne veut pas et veut être appelé du nom (ὄνομα) de Zeus (fr. 32 D.-K.). Le nom est donc susceptible d'être faux ou incorrect (*cf.* W. Burkert, « La genèse des choses et des mots. Le papyrus de Derveni entre Anaxagore et Cratyle », *Les Etudes Philosophiques*, 1970, p. 449). Selon Parménide, l'ὀνομάζειν des mortels – qui ont établi leurs signes (σήματ' ἔθεντο) en séparant le feu éthéré et la flamme alors qu'il fallait les réunir – appartient au domaine de l'erreur (fr. 8, 51b-59 D.-K.) (*cf.* Ch. Kahn, « Language and Ontology in the *Cratylus* », dans *Exegesis and Argument*. Studies in Greek Philosophy Presented to Gregory Vlastos, Edited by E.N. Lee, A.P.D. Mourelatos, R.M. Rorty, Assen, Van Gorcum, 1973, p. 154-157 ; M. Fattal, « Le *logos* dans le *Poème* de Parménide », dans *Les Lieux de l'intersubjectivité*, Hommage à S. Abou sous la direction de J. Hatem, Paris, L'Harmattan, 1998, p. 195 *sq.*). Démocrite va également dénoncer un tel accord des mots et des choses puisque d'après Proclus (*Commentaire du* Cratyle, Scholie XVI), il aurait affirmé que des choses différentes peuvent recevoir le même nom et qu'inversement des noms différents s'adaptent à une seule et même chose. C'est finalement Platon qui se proposera véritablement de théoriser et de critiquer la correspondance des mots et des choses qui avait été posée par les Présocratiques et remise en cause par eux sans être réellement thématisée.

2. *Cf.* H. Joly, *op. cit.*, p. 129.

3. *Cf.* J.L. Ackrill, « Language and Reality in Plato's *Cratylus* », [1994], repris dans *Essays on Plato and Aristotle*, Oxford, Clarendon Press, 1997, p. 42.

4. *Cf.* H. Joly, *op. cit.*, p. 138.

instrumental et mimétique de l'*onoma*. Une telle critique du caractère instrumental et mimétique du langage n'entraîne pas son rejet ou sa réfutation, mais appelle nécessairement des éclaircissements et des précisions quant aux conditions de possibilité d'une *véritable* correspondance des mots et des choses. Mais si Platon tente d'élaborer une théorie du langage en réfléchissant sur les conditions de possibilité du vrai et du faux dans les noms et dans les discours, peut-on dire pour autant qu'il inaugure, comme certains le pensent, « la première étude rigoureuse sur la nature et l'essence du langage »[1] ? J'interrogerai à ce sujet le problème controversé de la vérité et de la fausseté des noms qui apparaît en 385 b2-d1 pour voir jusqu'à quel point cette « rigueur » de la pensée platonicienne du langage est réelle.

Le passage en question procède de la manière suivante :

1. *Affirmation* de l'existence d'un discours vrai et d'un discours faux (λόγος ἀληθής, λόγος ψευδής).

2. *Définition* du discours vrai comme étant « celui qui dit les êtres comme (ὡς) ils sont », et du discours faux comme étant « celui qui les dit comme ils ne sont pas ».

3. *Possibilité* pour le discours de dire ce qui est et ce qui n'est pas.

4. C'est dans son ensemble (ὅλος) et dans ses parties (μόρια) que le discours est vrai.

5. Le nom étant la partie la plus petite du discours, « on peut donc dire un nom vrai ou faux, si c'est possible aussi pour un discours » (Ἔστιν ἄρα ὄνομα ψευδὲς καὶ ἀληθὲς λέγειν, εἴπερ καὶ λόγον).

Ce passage du *Cratyle* pose le problème suivant : comment se fait-il que l'*onoma* soit, au même titre que le *logos*, susceptible d'être vrai ou faux alors que le *Sophiste* semble réserver cette possibilité au seul *logos* qui est manifestement opposé à l'*onoma*[2] ?

Pour bon nombre de commentateurs l'argument de Socrate qui fait passer Hermogène de la vérité du *logos* à celle de l'*onoma*, de la vérité du tout à celle de ses parties, n'est pas du tout rigoureux. C'est un argument erroné, fallacieux ou bizarre[3] puisqu'il attribue au tout des

1. *Cf.* H. Joly, *op. cit.*, p. 129 ; E. Cassirer, *Philosophie der symbolischen Formen, erster Teil*, Darmstadt, 4e éd. 1964, p. 63-64.

2. C'est parce qu'il assemble et entrelace des sujets et des actions que le *logos* du *Sophiste* (262 a-263 b) est capable de dire quelque chose au sujet de quelque chose, de dire vrai ou de dire faux à la différence des noms tout seuls qui énoncés bout à bout ne font jamais un discours.

3. C'est notamment le point de vue de R. Robinson, « A Criticism of Plato's *Cratylus* », *The Philosophical Review*, 65, 1956, p. 328, repris dans *Essays in Greek Philosophy*, Oxford, Clarendon Press, 1969, p. 123 ; J.B. Gould Jr., « Plato : About Language : The *Cratylus* Reconsidered », *Apeiron* 3, 1969, p. 26 ; C. Chiesa, *Sémiosis-Signes-Symboles. Introduction aux théories du signe linguistique de Platon et d'Aristote*, Berne-Berlin-Frankfurt/

« caractéristiques » qui ne se rattachent pas à ses parties [1]. On peut d'emblée répondre à cette critique adressée à Socrate en notant que, dans le *Cratyle*, Platon n'est pas encore en mesure d'entrevoir la distinction ultérieure qu'il tentera d'élaborer entre les caractères du « tout » et ceux de la « partie » [2]. Il ne s'agit certes pas d'identifier la partie au tout qui sont bien évidemment distingués par Platon dans ce passage, mais d'attirer l'attention sur le fait que « cette partie est constamment prise pour le tout » [3]. L'*onoma* est constamment pris pour un *logos* [4] même s'il se distingue de ce dernier par la taille et le degré de complexité [5]. Cette tendance à assimiler *onoma* et *logos* s'explique par le fait qu'ils sont l'un et l'autre des « actes de langage ». « Nommer, demande Socrate à Hermogène en 387 c, n'est-ce pas une partie du dire ? Car quand on nomme, n'est-ce pas, on dit des discours ? [...] Nommer n'est-ce donc pas une action (πρᾶξίς), si nous avons dit que parler est aussi une sorte d'action (πρᾶξίς) qui se rapporte aux choses (περὶ τὰ πράγματα) ? » Avant d'être un moyen de communication entre les hommes [6], le langage semble avoir une fonction « pragmatique » [7]. Ainsi,

M. New York-Paris-Wien, Peter Lang, Publications Universitaires Européennes, Série XX, 340, p. 110.

1. J.L. Ackrill, « Language and Reality in Plato's *Cratylus* », p. 37.

2. Platon, *Théétète*, 204 a *sq*. *Cf.* à ce sujet M. Fattal, « De la division dans le *Politique* de Platon », *Revue de Philosophie Ancienne* 13, 1995, p. 6-7 n. 8 ; W.M. Pfeiffer, « True and False Speech in Plato's *Cratylus* 385 b-c », *Canadian Journal of Philosophy* 2, 1972, p. 101 n. 24.

3. G. Genette, « L'éponymie du nom ou le cratylisme du *Cratyle* », *Critique* 28, 1972, p. 1024.

4. J. Annas, « Knowledge and Language : the *Theaetetus* and the *Cratylus* », dans *Language and Logos, Studies in ancient Greek philosophy* presented to G.E.L. Owen, Edited by M. Schofield and M.C. Nussbaum, Cambridge, London, New York, New Rochelle, Melbourne, Sydney, Cambridge University Press, 1982, p. 113, affirme pour sa part que les phrases complexes et les sons simples sont semblables dans la mesure où ils représentent « des parties du langage ».

5. Dans le *Cratyle*, *onoma* et *logos* diffèrent quant à la taille et quant au degré de complexité, mais non quant à l'espèce puisque simultanément caractérisés par la vérité et par la fausseté (*cf.* W.M. Pfeiffer, art. cit., p. 102 n. 25). Dans le *Sophiste*, *onoma* et *logos* sont d'espèces et de types distincts, car l'*onoma* s'applique à un référent, alors que le *logos* par la médiation du verbe dit quelque chose au sujet du référent (*cf.* G. Fine, « Plato on naming », *The Philosophical Quarterly* 27, 1977, p. 291, 299 et 301). L'*onoma* n'est donc pas susceptible d'être vrai ou faux.

6. J. Sallis, *op. cit.*, p. 208.

7. Il faut préciser ici que les « actes de langage » que sont les *onomata* et les *logoi*, ou plus précisément l'*onomazein* et le *legein*, ne visent pas à produire un « effet pragmatique » sur l'auditoire. Les « actes de langage » envisagés par Platon n'ont rien à voir avec le sens moderne que l'on attribue à cette formule lorsque l'on pense notamment à l'usage performatif du langage tel qu'il est mis en œuvre par les sophistes. A la différence de ces derniers qui se désintéressaient des *pragmata*, de leur essence (οὐσία) et de la vérité, le langage, selon

l'équivalence du nommer et du parler, qui permettra à Platon d'inférer pour les *onomata* l'existence du vrai et du faux, trouve sa justification dans le fait que tous les deux sont des « actes »[1] de langage par lesquels ils « se mettent en rapport avec les choses »[2]. Toujours au sujet de ce passage 387 c, on peut également noter que les noms ne sont pas énoncés « tout seuls » comme cela est le cas dans le *Sophiste* (262 a), mais qu'ils sont envisagés dans le cadre d'un discours et d'un dire, « car quand on nomme, n'est-ce pas, on dit des discours ? » (ὀνομάζοντες γὰρ που λέγουσι τοὺς λόγους). Ainsi, le nom qui fait partie du discours vrai, est « dit » ou « énoncé » (λέγεται) (385 c)[3]. Ce qui pousse V. Goldschmidt à reconnaître que

> rien ne nous autorise à croire que dans notre passage Platon considère le nom en dehors du discours. Au contraire, c'est en tant que partie du discours que le nom est vrai ou faux, non pas pris isolément[4].

On a pu voir jusqu'à présent que si certains commentateurs reprochent à l'argumentation de Platon d'être erronée et non pertinente, c'est parce qu'ils

Platon, a pour but de se rapporter à l'être même des choses, à leur nature ou à leur essence véritable.

1. L'affirmation selon laquelle les parties du discours (*onomata*) sont susceptibles d'êtres vraies ou fausses serait plus compréhensible à partir du moment où l'équivalence du nommer et du dire est établie. Or cette équivalence trouve justement son fondement dans la notion d'« action » qui est commune à l'un et à l'autre.

2. Voir ce qu'en dit L. Méridier (Platon, *Cratyle*, texte établi et traduit par L. Méridier, Paris, Les Belles Lettres, 1931, 1969, p. 55-56 n. 1) reprenant les propos de F. Horn, *Platonstudien*, Wien, Neue Folge, 1904, p. 25.

3. *Cf.* N. Kretzmann, « Plato on the Correctness of Names », *American Philosophical Quarterly* 8, 1971, p. 137 n. 30.

4. V. Goldschmidt, *Essai sur le « Cratyle ». Contribution à l'histoire de la pensée de Platon*, Paris, Librairie Ancienne Honoré Champion, « Bibliothèque de l'Ecole des Hautes Etudes », fasc. n° 279, 1940, p. 52. Voir également J.V. Luce, « Plato on Truth and Falsity in names », *The Classical Quarterly* 19, 1969, p. 224; W.M. Pfeiffer, art. cit., p. 103 : « la conclusion de l'argument [...] est non pas qu'il existe "des noms vrais et faux, mais qu'il existe plutôt la possibilité de dire (λέγειν) un nom comme faux, et comme vrai" ». G. Fine, art. cit., p. 296 n. 18, précise, quant à lui, que l'argument de Platon semble « équivoque » lorsqu'il se sert du terme « vrai » là où il devrait utiliser le terme de « correct » pour les noms. Je ne pense pas que l'argument de Platon est équivoque : si les noms sont susceptibles d'être « vrais » et non seulement « corrects », c'est parce qu'à la différence de l'« imitation » picturale qui se rapporte aux couleurs et aux formes sensibles des choses, les *onomata* « imitent » l'essence (οὐσία) non perceptible des *pragmata*. Cf. *Cratyle*, 431 c-d et 430 d. Voir à ce sujet J. Sallis, *op. cit.*, p. 279-281. On dira donc d'une peinture qu'elle est « correcte » et non pas « vraie », et d'un nom qu'il est « correct » et « vrai ». La « véracité » du nom est en quelque sorte commandée par la référence à l'essence de la chose. La « rectitude » réside, elle, dans le fait de « rapporter » une image adéquate à la chose.

se proposent de comprendre l'*onoma* et le *logos* à partir des distinctions ultérieures du *Théétète* concernant la partie et le tout, et du *Sophiste* concernant le nom et la proposition. La situation du *Sophiste* est d'autant plus différente de celle du *Cratyle* que les noms y sont envisagés isolément au lieu d'être compris au sein d'un dire. Cette erreur de perspective qui vise à lire le *Cratyle* à partir des spéculations et des résultats ultérieurs invaliderait la critique adressée à Platon quant au passage de la vérité et de la fausseté des discours à celle des noms. Ceci est particulièrement clair chez R. Robinson lorsqu'il soutient qu'en réalité « les noms ne sont ni vrais ni faux parce qu'ils n'affirment pas ou ne décrivent pas, mais nomment ou réfèrent ». L'erreur de Platon, dans le *Cratyle*, viendrait, selon lui, du fait que la fonction référentielle et désignative du nom est difficilement reconnue, que les noms revêtent plutôt la fonction descriptive qui est le propre du *logos*, et qu'à la place des noms nous avons finalement de petites phrases[1]. Tributaire de sa lecture du *Sophiste* (262 a-263 b) qui oppose nettement le *logos* à l'*onoma*, Robinson est dans l'incapacité d'adopter un « point de vue plus équilibré au sujet de la complémentarité des fonctions de λόγος et d'ὄνομα » [2] que l'on trouve pourtant dans le *Cratyle* et qui est attestée par ailleurs dans les *Lois*, 895 d-e et dans la *Lettre* VII, 342 a *sq.* K. Lorenz et J. Mittelstrass, J.V. Luce et bien d'autres ont exprimé leur désaccord avec la critique de R. Robinson tout en reconnaissant au nom sa fonction descriptive et prédicative[3]. Mais comment comprendre la valeur

1. R. Robinson, art. cit., p. 335; *op. cit.*, p. 131. *Cf.* le point de vue opposé de M. Richardson, « True and False Names in the "Cratylus", *Phronesis* 21, 1976, p. 138-139.

2. *Cf.* J.V. Luce, art. cit., p. 230.

3. K. Lorenz and J. Mittelstrass, « On rational philosophy of Language : the programme in Plato's *Cratylus* reconsidered », *Mind* 76, 1967, p. 6, soutiennent que l'application de la distinction du vrai et du faux aux parties du discours est justifiable à partir du moment où les noms ont une fonction prédicative et dénotative. Dans ce même ordre d'idées, J.V. Luce, art. cit., p. 223, signale que les noms sont des « prédicats descriptifs » et qu'il n'y a pas lieu de remettre en cause la « validité logique » du concept de vérité et de fausseté des noms. G. Fine, art. cit., p. 301, reconnaît que les « noms réfèrent *à travers* leur contenu descriptif ». Toujours contre R. Robinson, M. Richardson, art. cit., p. 138, soutient en citant d'autres passages du *Cratyle*, 425 a2-5 et 431 b3-9, que Platon ne comprend pas les mots sur le modèle des phrases mais qu'il envisage plutôt la vérité et la fausseté des phrases sur le modèle de la vérité et de la fausseté des mots. L'argumentation de Platon serait ainsi sauve de toute erreur. Je renverrai, pour ma part, dos à dos les points de vue de Robinson et de Richardson en évoquant pour le premier les passages 425 a2-5 et 431 b3-9, et pour le second le passage 385 b2-d1. Ce qui importe pour Platon, ce n'est pas tant de passer de la vérité et de la fausseté des discours à celle des noms ou de passer de la vérité et de la fausseté des noms à celle des discours, mais de prouver à l'encontre d'Hermogène et de Cratyle qui soutiennent la rectitude conventionnelle et naturelle des mots, l'existence de la fausseté en général. Même s'il n'est pas encore prêt pour s'attaquer au problème des propositions fausses qu'il tentera de « résoudre » dans le *Sophiste*, Platon « soulève » dans le *Cratyle* la question de l'erreur

descriptive et prédicative qui est assignée aux noms par les commentateurs ? Jusqu'à quel point une telle qualification est-elle soutenable dans le cadre du *Cratyle* ? Et dans quelle mesure permet-elle de rendre compte des conditions de possibilité du vrai et du faux dans les noms et dans les discours ?

Bien que l'analyse étymologique relève du domaine de l'« opinion » (δόξα)[1], elle n'en demeure pas moins intéressante[2] dans la mesure où elle nous renseigne aussi bien sur les rapports de l'*onoma* et du *logos* que sur ceux du vrai et du faux. C'est dans la section consacrée aux étymologies que Platon nous livre une définition tout à fait éclairante et pénétrante de l'*onoma*. « Le nom de Zeus, affirme Socrate en 396 a, est tout simplement comme une définition » ('Ατεχνῶς [...] ἐστιν οἷον λόγος τὸ τοῦ Διὸς ὄνομα). L'*onoma* est « comme » (οἷον) un *logos*. L'équivalence de l'*onoma* et du *logos* est ici nettement établie. Mais que veut dire Platon par cette formule ? Tout simplement que le nom de Zeus par suite d'une division comporte deux parties, c'est-à-dire recèle deux étymologies, celle de Ζῆνα et celle de Δία. Ces deux parties réunies en une seule expression[3] nous « font voir la nature du dieu » (δηλοῖ τὴν φύσιν τοῦ θεοῦ) qui est défini comme étant celui par qui (δι' ὃν) tous les êtres vivants obtiennent la vie (ζῆν) (396 b). Le nom de Zeus « décrit » et manifeste ainsi la fonction

(*cf.* Ch. Kahn, « Les mots et les formes dans le "Cratyle" de Platon », dans *Philosophie du Langage et Grammaire dans l'Antiquité*, Cahiers de Philosophie Ancienne n° 5-Cahiers du Groupe de Recherches sur la Philosophie et le Langage n° 6 et 7, Bruxelles-Grenoble, Ousia-Université des Sciences Sociales de Grenoble, 1986, p. 95) en l'envisageant à partir du cas le plus simple qui est celui de l'application du nom à la chose (*cf.* Ch. Kahn, « Language and Ontology in the *Cratylus* », p. 161).

1. *Cf. Cratyle*, 401 a; 416 b-d. P. Friedländer, *Plato. The Dialogues*, First Period, Translated from the German by H. Meyerhoff, New York, Bolligen Foundation, 1964, vol. 2, p. 204; Ch. Kahn, « Language and Ontology in the *Cratylus* », p. 157; M. Dixsaut, « La rationalité projetée à l'origine : ou, de l'étymologie », dans *La Naissance de la raison en Grèce*, Actes du Congrès de Nice – Mai 1987 –, sous la direction de J.F. Mattéi, Paris, P.U.F., 1990, p. 74.

2. Si certains commentateurs considèrent l'analyse étymologique comme totalement « *vaine* » (Ch. Kahn, « Les mots et les formes dans le "Cratyle" de Platon », p. 94), peu sérieuse ou ironique (K. Lorenz and J. Mittelstrass, art. cit., p. 10), d'autres y trouvent une part d'intérêt tout en reconnaissant que le problème des étymologies demeure insoluble, quant à savoir si elles sont sérieuses ou ironiques, vraies ou fausses (*cf.* V. Goldschmidt, *op. cit.*, p. 90-96; Ch. Cucuel, « L'origine du langage dans le *Cratyle* de Platon », *Annales de la Faculté des Lettres de Bordeaux*, 1890, p. 310-312). C. Dalimier, *Platon, Cratyle*, traduction inédite, introduction, notes, bibliographie et index, Paris, GF-Flammarion, 1998, p. 38-47, 63, quant à elle, rend justice à la section étymologique (392 a-437 d) en montrant qu'elle n'est en aucune manière méprisable, même au regard de la pratique moderne de l'étymologie.

3. *Cf.* également *Cratyle*, 410 d-e.

du dieu et son origine. Zeus est cause de la vie ; il est également « issu de quelque haute intelligence » (διάνοια) (396 b).

> Cet exemple, dira H. Joly, donne la *règle théorique* des étymologies platoniciennes et la *loi de passage de l'onoma au logos* que celui-là contient. En effet, que le nom renferme, sous une forme contractée, abrégée [...], tout un logos intérieur et que chaque terme contienne un texte qui dit ce qu'il veut dire constituent un caractère constant des étymologies anciennes[1].

Cette idée selon laquelle le nom renferme sous une forme « contractée » tout un *logos* se trouve exprimée à différentes reprises dans le *Cratyle*[2]. C'est parce que le nom est « comme » un *logos*, c'est parce qu'il renferme sous une forme abrégée une phrase ou une définition[3] qu'il possède une fonction descriptive[4] et prédicative. Comme la phrase (λόγος), le nom décrit et prédique des qualités aux choses et aux individus désignés. En tant qu'il décrit et prédique, l'*onoma* est donc susceptible d'introduire la vérité ou la fausseté[5]. Mais de quel type de « prédication » s'agit-il ? Ch. Kahn note qu'il s'agit d'une « relation de prédication comprise sémantiquement, où le sujet est une chose extra-linguistique et le prédicat est un seul ὄνομα »[6].

> Ceci, ajoute-t-il, est une des premières contributions de Platon à la théorie du langage ici : l'insistance sur la possibilité de la vérité et de la fausseté pour le cas élémentaire des noms ou des simples prédicats, avec l'affirmation ontologique corrélative que les choses dont on parle doivent avoir par elles-mêmes une structure stable ou déterminée[7].

Je reviendrai ultérieurement sur ce que Ch. Kahn nomme « l'affirmation ontologique ». Ce qu'on peut remarquer pour l'instant, c'est que Platon tente d'élaborer une réflexion sur le problème de la vérité et de l'erreur dans

1. H. Joly, *op. cit.*, p. 29 n. 82.

2. La notion de « contraction » apparaît en 421 a (συγκεκροτημένῳ), en 409 c (συγκεκροτημένον), en 415 d (συγκεκρότηται) et en 416 b (συγκροτήσαντες).

3. Le nom vrai est celui qui décrit et « fait voir » l'essence de la chose (*Cratyle*, 393 d, 422 d). Le nom vrai du *Cratyle* contient une définition abrégée de la chose dans la mesure où il signifie l'essence de cette chose. C'est ce qui fera dire à C. Gaudin, *Platon et l'alphabet*, Paris, P.U.F., « Philosophie D'aujourd'hui », 1990, p. 117, qu'« avant Aristote, et autant que lui, Platon voudrait que la définition soit "la formule qui exprime l'essentiel de l'essence d'un sujet" (*Topiques*, I, 101 b 38-102 a 2) ».

4. Le nom, interprété en tant que description, peut être faux, c'est-à-dire qu'il peut ne pas discerner et dire l'essence de la chose.

5. *Cf.* Ch. Kahn, « Language and Ontology in the *Cratylus* », p. 166.

6. *Ibid.*, p. 161.

7. *Ibid.*, p. 162.

le langage à partir du cas le plus simple qui est celui de l'application d'un nom (conçu comme prédicat) à un objet donné (considéré comme sujet)[1]. J. Bollack ira jusqu'à dire qu'

> on ne saisit ni le propos ni la portée du dialogue, si l'on perd de vue que le débat porte exclusivement sur la valeur prédicative; il s'agit d'étudier les mots en tant qu'ils occupent la place propre à révéler le *sens* dans un jugement (*logos*) qui n'est jamais formulé[2].

Le nom d'Hermogène est un faux nom, car l'analyse étymologique nous apprend qu'Hermogène signifie « de la race d'Hermès ». Or cette signification ne convient pas à la pauvreté du personnage[3]. Dans le cas du nom d'Hermogène, nous avons un « jugement implicite »[4] : soit *Hermogène (est)*, soit *il (n'est pas) de la race d'Hermès.* Ce « jugement implicite » est suggéré par l'analyse onomastique, alors que dans le cas du « jugement explicite » (proposition), il est nettement exprimé par le verbe *être*. Le *Cratyle* laisserait ainsi suggérer, à travers l'analyse onomastique, la présence d'une prédication de type sémantique et celle d'un « jugement implicite » susceptible d'être vrai ou faux ; alors que le *Sophiste* manifesterait plus nettement, à travers l'étude du *logos*, une relation de prédication de type syntaxique et une réflexion théorique sur les conditions de possibilité du vrai et du faux dans les « jugements explicites », c'est-à-dire dans les propositions.

1. Si on interpelle un homme en lui attribuant le nom de « femme », on peut constater que l'application de ce nom à l'homme est fausse. Dans ce cas précis, qui est d'ailleurs évoqué dans le *Cratyle* (430 c) et sur lequel je reviendrai, le nom « femme » occupe la position de prédicat par rapport au sujet « homme », de la même manière que le verbe « vole » occupe la position de prédicat par rapport au sujet « Théétète » dans la formule du *Sophiste*, 263 a : « Théétète [...] vole ». G. Fine, art. cit., p. 301, affirme « que ceci peut sembler troublant si nous supposons que la distinction du *Sophiste* entre *onomata* et *rhemata* est absolue, que tous les mots sont soit des *onomata* soit des *rhemata* et qu'aucun mot ne peut être les deux » ; mais elle ajoute fort heureusement que le contexte du *Sophiste* est différent (voir ce qui a été dit plus haut au sujet de la lecture prospective de R. Robinson). J'ajouterai que le contexte est d'autant plus différent que dans le *Cratyle* il s'agit d'appliquer l'« image » de la femme au sujet homme, alors que dans le *Sophiste* on rapporte plutôt la « forme » ou l'« idée » de voler au sujet Théétète. Dans le *Sophiste*, Platon est manifestement préoccupé par l'« entrelacement des formes » (συμπλοκὴ εἰδῶν) (259 e), ce qui n'est nullement le cas dans le *Cratyle*.

2. J. Bollack, « L'en deçà infini. L'aporie du *Cratyle* », *Poétique*, 11, 1972, p. 310.

3. Sur la fonction *déictique* du nom et sur la valeur *apo-déictique* que l'on tire de son analyse étymologique, *cf.* J. Bollack, art. cit., p. 310. Sur l'éponymie du nom, sur sa valeur de surnom, et l'accord de sa désignation et de sa signification, *cf.* G. Genette, art. cit., p. 1032.

4. J. Bollack, art. cit., p. 311. R.B. Levinson, « Language, Plato, and Logic », dans *Essays in Ancient Greek Philosophy*, Edited by John P. Anton with George L. Kustas, Albany, State University of New York Press, 1972, p. 263, parlera de « proposition implicite ».

Mais qu'en est-il des conditions de possibilité du vrai et du faux dans le λόγος du *Cratyle ?* Là aussi l'analyse des mots peut être éclairante. En 408 b-d, Socrate dira au sujet de *Pan* qu'il est « bien *logos*, ou frère du *logos* ». *Pan* ressemble au λόγος qui « signifie tout, roule et met sans cesse tout en circulation ». De même que le discours est de deux sortes (διπλοῦς) : vrai et faux (ἀληθής καὶ ψευδής), de même *Pan* présente une double nature (διφυής) : poli par en haut et rude par en bas, semblable à un bouc. Ainsi, le *logos* en tant que discours vrai est poli, divin et habite là-haut avec les dieux, tandis que le discours faux est rude, rappelle le bouc (τραγικόν) et reste en bas avec le commun des mortels, « car c'est ici, dans la vie *tragique*, qu'on a la plupart (πλεῖτοι) des fables (μῦθοί) et des mensonges (ψεύδη) ». Ce qu'il y a d'intéressant dans le *Cratyle*, c'est qu'il manifeste à travers l'étude onomastique de *Pan* la nature duelle du *logos* conçu comme « discours » vrai et faux. A la différence d'Hermogène et de Cratyle qui soutiennent l'inexistence du parler faux, Socrate tente de montrer que non seulement les *onomata* sont susceptibles d'être faux, mais que les *logoi*, les discours eux-mêmes, peuvent comporter une forme d'erreur et de mensonge. Je dirai que cette opposition de Socrate aux partisans de la rectitude des noms s'exprime par la présence réelle, effective et même tragique du discours faux parmi les hommes dans le monde d'ici-bas face à la présence d'une autre composante du discours qui est vrai, divin ou céleste. Cette opposition des deux discours qui confère au discours faux une existence bien réelle se trouve renforcée par le fait que ce λόγος, qui est exclu du monde d'Hermogène et de Cratyle, est pourtant celui des fables (μῦθοι), des histoires et des récits non vérifiables de la majorité (πλεῖστοι) des hommes [1].

Même si les analyses étymologiques ne semblent pas être toujours prises au sérieux [2], elles n'en demeurent pas moins utiles dans la mesure où elles nous renseignent sur la valeur « prédicative » attribuée aux noms par certains commentateurs. Mais jusqu'à quel point une telle valeur est-elle soutenable dans le cadre du *Cratyle* ? L'étude des exemples de fausse « prédication », donnés par Socrate, devrait nous éclairer à ce sujet.

De 429 b à 431 a Socrate propose une série d'exemples qui visent à remettre en cause la thèse cratylienne de la rectitude naturelle des noms. Le premier exemple qui a déjà été évoqué au début du dialogue est l'exemple du nom mal formé d'Hermogène. Hermogène ici présent n'est pas

1. Le λόγος n'est donc pas comme le pense P. Boyancé, « La "doctrine d'Euthyphron" dans le *Cratyle* », *Revue des Etudes Grecques* 54, 1941, p. 150-152, un principe « spirituel », une sorte de « Verbe » ou de « Raison » cosmique rendant compte du mouvement circulaire et ininterrompu du monde à la manière du *Logos* de la cosmogonie hermétiste.

2. *Cf.* Ch. Cucuel, art. cit., p. 312-313.

véritablement de la race d'Hermès étant donné le dénuement du personnage. A travers cet exemple Socrate tente de montrer à Cratyle que le nom « Hermogène » est un nom faux et inexact (429 b-c). Voulant esquiver la question de la fausseté et de l'inexactitude des noms, Cratyle affirme que ce nom n'appartient pas à Hermogène mais qu'il appartient à quelqu'un d'autre, à celui dont la nature (φύσις) est appropriée à ce nom. Comme ce nom ne semble même pas avoir été établi, donné, (429 c) ou reçu par Hermogène, il est impossible de « parler faux » (ψευδῆ λέγειν) (429 d). A l'instar d'Antisthène, d'Euthydème, de Dionysodore et de bien d'autres, Cratyle soutient qu'il est impossible de parler faux puisqu'il est impossible de « ne pas dire ce qui est », de ne pas dire la « nature » d'Hermogène. A partir du moment où l'on parle, on dit quelque chose et à partir du moment où l'on dit quelque chose, on dit l'être, c'est-à-dire la vérité[1]. Cette équivalence parménidienne du dire (λέγειν) et de l'être (εἶναι) qui est utilisée par les sophistes en général et par Cratyle en particulier, Socrate tente de la contourner en amorçant une distinction entre le λέγειν et le φάναι, entre le « dire » et le « proférer » : « S'il ne te semble pas possible de parler faux (λέγειν [...] ψευδῆ), ne te semble-t-il pas pourtant possible de proférer (φάναι) des faussetés ? » (429 e). Mais le fait de contourner le problème en passant du « dire » au « proférer » ne nous éloigne-t-il pas justement de la question de la prédication ou de l'attribution fausse ? C'est dans le discours ou plutôt dans le cadre du « dire » et du « discours » (λόγος) conçu comme proposition, entrelaçant l'être et le non-être, que se posera véritablement le problème de la prédication ou de l'attribution fausse. Le « proférer » (φάναι) en tant que « désignation »[2] ne permet en aucune manière de donner un statut au non-être au sein même de cette désignation. Si Cratyle soutient l'impossibilité de ne pas dire ce qui est, Platon n'est pas encore en mesure de réfuter un tel argument. C'est dans le *Sophiste* qu'il accomplira vraiment cette réfutation[3] en montrant qu'il est possible de dire le non-être, de dire les choses « autrement » qu'elles ne sont. L'exemple d'Hermogène n'est donc pas un exemple de prédication ou d'attribution fausse, mais représente tout simplement l'exemple d'un nom mal formé. Suite à cet exemple de fausse dénomination, Socrate propose à

1. Πᾶς γάρ, φησί, λόγος ἀληθεύει· ὁ γὰρ λέγων τι λέγει· ὁ δέ τι λέγων τὸ ὂν λέγει· ὁ δὲ τὸ ὂν λέγων ἀληθεύει (Proclus, *in Cratylum*, 429 b, chap. 37, Pasquali). C'est Antisthène qui affirmera de telles correspondances entre dire quelque chose, dire l'être et dire la vérité. « Tout discours (λόγος) est dans le vrai » à partir du moment où l'être est et le non-être n'est pas.

2. C'est la traduction proposée par L.M. De Rijk, *Plato's Sophist*. A Philosophical Commentary, Amsterdam, Oxford, New York, North-Holland Publishing Company, 1986, p. 284, pour φάναι.

3. *Cf.* V. Goldschmidt, *op. cit.*, p. 158.

Cratyle un deuxième exemple en 429 e. Il lui propose de supposer que quelqu'un le rencontre à l'étranger et l'interpelle en lui disant : « Salut ! étranger athénien, Hermogène, fils de Smicrion ». Socrate demande à Cratyle si l'homme qui le salue ainsi du nom d'Hermogène est en train de lui « dire » (λέγειν), de lui « adresser » (προσειπεῖν) ou de « proférer » (φάναι) des mots. Là encore, Cratyle, voulant éviter d'envisager la question du faux dans le langage réplique en disant que cet homme ne fait qu'émettre de vains sons (φθέγγεσται) (429 e), et ne fait que du bruit (ψοφεῖν) comme s'il secouait un vase d'airain en le frappant (430 a). Cratyle veut tout simplement dire par là que cet homme ne parle même pas [1]. Socrate, qui ne semble pas satisfait de sa réponse, n'ajoutera pourtant rien de plus. Il apparaît à travers ce deuxième exemple que nous n'avons pas non plus affaire à un cas d'attribution ou de prédication fausse. C'est au niveau de l'identification que se situe l'erreur. En prenant Cratyle pour Hermogène l'homme supposé procède finalement à une identification qui est fausse [2]. Le troisième exemple, évoqué en 430 a-431 a, apparaît dans le cadre du nom défini comme « imitation (μίμημά) de la chose ». Là aussi, il s'agit pour Socrate d'amener son interlocuteur à reconnaître la fausseté des mots la notion de *mimêsis* permettant d'introduire une distance entre le nom et la chose, la copie et l'original [3]. L'erreur pouvait ainsi se glisser dans la manière dont le mot est référé à la chose, c'est-à-dire dans la manière de référer l'image à l'original. Si l'on rapporte l'image (nom) de l'homme à l'homme (sujet) ou l'image (nom) de la femme à la femme (sujet), nous avons affaire à deux noms justes. Plus exactement, la justesse ou la vérité réside dans le fait de « rapporter », de « distribuer » (διανέμειν) (430 b-c) exactement l'image à son modèle, le nom au sujet. Il s'agit donc de « donner » (ἀποδιδόναι) (430 c) à chaque sujet le nom qui lui convient et lui est « semblable » (ὅμοιον) (430 c). La vérité trouve donc son fondement dans une relation d'imitation et de similitude entre le nom et la chose. Dire vrai ou dénommer exactement et véritablement consiste donc à « rapporter » le semblable au semblable. Dire faux ou dénommer d'une manière

1. M. Narcy, « Cratyle par lui-même », *Revue de Philosophie Ancienne* 5, 1987, p. 154 : « l'alternative du vrai et du faux est remplacée par celle du discours et du bruit, langage et non-langage ».

2. H. Joly, *op. cit.*, p. 141, parlera de « fausse reconnaissance ». Ch. Kahn, « Language and Ontology in the *Cratylus* », p. 161, n. 13, précise que cette appellation d'Hermogène appliquée à Cratyle en 429 e4-5 est en partie vraie, car Cratyle est un Athénien et que le nom de son père est probablement Smicrion, sachant qu'Hipponicos (384 a8 et 406 b8) est le père d'Hermogène. La seule chose qui est fausse, c'est précisément le nom « Hermogène ». Voir également C. Dalimier, *op. cit.*, p. 269, n. 392.

3. Sur la fonction iconographique et *représentative* des mots, *cf.* H. Joly, *op. cit.*, p. 140-150.

inexacte et fausse réside dans l'application (ἐπιφοράν) du « dissemblable » (ἀνομοίου) (430 d). Ainsi rapporter l'image de l'homme à la femme ou celle de la femme à l'homme (430 c) correspond à une application incorrecte et même fausse [1]. A travers cet exemple de l'image fausse de l'homme rapportée au sujet femme ou de l'image fausse de la femme appliquée au sujet homme, Socrate tente de dénoncer la transparence cratylienne ou sophistique du mot et de la chose en établissant une séparation, une distance, entre l'image et le modèle [2]. La thèse sophistique de l'impossibilité du dire faux se trouve ainsi « déplacée, grâce à une théorie de l'erreur [conçue] comme *erreur d'attribution* » [3]. Je me demande s'il est vraiment légitime de parler, comme H. Joly le fait, d'« *erreur d'attribution* », et cela même si Platon semble offrir à travers ce troisième exemple un cas de fausse prédication en attribuant au nom désignant le sujet un « autre » nom, un « autre » prédicat ou un « autre » attribut qui ne convient pas et qui ne ressemble pas au sujet en question. Cette réserve que j'émets concernant l'utilisation de la notion d'« attribution » [4] dans le *Cratyle* vient non seulement du fait que le terme technique et précis de κατηγορεῖν désignant véritablement l'attribution et qui a été forgé et spécialisé par Aristote n'apparaît pas dans ce texte 430 a-431 a du *Cratyle*, et que d'autre part le vocabulaire de Platon semble imprécis puisqu'il emploie indifféremment et successivement les verbes concrets d'ἐπιφέρειν, d'ἀποδιδόναι et de διανέμειν sans pour autant établir des niveaux de sens entre chacun de ces cas différents. L. Méridier et C. Dalimier traduisent certaines expressions par le verbe « attribuer » ou par le terme d'« attribution » [5] et les commentateurs n'hésitent pas non plus à parler d'attribution au sujet du *Cratyle* [6]. C'est en 431 b-c, dès qu'il passe des noms aux *logoi*, c'est-à-dire dès qu'il passe de la répartition inexacte des noms à celle des verbes (ῥήματα) et des phrases (λόγοι) que Platon annonce et préfigure le *Sophiste*. Cette préfiguration du *Sophiste* est d'autant plus nette qu'il distingue pour la première fois les ὄνοματα des ῥήματα et qu'il envisage le λόγος comme « synthèse » (σύνθεσίς) d'éléments. Mais en distinguant les noms des verbes, Platon n'est pas encore en mesure de dire que les noms expriment les « sujets » dont on parle et que

1. *Cf. supra*, p. 21, n. 1.

2. L'image peut donc être rapportée à autre chose que ce dont elle est l'image.

3. *Cf.* H. Joly, *op. cit.*, p. 142.

4. Je parlerai plutôt de « distribution » ou de « répartition » inexacte et fausse des noms.

5. Platon, *Cratyle*, texte établi et traduit par L. Méridier, p. 122 : *dosin* est rendu par « attribution » (430 d6) et *apodidonai* par « attribuer » (431 b4). Platon, *Cratyle*, trad. inédite par C. Dalimier, p. 167 et 169 : *dosin* est traduit par « attribuer » (430 d6) et *apodidonai* par « attribution » (431 b4). Voir également p. 197-198, n. 19.

6. H. Joly, *op. cit.*, p. 142 n. 109 ; C. Chiesa, *op. cit.*, p. 148. Certains commentateurs anglo-saxons parlent plus fréquemment de « prédication ».

les verbes désignent les « actions » réalisées par les sujets en question[1] ; il ne va pas non plus jusqu'à thématiser la notion de σύνθεσις à travers la notion de συμπλοκή qui est d'ailleurs absente du *Cratyle* et qui jouera pourtant un rôle capital dans l'entrelacement des formes de l'être et du non-être et dans l'établissement du discours faux. Parler, dans le cadre du *Sophiste*, c'est dire les choses « autrement » qu'elles ne sont, c'est introduire le non-être dans l'être en donnant un statut ontologique au non-être ; c'est à ces conditions-là que le discours est susceptible d'être faux. Ceci n'est en aucun cas envisagé par le *Cratyle* qui, au lieu de réfuter la thèse cratylienne et sophistique de l'impossibilité du « parler faux » en affrontant la véritable difficulté consistant à introduire le non-être dans l'être, la réfute par l'analyse de la notion de *mimêsis*[2]. Toutes ces raisons me laissent supposer que, dans le *Cratyle*, Platon annonce la théorie du *logos* telle qu'elle apparaît dans le *Sophiste*, mais qu'il est cependant dans l'incapacité de voir que c'est seulement au niveau de la proposition que se pose et que se résoud véritablement la question de la vérité et de la fausseté. Il est donc prématuré de parler d'« attribution » ou de « première étude rigoureuse sur la nature et l'essence du langage »[3] dans le *Cratyle* et cela d'autant plus que *Platon ne sait pas encore à quel niveau situer la fausseté* : est-ce au niveau de la fausseté formelle (premier exemple) ? est-ce au niveau de l'identification (deuxième exemple) ou de la distribution non convenable et non semblable (troisième exemple) ? Certains commentateurs se sont non seulement empressés de voir dans le *Cratyle* une doctrine de l'« attribution » ou de la « prédication », mais de déceler également une théorie de la « signification » assez proche de celle des Stoïciens. Dès le début du dialogue, Platon aurait soulevé la question fondamentale du « signifiant » et du « signifié »[4] et aurait ainsi été le premier à découvrir le « rôle pivot » de ce que les Stoïciens ont appelé le « signifié » (σημαινόμενον)[5]. Il aurait même entrevu la distinction stoïcienne du « sens » et du « référent » (τυγχάνον)[6].

1. Platon, *Sophiste*, 262 a.

2. *Cf.* V. Goldschmidt, *op. cit.*, p. 158-159.

3. *Cf.* H. Joly, *op. cit.*, p. 129.

4. C'est le point de vue de M. Leroy, « Etymologie et linguistique chez Platon », *Bulletin de l'Académie Royale de Belgique*, Classe des Lettres et Sciences Morales et Politiques, 54, 1968, p. 148-149, qui se réfère au début du *Cratyle* (383 a-b) où il est dit qu'« il existe naturellement, et pour les Grecs et pour les Barbares, une juste façon de dénommer qui est la même pour tous ».

5. *Cf.* L.M. De Rijk, *op. cit.*, p. 248-253.

6. *Cf.* A. Pagliaro, « Struttura e pensiero del Cratilo de Platone », *Dioniso* 15, 1952, p. 184 *sq.* Sur le « signifiant » (σημαῖνον), le « signifié » (σημαινόμενον), l'« exprimable » (λεκτόν) et le « référent » (τυγχάνον) stoïcien, *cf.* Sextus Empiricus, *Adv. Math.*, VIII 11 (= *S.V.F.*, II, 166) ; Diogène Laërce, *Vitae philosophorum*, VII 55-73 (dans M. Baratin et F. Desbordes, *L'Analyse linguistique dans l'antiquité classique*, avec la participation de P. Hoffmann et

Compte tenu de ces affirmations, peut-on dire que le σημεῖον et le σημαίνειν platonicien permettent vraiment d'inférer l'existence d'une doctrine de la « signification » identique à celle des Stoïciens ?

L'exemple d'Astyanax et d'Hector laisserait supposer qu'il y a bien chez Platon une théorie de ce genre. En 394 b-c, Socrate affirme que les noms différents d'Astyanax et d'Hector, bien que n'ayant en commun que la lettre « τ », signifient pourtant la même chose. Deux noms matériellement différents peuvent donc avoir le même sens. « Que le même sens (τὸ αὐτὸ σημαίνει) s'exprime par telles ou telles syllabes, peu importe ; qu'une lettre soit ajoutée ou retranchée, cela non plus n'a aucune importance tant que domine l'essence (οὐσία) de l'objet manifestée dans le nom » (393 d). Le sens n'a rien de commun avec la matérialité phonique, avec l'addition ou la suppression d'une lettre ; ce qui importe c'est que le nom, indépendamment des lettres et des syllabes concrètes qui le constituent, manifeste l'essence de la chose qui, elle, est invisible et immatérielle. Mais si le sens existe indépendamment de la matérialité phonique, peut-on pour autant dire qu'il existe indépendamment du référent ?

Qu'est-ce qu'un « signe » (σημεῖον) et qu'est-ce que « signifier » (σημαίνειν) pour Platon ? « Signifier », nous dit le *Cratyle*, 422 e-423 c, c'est « imiter », c'est « montrer » (δηλοῦν), « manifester » de manière physique et concrète la « nature même de la chose » (αὐτὴν τὴν φύσιν τοῦ πράγματος). Le σημαίνειν est conçu en 422 e sur le modèle concret du langage mimétique des muets qui signifient les choses par leurs mains, leur tête et le reste de leur corps. Il ressort de ce passage que le « signifier » possède la connotation bien concrète d'un δηλοῦν, qui vise à *faire voir* les choses[1]. On ne peut donc séparer le signifié de la chose

A. Pierrot, Paris, Klinsksieck, 1981, vol. 1, Texte 22, p. 121-128) ; Sextus Empiricus, *op. cit.*, II 11 (dans M. Baratin et F. Desbordes, *op. cit.*, vol. 1, Texte 23, p. 128).

1. Sur le δηλοῦν qui consiste à *faire voir* au sens de « désigner » et de « montrer du doigt », *cf.* P. Aubenque, *Le Problème de l'être chez Aristote*. Essai sur la problématique aristotélicienne, Paris, P.U.F., 1962, p. 113. Sur l'aspect concret du σημεῖον et du σημαίνειν, *cf.* H. Joly, *op. cit.*, p. 149 n. 162. Evoquant par ailleurs le fragment 93 d'Héraclite où il est dit que « le Maître dont l'oracle est à Delphes ne dit ni ne cache, mais fait signe » (οὔτε λέγει οὔτε κρύπτει ἀλλὰ σημαίνει), H. Joly soutient que le σημαίνειν de ce fragment constitue « le troisième terme d'une dialectique des contraires et comme tel les conciliant dans une *indication qui est et qui n'est pas recel et diction* » (p. 150 n. 162). Si cette interprétation du fragment est intéressante, il n'en demeure pas moins que la formulation d'H. Joly peut prêter à confusion dans la mesure où elle laisse entendre qu'il y a chez Héraclite une forme de synthèse dialectique des contraires semblable à celle de Hegel. H. Joly soutient également que le σημαίνειν héraclitéen revêt « un sens *linguistique* » (p. 149 n. 162). Ceci est manifestement incompatible avec l'opposition établie par l'Ephésien entre le « dire » et le « signifier » (οὔτε λέγει [...] ἀλλὰ σημαίνει). Le « signifier » héraclitéen n'appartient donc pas au registre *linguistique* du « dire » conçu comme « manifestation », « révélation » ou

signifiée[1]. La valeur concrète du « signifier » qui ressort de ce passage du *Cratyle*, et surtout le lien étroit unissant le « signifié » à la chose signifiée ne permettent donc pas d'inférer l'existence d'une théorie de la signification identique à celle des Stoïciens.

> Seule la philosophie stoïcienne, dira H. Joly, en insérant entre le signifiant et la chose, le signifié proprement dit, fonde une théorie véritablement linguistique et séméiologique du langage et du discours [...]. Pour sa part, Platon, en identifiant signification et manifestation, désignation et révélation a posé et résolu le problème du langage en termes de vérité et d'imitation, non en termes de sens et de signification[2].

« dévoilement ». C'est Platon et Aristote qui assigneront au « dire » la capacité de « signifier », d'être ambigu, de ne pas toujours révéler ce dont il parle.

1. Chez Platon et Aristote le signifié demeure amarré à la chose signifiée. Ainsi, « il n'y a de signification que de la manifestation et de manifestation que de l'*ousia* » (H. Joly, *op. cit.*, p. 182). L'erreur ou la fausseté réside par conséquent dans l'absence de correspondance entre le langage et la réalité. Même si les Stoïciens ont envisagé, à l'instar du *Cratyle*, le caractère mimétique des mots, il n'en demeure pas moins qu'ils ont tenté de dépasser cette conception du langage pour l'étudier indépendamment de toute relation à l'« être ». L'erreur et l'équivocité se situent, cette fois-ci, au niveau de la *compréhension* du sens des mots : « quand moi je pense une chose, tu en comprends une autre » (Aulu-Gelle, *Nuits Attiques*, XI 12), voilà le lieu de l'équivocité pour Chrysippe. Même s'il y a *univocité* dans la pensée du locuteur, l'équivocité peut s'introduire dans la compréhension de cette pensée par l'interlocuteur. Que cela soit au niveau de l'intention ou de la compréhension, la *pensée* de l'individu joue un rôle déterminant dans le processus de la signification et cela indépendamment de toute référence à l'« être ».

2. H. Joly, *op. cit.*, p. 188-189. Sur la « transparence » de la *dianoia* à la chose dite, cf. *Cratyle*, 434 e-435 d, et A. Soulez, *La Grammaire philosophique chez Platon*, Paris, P.U.F., « Philosophie D'aujourd'hui », 1991, p. 86. Sur l'accord entre la pensée, le concept, le sens et le monde extérieur, *cf.* J.L. Ackrill, « Language and Reality in Plato's *Cratylus* », p. 44. Cette transparence de la *dianoia* à la chose dite pourrait évoquer le rapport mimétique établi par Aristote dans le *De interpretatione*, 1, 16 a 3 *sq.*, entre les « états de l'âme » et les « choses ». Selon certains commentateurs, les noms du *Cratyle* auraient, à l'instar du *De interpretatione*, les concepts pour équivalents intérieurs. Ce rapprochement avec Aristote serait d'autant plus fondé qu'il n'y aurait pas dans le *Cratyle* une théorie explicite de la transcendance des Idées. L'*eidos* platonicien serait à la manière du concept aristotélicien une « forme » non séparée qui s'appliquerait à la matérialité des lettres et des syllabes (*cf.* 389 b-390 a). Sur l'importance accordée au concept chez Platon, voir A. Nehring, « Plato and the theory of language », *Traditio* 3, 1945, p. 28-29, 40-41 ; J.V. Luce, « The Theory of Ideas in the *Cratylus* », *Phronesis* 10, 1965, p. 21 n. 2, et p. 29-30; K. Lorenz et J. Mittelstrass, art. cit., p. 6-11 ; Jeffrey B. Gold, « The Ambiguity of "Name" in Plato's "Cratylus" », *Philosophical Studies* 34, p. 239-240, 244-246 et 249-250 n. 40. Sur le rapprochement avec Aristote, *cf.* E. Dupréel, « Le "Cratyle" et les origines de l'Aristotélisme », dans *La Légende socratique et les sources de Platon*, Bruxelles, les éditions Robert Sand, 1922, p. 214-255. Je ne pense pas qu'on puisse soutenir, chez Platon, l'existence d'une théorie logique du concept analogue à celle d'Aristote. « On aurait tort de comprendre

La sémantique de Platon porte donc non sur le sens, mais sur l'être[1]. Le nom n'est-il pas justement l'« instrument » (ὄργανον) qui doit permettre de « discerner » l'être de chaque chose et de nous instruire les uns les autres[2] ? N'est-il pas cette « imitation » de l'essence des *pragmata*[3] ? Le σημεῖον ne représente-t-il pas ce qui « différencie (διαφέρει) de tout le reste l'objet dont on parle »[4] ? Ne contient-il pas la « marque distinctive » (τύπος)[5] de chaque être individuel[6] à la manière des « signes multiples » (πολλὰ σήματα) qui caractérisent l'être parménidien[7] ? Le nom et le signe se mettent en quelque sorte au service d'une vérité qui leur est extrinsèque. L'*onoma* en tant qu'instrument *diacritique* et *didactique* n'aurait donc pas sa finalité en lui-même mais serait subordonné à l'οὐσία à la manière du *logos critique* de Parménide qui distingue l'être du non-être pour se mettre déjà au service de l'εἶναι. C'est donc à condition de se référer à l'être que le nommer est vrai. Mais pour être capable de discerner, d'exprimer, d'enseigner l'essence et la vérité de chaque chose le législateur qui établit les noms doit avoir les yeux fixés sur « ce qui est le nom en soi » (389 d), ou sur ce qui est « par nature » le nom de chaque objet (390 e) ; et c'est au dialecticien doté de capacité critique (κρίνειε) de diriger le travail du législateur (390 c). Le législateur qui a les yeux fixés sur l'*eidos* du nom, comme le menuisier qui a les yeux fixés sur la forme de la navette (389 a-b), doit se référer à une « norme » extérieure et supérieure au nom. C'est cette « norme » qui constitue la garantie dernière de la rectitude des noms et de leur vérité. C'est

les différents termes qui expriment la forme, l'essence, l'en-soi, comme des termes à valeur logique. Ils ont certainement une valeur ontologique, précisément parce que Platon essaie, dans toute cette partie du dialogue, de "sauver" la réalité stable. Les objets fabriqués participent à cette stabilité au même titre que les objets naturels et les actes téléologiques. Le "Cratyle" pose les fondements et prépare le terrain à ce qu'on peut appeler plus tard la théorie des Formes » (V. Goldschmidt, *op. cit.*, p. 82-83).

1. *Cf.* H. Joly, *op. cit.*, p. 186.
2. Platon, *Cratyle*, 388 b.
3. *Cratyle*, 423 b-424 b.
4. Platon, *Théétète*, 208 c.
5. *Cratyle*, 432 e.
6. M. Canto, « Le *sêmeîon* dans le *Cratyle* », *Revue de Philosophie Ancienne* 5, 1987, p. 22, en s'appuyant sur le passage 427 c où il est dit que le législateur crée « pour chacun des êtres » (ἑκάστῳ τῶν ὄντων) un « signe et un nom » (σημεῖόν τε καὶ ὄνομα), souligne que le σημεῖον proposé représente un « doublet du nom » et qu'il est « étroitement rapporté, dès la première mention qui en est faite, à l'être individuel ». Par le fait même que le σημεῖον contienne le τύπος ou l'élément distinctif qui caractérise l'objet et qu'il « emprunte sa nature à la substance phonique du mot et à son éventuelle réalité d'image », ce σημεῖον réunit « à la fois le caractère eidétique de l'être intelligible et l'iconicité du sensible ».
7. Fr. 8, 2-3 D.-K.

parce qu'il trouve son fondement dans l'*eidos* et dans la nature (φύσις)[1] que le nom devient un *organon* apte à discerner, définir et instruire au sujet de la nature particulière de chaque chose. Le Socrate du *Phèdre* se posera la question de savoir si l'on peut connaître la nature d'une chose particulière sans connaître la nature du Tout, c'est-à-dire sans connaître les Idées[2]. On ne peut discerner la nature d'une chose qu'à la condition de se conformer à cette norme supérieure et extrinsèque. Même si dans le *Cratyle* l'*eidos* n'est pas encore caractérisé par la transcendance et la séparation par rapport au sensible[3], il n'en porte pas moins la marque de l'immobilité, de la stabilité et de l'ipséité[4]. Ce sont ces caractères qui permettent à la connaissance d'être sûre et au langage d'être correct et vrai. Le mouvement incessant de toute chose abolit, quant à lui, toute forme de connaissance et de rectitude dans le langage (*cf.* 440 a-e). D'ailleurs, le fait d'envisager le nom sous la forme d'une « imitation » indique qu'il n'est pas arbitraire dans la mesure où il porte en lui la trace de l'*eidos* et se trouve ainsi ancré dans ce qui est stable et vrai. Quand on connaît les noms on doit pouvoir connaître aussi les choses (435 d-e). Mais étant donné qu'il incarne le statut paradoxal de l'« image » et que le législateur peut se référer à une idée fausse des choses (436 b), l'*onoma* est susceptible d'être faux. Le caractère instrumental et mimétique du langage se trouve ainsi mis en cause à travers l'expérience de la fausseté et de l'erreur. Désormais, ce n'est pas du nom qu'il faut partir pour apprendre et connaître les choses, mais il faut plutôt apprendre et rechercher les choses en partant d'elles-mêmes (439 b). Ce n'est donc plus à partir de l'image ou de la copie qu'on connaîtra la vérité (ἀλήθεια), mais il faudra partir de la vérité elle-même, car c'est elle qui nous fera voir si son image a été correctement réalisée (439 a-b). Platon en donnant le primat à la chose et à la vérité aux dépens de l'image et du nom, inverse le rapport sophistique qui consistait à absolutiser le mot et à relativiser la vérité, à

1. La φύσις désigne assez souvent chez Platon les « idées ». Sur la Nature en général (φύσεως πέρι – περὶ φύσεως) en tant qu'elle commande la connaissance d'une nature particulière, *cf.* le *Phèdre*, 269 e-270 a et 270 c.

2. *Cf.* M. Fattal, « Le *logos* dans le *Phèdre* de Platon (265 d, 266 a et 270 c) », dans *Réflexions contemporaines sur l'antiquité classique*, Recherches sur la philosophie et le langage n° 18, Grenoble-Université Pierre Mendès France, 1996, p. 242 *sq.*

3. Sur cette question, très discutée, de la transcendance de l'*eidos*, *cf.* la bibliographie des p. 28-29, n. 1. Voir également Ch. Kahn, « Language and Ontology in the *Cratylus* », p. 152-176; « Les mots et les formes dans le "Cratyle" de Platon », p. 91-103; B. Calvert, « Forms and Flux in Plato's *Cratylus* », *Phronesis*, 15, 1970, p. 30-34; W.K.C. Guthrie, « Cratylus », dans *A History of Greek Philosophy*, Cambridge, London, New York, Melbourne, Cambridge University Press, 1978, vol. V, p. 20-23; L.M. De Rijk, *op. cit.*, p. 241-248, 252; J. Derbolav, *Platons Sprachphilosophie im Kratylos und in den Späteren Schriften*, Darmstadt, Wissenschaftliche Buchgesellschaft, 1972.

4. H. Joly, *op. cit.*, p. 50-51. Voir également C. Dalimier, *op. cit.*, p. 52-56.

prendre le vraisemblable pour la vérité, et à considérer les effets de langage au lieu d'accorder la primauté au contenu signifié, à la chose signifiée. Désormais avec Platon, le discours pragmatique n'est légitime qu'à la condition de s'enraciner dans la vérité. « Le *Cratyle* nous exhorte donc à étudier non pas la linguistique mais l'ontologie[1] ». J'ajouterai qu'il nous exhorte aussi à étudier la dialectique, « cette méthode heuristique qui vise à connaître la nature d'une chose particulière, à la définir et à l'analyser, en se référant aux Idées »[2]. Mais on pourrait se demander si la conclusion du dialogue qui préconise de se débarrasser du langage pour aller aux choses-mêmes n'est pas ironique. Socrate croit-il vraiment qu'il peut se passer du langage dans sa quête de l'essence des choses[3]? N'est-ce pas grâce au langage et aux mots conçus comme « instruments » ou « imitations » qu'il en arrive à dévoiler et à discerner parfois l'essence? La dialectique, comme technique des questions et des réponses et comme méthode de rassemblement et de division, n'a-t-elle pas besoin des mots et des discours pour se réaliser pleinement? Enfin, l'être, lui-même, ne trouve-t-il pas son fondement dans les catégories de la langue[4]?

1. Ch. Kahn, « Language and Ontology in the *Cratylus* », p. 168.

2. M. Fattal, art. cit., p. 232 *sq.*

3. C. Dalimier, *op. cit.*, p. 59, affirme que Platon, par la bouche de Socrate, ne renonce pourtant pas à fonder un savoir sur les noms.

4. Cf. *Concepts et catégories dans la pensée antique*, études publiées sous la direction de P. Aubenque, Paris, Vrin, « Bibliothèque d'histoire de la philosophie », 1980.

LA PARTICIPATION COMME ÊTRE DE LA FORME DANS LE *SOPHISTE* DE PLATON [1]

Nestor-Luis CORDERO

Le sujet de ce travail m'a été suggéré par une remarque de Pierre Aubenque à propos d'un passage du *Sophiste* de Platon. En effet, dans le volume collectif *Études sur le Sophiste de Platon* [2], publié sous la direction de Pierre Aubenque, l'éditeur lui-même a écrit un article remarquable dans lequel il faisait état d'une sorte d'échec. Le titre du travail en témoigne : « Une occasion manquée, la genèse avortée de la distinction entre l'étant et le quelque chose ».

Cet article, comme tous les travaux de P. Aubenque, s'inspire de la plus authentique tradition philosophique, celle du dialogue. Ici, l'auteur dialogue – très gentiment, bien entendu, mais parfois avec passion – avec Jacques Brunschwig [3] a propos du statut de *ti* dans le Stoïcisme, statut qui, selon cet auteur, ne dériverait pas directement des textes platoniciens. Ce n'est pas mon intention de prendre position en ce qui concerne cette polémique. Je voudrais tout simplement réfléchir sur une affirmation qui fait partie de la conclusion de P. Aubenque. Il dit que Platon, dans le *Sophiste,* n'accepte pas de remettre en cause le primat de l'ontologie ; et c'est dommage, car la remise en cause de ce primat lui aurait permis de « réfléchir sur le statut infra-ontologique de la temporalité et de la fausseté,

1. Victime d'un préjugé selon lequel la forme est déterminée par le contenu, je n'ai pas cherché à *adapter* un sujet et un style pensés en vue d'une communication orale aux exigences d'un travail écrit. Que le lecteur éventuel veuille bien m'en excuser.

2. Essais publiés sous la direction de Pierre Aubenque, Naples, Bibliopolis, 1991.

3. *Cf.* l'article « La théorie stoïcienne du genre suprême et l'ontologie platonicienne », in *Matter and Metaphysics*, éd. J. Barnes et M. Mignucci, Naples, 1988, p. 64.

mais peut-être aussi sur le statut supra-ontologique du premier principe, qui, selon la *République*, n'est pas une essence (*ousia*), puisqu'il est au-delà de l'essence (*Rép.* 509b)[1] ».

Je n'ai rien à dire sur la première partie de la conclusion de P. Aubenque en ce qui concerne le statut infra-ontologique de certaines réalités telles que le temps et la fausseté, ou ce que les Stoïciens appelleront les incorporels; et je n'ai rien à dire parce que ce que P. Aubenque a dit me semble tout à fait convaincant. En revanche, je m'interroge sur la pertinence de la deuxième partie de sa conclusion, car il me semble – et je ferai de mon mieux pour justifier mon point de vue – que Platon a bel et bien réfléchi, je n'ose pas dire sur un premier principe, mais sur la question d'une sorte d'être qui n'est pas assimilé à des *ousiai*, c'est-à-dire, dans son système, à des Formes, et il me semble que non seulement il s'est posé la question, mais qu'il a aussi trouvé la réponse. Je voudrais montrer que Platon se demande, à une certaine étape de sa démarche philosophique, quel est le statut d'un être qui n'est pas ceci ou cela. S'agit-il de la question de l'être en tant qu'être, attribuée depuis toujours, pour la première fois à Aristote? Pourquoi pas? En tout cas, ce n'est pas la réponse platonicienne qui pourrait être retenue, mais la question. S'il en est ainsi, Aristote – qui, lui non plus (et P. Aubenque l'a bien démontré) n'a jamais répondu à la question – ne fera que suivre l'exemple de son maître.

Nous savons tous que dans le parcours philosophique de Platon il y a des moments d'accalmie mais il y a aussi des véritables tempêtes; et que souvent après la tempête Platon n'hésite pas à prendre la « seconde navigation » qu'il met dans la bouche de Socrate dans le *Phédon* et dans le *Philèbe*[2]. Il s'agit de renforcer une certaine continuité grâce à un certain changement.

Dans le cas qui nous intéresse, la continuité, c'est la théorie des Formes; le changement, c'est le nouveau rapport que Platon établit entre les Formes. Et – et je reviens à mon point de départ – ce nouveau rapport n'est possible que grâce à la découverte d'une sorte d'être de la Forme, non pas l'être de celle-ci ou de celle-là, mais de ce qui fait que n'importe quelle Forme soit une Forme, être qui, si ce n'est pas l'être en tant qu'être, lui ressemble comme un frère. Mais Platon reste toujours platonicien, et, fidèle à son système, il appelle cet être *la Forme de l'être (idea tou ontos)*[3]. Si notre hypothèse est valable, nous comprenons pourquoi la critique d'Aristote de l'assimilation de l'être à un genre (car les *ideai* sont, entre autres choses, des genres) viserait directement Platon.

1. *Op.cit.*, p. 384.
2. *Phédon*, 99d ; *Philèbe*, 19c.
3. *Soph.*, 254a.

Mais pourquoi Platon décide-t-il d'entreprendre une recherche si considérable, car il s'agit d'une recherche sur l'être, précisément dans le *Sophiste* ? J'ai fait tout à l'heure allusion à des accalmies et à des tempêtes dans le parcours de la démarche platonicienne. Le *Sophiste* arrive juste après l'orage, dont les péripéties sont illustrées par le *Théétète* et par le *Parménide*. Ce n'est pas facile de détecter l'origine des intempéries, mais il semble évident qu'après de dialogues si solides et consistants comme la *République*, le *Phédon*, le *Banquet*, le *Phèdre*, le *Ménon*, etc. on peut considérer que la philosophie de Platon a atteint un véritable sommet. Mais il ne faut pas oublier que, après cette période éclatante, lorsque Platon arrive à la soixantaine, l'Académie, qui a non seulement accueilli des chercheurs, mais qui a formé des intellectuels, a déjà une vingtaine d'années d'existence. Nous pouvons supposer qu'un dialogue enrichissant s'est produit entre les Académiciens – parmi lesquels il y avait des auditeurs qui suivaient depuis vingt ans le discours du maître et qui connaissaient par cœur les conceptions que Platon avait « publiées » dans les dialogues que nous avons mentionnés – et M. le Directeur. Et, comme il est naturel chez quelqu'un qui a toujours privilégie le dialogue, Platon a été très certainement sensible à certaines critiques. Si nous avançons dans le temps d'une quinzaine d'années, notre hypothèse trouve sa confirmation dans les premiers dialogues d'Aristote, écrits dans le cadre de l'Académie et dans lesquels, tout en se considérant un « platonicien », il n'hésite pas à exposer des remarques critiques vis-à-vis de son maître.

Quelle pourrait être la cible privilégiée des critiques rencontrées par Platon juste avant son deuxième voyage en Sicile[1] ? Nous pouvons supposer que les Formes elles-mêmes étaient épargnées. Si on ne partage pas ça, il vaut mieux changer d'école… Mais c'est le mode d'emploi de la Forme qui pose problème. Platon avait toujours affirmé que, d'une certaine manière, les Formes sortaient d'elles-mêmes pour être présentes dans les choses, et que, d'une certaine manière, elles étaient comme « ouvertes », afin que les choses puissent participer d'elles. Cette communication entre la raison d'être des choses et la multiplicité dite « sensible », est le fondement de l'ontologie platonicienne. Mais ce lien entre les deux *topoi*, représenté, *grosso modo*, par la participation, a été considéré, notamment par Aristote (et peut-être par d'autres condisciples de l'Académie) comme le talon d'Achille de Platon. Après avoir quitté l'Académie, Aristote n'hésite pas à dire que « quelle était la nature de la participation, c'est une recherche que les Platoniciens ont laissé de côté »[2].

1. Vers l'année 367. *Cf.* L. Brisson, Platon, *Lettres*, « Introduction », Paris, GF-Flammarion, 1987, p. 47.

2. *Mét.* A6, 987b13. *Cf.* aussi H6 1045b8.

Mais c'est Platon lui-même qui a vu, le premier, les problèmes posés par la notion de participation. Et la mise en question commence par le *Parménide*, dialogue dans lequel Platon trouve, très astucieusement, la seule mise-en scène qui s'impose pour jeter un regard critique sur son propre système. Ses idées, en effet, sont exprimées, comme toujours, par Socrate, mais Socrate n'est qu'un jeune homme, plutôt prétentieux, et le vieux Parménide prend un véritable plaisir à le questionner lorsqu'il se permet d'interrompre la conférence d'un hôte de marque, Zénon d'Elée. Parménide met le jeune insolent à sa place… mais c'est Platon qui a écrit le dialogue, ce même Platon qui oblige son héros, Socrate, à entendre cet avertissement : « Exerce-toi pendant que tu es encore jeune… Sinon, la vérité se dérobera à tes prises »[1].

Qu'est-ce que le Parménide du *Parménide* reproche au jeune Socrate, donc à Platon ? Les apories propres à la notion de participation. En effet, mis à part le début de la discussion, où il est question du nombre des Formes, le débat du *Parménide* s'oriente vite du côté de la participation. Ce n'est pas évident, mais le poids des mots l'emporte : dans la totalité du *corpus platonicum* il y a environ trois-cent-cinquante références à l'idée de participation[2], soit par l'intermédiaire du mot classique, *methexis*, soit par le verbe *metekhô* ou des synonymes. Un tiers de ces références (cent-vingt-et-une) se trouvent dans le *Parménide*. J. Tricot, reprenant une remarque de Bonitz, avait déjà affirmé : « Le *Parménide* est tout entier consacré à élucider le problème de la participation »[3]. Ce problème devient la source d'une véritable tragédie, car une Forme qui ne participe pas avec une autre est condamné à l'auto-participation. Selon G. Casertano, le but du *Parménide* est de montrer que chaque Forme suppose « la liaison avec toute une série d'autres idées, sa participation à ceci ou à cela »[4], car « affirmer l'existence d'une idée signifie affirmer sa connexion avec d'autres idées »[5]. Avec cette remarque, nous sommes au beau milieu de la tempête, et une question s'impose : pourquoi, afin d'alléger son navire, Platon ne se débarrasse pas de ce lourd fardeau des Formes ? Tout simplement, parce que les Formes sont nécessaires, et, pour le démontrer, Platon écrit le *Théétète*.

Dans ce dialogue, Platon revient au sujet central de sa philosophie : la question de la connaissance. Mais n'importe quel lecteur de Platon savait qu'il avait déjà dit *tout* sur la connaissance : les livres VI et VII de la

1. *Parm.*, 135d (trad. L. Brisson).
2. *Cf.* L. Brandwood, *A Word Index to Plato*, Leeds, 1976.
3. Aristote, *Métaphysique*, vol 1, p. 59, note.
4. G. Casertano, *Il Nome della cosa*, Naples, Loffredo, 1996, p. 62.
5. *Op.cit.*, p. 75.

République nous offrent un schéma très didactique de la gnoséologie platonicienne. Pourquoi écrire, vers la soixantaine, un nouvel ouvrage sur le sujet ? Parce que Platon essaie d'expliquer la connaissance sans faire appel aux Formes. Mais la tâche devient impossible, car admettre que les Formes sont la garantie de la connaissance, en tant que seul objet à connaître, fait partie de la spécificité du platonisme. Et, pour cette raison, le *Théétète* est un dialogue volontairement aporétique. Toutes les solutions proposées pour résoudre le problème de la connaissance échouent, car, sans les Formes, la connaissance s'avère impossible.

Le bilan de ce bouleversement représenté par le *Parménide* et par le *Théétète* est donc le suivant : les Formes sont nécessaires, mais la manière de communiquer ce qu'elles possèdent (c'est-à-dire, ce qu'elles sont) doit être précisée, voire justifiée, car ce n'est pas évident que des réalités en soi, telles que les Formes, soient capables de s'ouvrir vers ce qu'elles ne sont pas, vers les étants, vers les choses.

Le *Sophiste* va essayer de résoudre ce problème, et, pour le faire, Platon introduira dans sa propre philosophie une sorte de révolution copernicienne avant la lettre. Il y a des Formes, dira Platon, mais *l'être de la Forme consiste à communiquer*. Donc, la participation n'a plus besoin de justification. Admettre qu'une Forme existe revient à admettre qu'elle est capable de communiquer, c'est tout. Si elle ne communique pas, si elle reste isolée, elle n'existe pas. La participation n'est pas une activité surajoutée, artificielle ; c'est son être, dans le sens existentiel du verbe.

Pour arriver à cette conclusion, Platon parcourt un long chemin, passionnant, certes, mais impossible de suivre dans ses détails dans les limites étroites de ce travail. J'ai donc l'intention de m'occuper seulement des étapes principales de sa démarche.

Nous l'avons déjà dit : il s'agira de trouver l'être de la Forme, c'est-a-dire, ce qui justifie son existence. Il ne s'agit pas d'une recherche portant sur l'*essence* des Formes, mais d'une question préalable. Cette démarche est insolite chez Platon, car, jusqu'au *Sophiste*, la Forme c'est l'être, l'*ousia* réelle, *ontôs*. Platon l'a toujours dit ; une seule formule, empruntée au *Phèdre*, est un véritable résumé, car elle utilise trois mots qui partagent la même racine afin de souligner l'identification totale qu'il y a entre les Formes et ce qui est réel : chaque Forme est une « *ousia ontôs ousa* », une réalité réellement réelle[1]. C'est-à-dire que l'être est assimilé à des réalités spécifiques, les Formes.

Mais le *Sophiste* est un dialogue différent des autres, et ce que Platon avait toujours mis dans la bouche de Socrate devient un objet de recherche de la part de son nouveau porte-parole, l'Étranger d'Elée. Celui-ci constate

1. *Phèdre*, 247c.

que « les amis des Formes »[1] ont assimilé l'être a des réalités particulières[2], et il se demande si d'autres écoles philosophiques sont arrivées, elles-aussi, a affirmer cette assimilation. Du panorama de l'histoire de la philosophie « ancienne » que Platon fait exposer à l'Etranger ressort que *tous* les philosophes ont présenté un principe, ou des principes, en tant qu'être réel des choses, et qu'ils ont décrit soit la qualité, soit la quantité de ces principes. Ils se sont tous posés la question du « comment » (*poia)* des êtres (*ta onta*) ou de la « quantité » (*posa*) des êtres[3]. Dans les deux cas il y a eu chez les philosophes – Platon y compris – une « occasion manquée », comme dirait P. Aubenque : celle de se demander : « qu'est-ce que l'être ? ». Au lieu de la question *ti to on*, que nous avons l'habitude de trouver chez Aristote (mais que nous trouverons peut-être déjà dans le *Sophiste)*, les philosophes se sont posés des questions concernant *poia kai posa ta onta.* Partis à la recherche de l'être des choses, ils ont trouvé un étant privilégié, ou des étants, chacun avec sa constitution propre à lui : des éléments, des nombres, des homéoméries, des atomes, ... des Formes.

Mais ce qui est grave – et Platon va essayer de montrer le danger caché dans cette manière de regarder les choses – est que, du fait d'avoir assimilé l'être à des étants, même à des étants privilégiés, l'être a hérité les caractères des étants, ses propriétés. Platon, d'une manière très didactique, fera une sorte de portrait-robot des étants : nous considérons comme un étant réel (autant qu'il soit permis de s'exprimer ainsi, car en grec il s'agirait d'une redondance) ce qui présente certains caractères. Pour parvenir à établir ce tableau, Platon emprunte la voie négative : il déduit ces caractères de l'impossibilité de concevoir quelque chose de tel qu'un *non-étant.* Cette voie se révèle particulièrement efficace, car dans l'ambiance parménidienne qui préside le début du dialogue, le non-étant est pure et simplement la *négation* de l'étant. Ce que l'on attribue à l'un des côtés de la médaille, doit être refusé à l'autre. Il est impossible, pour nous, d'imaginer des non-étants, parce que nous avons une manière – philosophique, naïve ou intuitive – de concevoir les étants. Il s'agira maintenant de saisir cette conception, et c'est l'analyse de la notion négative de non-être qui produit, comme dans le laboratoire d'un photographe, le surgissement progressif de l'image positive de l'être. Le non-être ne peut pas être *quelque chose,* il n'est pas *une chose*. Voilà pourquoi, dans la première partie du *Sophiste,* la

1. Les efforts titanesques déployés par des nombreux chercheurs afin de montrer que Platon ne parle pas ici de lui-même, ne sont guère convaincants. *Cf.* notre traduction du *Sophiste* (Paris, GF-Flammarion, 1994), p. 248, note 242.

2. « La réalité existante (*ousia*) réside dans certaines Formes (*atta eidê*) intelligibles et incorporelles » (*Soph.,* 246b).

3. *Soph.,* 242d.

réfutation parménidienne du non-être est non seulement confirmée, mais aussi renforcée. Plus parménidien que Parménide lui-même, Platon dira que nous n'avons même pas le droit de dire qu'*il* n'est pas, car déjà le mot « il » suppose que nous le concevons comme quelque chose d'un[1]. S'il en est ainsi, regardons l'autre côté de la médaille : un étant est défini comme quelque chose de déterminé, comme une chose une. Les philosophes, ainsi que n'importe quel observateur naïf de la réalité, sont incapables de séparer (comme le dit P. Aubenque le long de son travail) l'étant et le quelque chose. Et lorsqu'un philosophe élève un étant au rang de principe, ce principe est un quelque chose, une Forme, par exemple.

C'est à partir de cette constatation que la démarche platonicienne se met en route, car son nouveau porte-parole ira au-delà des terrains arpentés depuis toujours par Socrate. La lumière proviendra encore une fois d'un dialogue avec les Anciens, et Platon ira jusqu'à oublier qu'il a changé de protagoniste, car l'Etranger, tel une sage-femme, fera accoucher les philosophes d'un rejeton qu'ils portaient en eux sans le savoir : la notion d'être.

Regardons la méthode de l'Etranger. Chaque philosophe a reconnu spontanément que son principe *est*[2]. Un moniste doit admettre que son être-un est. Cette affirmation fait de lui un dualiste, car il vient d'admettre la possibilité de *deux* réalités : celle de l'un et celle de l'être, dans le sens de l'existence. Mais la même mésaventure arrive aux pluralistes, surtout à ceux qui ont proposé comme principes des notions contraires, voire opposées. Lorsqu'ils ont choisi un couple, par exemple, le chaud et le froid, et ils disent que le chaud et le froid sont, « qu'est-ce que nous devons comprendre par ce "sont" *(to einai)* ? »[3]. Si le dualiste est cohérent avec lui-même, il aura du mal à répondre, car il sera obligé d'admettre que ce « verbe » *(to einai)* est une troisième chose, un *triton*. C'est le cas aussi de ceux qui revendiquent le repos et le mouvement : quand ils affirment que l'un et l'autre sont, l'être exprimé par le « sont » est un *triton* qui vient d'être surajouté, car il ne peut pas être identifié ou assimilé au couple[4]. Cet « être » atteste que le repos et le mouvement, le chaud et le froid, ainsi que n'importe quel principe ou ensemble de principes, est quelque chose qui existe, c'est-à-dire, un étant, ou des étants.

Ce passage du *Sophiste* est une véritable radiographie de ce qu'un Grec (avant Aristote ?) a dans l'esprit lorsqu'il utilise le verbe « être ». En effet,

1. *Cf. Soph.*, 237c-239a.
2. *Cf. Soph.*, 244c.
3. *Soph.*, 243e.
4. *Cf. Soph.*, 250c.

c'est le *verbe* être qui reçoit l'attribut de *triton*, car c'est bien lui qui s'*ajoute* (c'est-à-dire, s'attribue) au couple. Mais Platon glisse tout naturellement de l'infinitif au participe (faut-il rappeler que *to on* est le participe présent d'*einai*?) lorsqu'il conclut qu'en réalité *c'est* to on *qui se révèle comme un tiers* « quand nous affirmons que le mouvement et le repos sont »[1]. Cet être (*to on*) pourrait-t-il être considéré comme une sorte d'être en tant qu'être ? Jusqu'à cette étape du dialogue, il semblerait que la réponse devrait être affirmative. Cet *on*, qui se manifeste par l'infinitif *einai*, n'est pas ceci, n'est pas cela; il est la *raison d'être* de ceci et de cela (de l'unité, du chaud-froid, des atomes, ... des Formes)

Mais la recherche de l'Etranger continue. Il va essayer maintenant de préciser cet être, ce *triton,* qui ne s'assimile à aucun étant. La nouvelle question sera donc : qu'est-ce que cet être ? Ou – pourquoi pas ? – qu'est-ce qu'« être »? Pour y répondre, Platon sera guidé par le pragmatisme qui caractérise la nouvelle méthode illustrée par le *Sophiste*, et la première étape de sa démarche consistera à trouver un « contenu » pour cet être, qui, de ce fait, commence à s'éloigner d'un éventuel être en tant qu'être. Platon avance de la manière suivante : il va essayer de *trouver* les caractères de cet être présupposé par tous les philosophes, par lui-même (du moment où il a toujours affirmé que les Formes existent), et même par le sens commun, caractères que l'on rencontre dans tout ce qui est reconnu comme existant. C'est-à-dire que Platon part à la recherche de ce qui fait que n'importe quelle chose, *soit*; *ça*, c'est l'être.

La question posée par Platon a une portée générale, totale. L'Etranger ne fait pas une distinction entre Formes, choses individuelles, modèles ou copies, car la réponse qu'il cherche concerne tout, ce *pantelôs on* qui comprend tout[2]. Platon se demande : qu'est-ce qui fait qu'une chose est? Qu'est-ce qui distingue un étant, n'importe lequel, Forme, atome ou étoile, du néant[3]? Et la réponse arrive au beau milieu d'une querelle «*peri tês ousias* »[4]. D'une manière très pragmatique Platon supprime de n'importe quel étant toutes les propriétés ou les caractères propres à lui-même, tout ce qui pourrait faire partie de sa définition, et cette *epokhè* va jusqu'à la limite ultime, à ce que l'on ne peut pas supprimer, car, au-delà, il (n') y aurait...

1. « C'est comme un tiers que *to on* se révèle » (*Soph.*, 250c1). Dans le cas d'un moniste, il serait une sorte de *deuteron*.

2. Dans une étape ultérieure, une fois précisé cet ensemble constitué par « tout ce qui est », rien n'empêche d'effectuer une hiérarchie entre des différents degrés de réalité, et nous n'avons pas d'éléments suffisants pour affirmer que Platon pourrait alors renoncer à sa distinction habituelle entre modèle et image.

3. Il n'est pas question, en revanche, de « pourquoi » y-a-t-il des étants et non plutôt rien, comme l'exprime la formule heideggerienne classique.

4. *Soph.*, 246a.

rien. Et il propose cette définition : « un quelque chose (*ti*) existe pleinement (*einai pantôs*) lorsqu'il est capable (*dunaton*) de s'ajouter à quelque chose ou de l'abandonner »[1]. Platon est très clair et s'il utilise l'adverbe *pantôs* c'est pour souligner le caractère total et absolu du type d'existence qu'il est un train de caractériser[2]. Mais il y a un autre mot à retenir : *dunatos,* « ce qui est capable ». Si quelque chose s'ajoute ou se retranche d'une autre, c'est-à-dire, si une chose affecte une autre, c'est parce qu'elle a la capacité ou la possibilité de le faire. Cette capacité, qui est la cause d'une affection, d'une action, bref, d'une altération, est considérée, à la page suivante, *l'être des étants.* « Je pose comme définition qui définit les étants (*ta onta*) que ceux-ci ne sont autre chose que puissance (*dunamis*) »[3]. Il faudrait faire un effort pour trouver dans le *corpus platonicum* une phrase aussi claire, précise et directe. Platon fait appel même à une redondance pour donner du poids à ce qu'il présente comme une définition. Il dit *horon horizein*, « définition définissante ». Et les étants sont définis comme possibilité, capacité : *dunamis.* Ils ne sont que *dunamis.*

Mais la nature de la *dunamis* suppose un contenu. Rien n'est que « capable » ; on est « capable de... ». Dans la première présentation de la notion, Platon avait parlé de la capacité de s'ajouter ou de se retrancher, mais cet exemple était adressé à l'intention des « fils de la terre », des gens qui sont obligés d'admettre la réalité de ce qui s'ajoute à l'âme, par exemple, la sagesse ou la bêtise, la justice ou le courage. Ces « valeurs » non matérielles sont bel et bien des étants, car elles ont la *capacité* d'affecter quelque chose (l'âme, dans l'occurrence). Mais lorsque Platon continue sa démarche et généralise sa définition, il dit ouvertement qu'il pense à la capacité ou à la possibilité de se mettre en rapport, d'établir des liens. Il le dit clairement : « Ce qui possède une puissance, quelle qu'elle soit, soit d'agir sur une autre chose du même genre, soit de pâtir, (...) tout cela (*pan touto*) existe réellement (*ontôs einai*) »[4]. L'adverbe *ontôs*, réservé toujours par Platon pour désigner la réalité réelle[5], s'applique ici à ce qui possède une puissance soit d'agir, soit de pâtir. C'est la possession de cette capacité qui fait d'un étant un étant. « Agir-pâtir », notions plus larges que celles de « s'ajouter-se retrancher », sont des manières de se mettre en rapport. Voilà pourquoi la formule « capacité d'agir ou de pâtir » sera reprise par la suite par la formule « possibilité de communiquer » (*dunamis*

1. *Soph.,* 247a.
2. Signalons que *pantôs* était opposé à *mèdamôs* en 240e.
3. *Soph.,* 247e.
4. *Soph.,* 247e.
5. *Cf.* ci-dessus, p. 37, n. 1, le passage du *Phèdre*.

koinônias). Je renvoie au passage où l'Etranger évoque l'hypothèse (irréelle, d'ailleurs) selon laquelle « rien n'aurait aucune puissance de communication avec rien »[1], ainsi qu'au passage où l'on décide de regarder « de quelle manière les Formes possèdent une puissance de communication mutuelle »[2]. L'insistance de Platon à utiliser le verbe « posséder », « avoir acquis » à l'égard de ce pouvoir ou possibilité, ne doit pas nous étonner. Il avait toujours dit que c'est la possession du Beau qui rend belles les choses belles, et n'oublions pas que le terme classique *methexis* (participation) dérive du verbe *metekhô* (participer), composé à partir d'*ekhô* (avoir). Platon ajoute maintenant que c'est la possession d'un certain pouvoir de se mettre en rapport, de communiquer, qui atteste l'existence de quelque chose.

Le passage extrêmement précis, clair et distinct que nous venons de présenter a été toujours relativisé par les historiens de la philosophie. La plupart des critiques peuvent se grouper en deux équipes. Les uns disent : la définition de l'être comme *dunamis* est un argument *ad homines*, à l'intention des « fils de la terre »[3]. C'est vrai que la définition est proposée aux matérialistes (de la même façon que les arguments du *Phédon* sur l'immortalité de l'âme sont adressés à des Pythagoriciens) mais tout de suite Platon la propose aussi aux « amis des Formes », c'est-à-dire, aux Platoniciens, et c'est la portée de cette définition – que les « eidophiles » n'ont pas le courage d'accepter – qui ouvre la porte du royaume des Formes à des nouveaux-venus : l'âme, l'intellect et le changement, sans lesquels la cosmologie du *Timée* serait inconcevable. En ce qui concerne le caractère fortuit de la définition, cela fait partie des habitudes de Platon. La théorie de la réminiscence est présentée dans le *Ménon* à l'occasion de la soudaine sagesse d'un esclave analphabète ; et personne n'a remis en cause la théorie de la participation, même si dans le *Phédon* (100d) Socrate dit qu'il n'est pas encore en mesure de trouver une définition propre à cette fonction.

En ce qui concerne l'autre équipe, elle dit que Platon oublie tout de suite, ou ne tient pas compte, de la définition[4]. Ceci est tout à fait faux. Non seulement Platon reprend mot à mot la définition au moins deux fois, mais c'est la connaissance du *pouvoir de communication* des Formes qui

1. *Soph.*, 251e.

2. *Soph.*, 254c.

3. C'est, par exemple, le cas de F. M. Cornford : « L'impression générale que laisse la phrase est celle d'un argument qui pourrait être accepté par un matérialiste raisonnable » (*Plato's Theory of Knowledge*, Londres, 1935, p. 239). Selon cet auteur, la formule *horon horizein* ne possède pas la force de *logos* (!).

4. « Elle n'est expressément donnée qu'à titre provisoire » (A. Diès, *Définition de l'être et nature des Idées dans le* Sophiste *de Platon*, Paris, 1909, p. 17).

devient la tâche centrale du dialecticien [1], et dans la phrase peut-être la plus dogmatique du dialogue, lorsque Platon tire le bilan de sa découverte, il dit que « la nature (*phusis*) des genres comporte une communication réciproque. Si quelqu'un n'en convient pas, qu'il repousse d'abord nos raisonnements précédents et, après, ce qui en découle » [2].

A notre avis, les critiques ont visé surtout la notion de « pouvoir », comme si Platon avait défini l'être comme une sorte d'activité ou d'énergie. Ce n'est pas le cas. La *dunamis* – on l'a déjà dit – est une capacité de... Voilà pourquoi, lorsque Platon applique cette définition aux Formes, aux genres, il préfère les mots *dunata, dunaton* : les genres sont capables de *(dunata)* communication réciproque [3] ; et il en est autant lorsqu'il prend les lettres de l'alphabet comme exemple des Formes : ainsi comme quelques-unes sont capables (*dunata*) de communiquer, d'autres ne le sont pas [4] ; et le dialecticien doit savoir quelles sont les Formes qui sont capables de (*dunata*) se mélanger [5]. C'est-à-dire que Platon ne définit pas l'être comme puissance, comme pouvoir, mais comme *communicabilité,* comme capacité de se lier, de sortir de lui-même ou de s'ouvrir afin de s'insérer dans un réseau de communications. Ce qui possède cette possibilité, existe.

Et nous arrivons, paradoxalement, au point de départ de notre recherche. Car cette ouverture vers l'autre a toujours été appelée « participation » de la part de Platon. Dans le passage qui nous occupe, Platon utilise comme synonymes *methexis, koinônia* et *summixis* [6] : « ce qui ne possède pas une *dunamis koinônias* », ne participe (*oudamè methexeton*) [7] pas ; « comme il y a mélange de genres, l'être participe (*metaskhon*) de l'autre » [8].

Notre travail pourrait se terminer ici – et le lecteur éventuel serait certainement ravi – mais il nous reste une étape à franchir, car le *Sophiste* introduit une nouveauté de poids. A la notion classique de participation, Platon vient d'ajouter le *pouvoir* (*dunamis*) de participer, la capacité et la possibilité de le faire. La manière d'être de chaque Forme, sa *phusis,* est sa manière de participer, de communiquer. Mais... quelle est la *cause* de ce pouvoir de communiquer que la Forme possède? Jusqu'ici, Platon ne l'avait jamais dit, sauf, peut-être, dans un passage de la *République* sur lequel nous reviendrons. On sait que chaque Forme communique ce qu'elle

1. 257a. *Cf. Soph.,* 254d.
2. *Soph.,* 259a.
3. *Soph.,* 251d.
4. *Soph.,* 253a.
5. *Soph.,* 253c.
6. *Soph.,* 253c. Dans le passage du *Phédon* cité ci-dessus, Platon parlait aussi de *parousia* (présence).
7. *Soph.,* 251e.
8. *Soph.,* 259a.

possède, son *ousia,* sa *phusis,* ce qu'elle est ou, plutôt, sa manière d'être. La Forme du Juste communique justice, car elle est la cause de la justice que l'on trouve chez les actions justes. Comme son être consiste à communiquer, du moment où elle existe, elle communique. Mais quelle est la garantie de son pouvoir de communiquer, c'est-à-dire, de son être-existence? Platon reste toujours fidèle à ses principes: pour lui (*cf.* le *Phédon*), la cause est toujours la Forme. Et il introduit dans son univers une forme nouvelle, la Forme de l'Être (*idea tou ontos*). Nous sommes à la page 254a, et cette Forme surgit tout naturellement, une fois décrite la tâche du dialecticien; mais quelques pages après, lorsqu'il établira une sorte de hiérarchie parmi les Formes, la Forme de l'Être occupera – cela va de soi – une place de choix. Pourquoi ? Parce que *toutes* les autres participent d'elle.

Chaque Forme a sa propre nature, sa propre *phusis.* Platon le dit à plusieurs reprises. L'Autre, par exemple, possède sa *nature* propre (255d), les genres ne se mélangent pas en fonction de leur propre *nature* (256d), et, enfin, la *nature* de chaque genre possède la possibilité d'une communication réciproque (257e). Chaque Forme communique cette *phusis*. La Forme de l'Autre, par exemple, donne de l'altérité, car, dit Platon, si chaque chose est différente d'une autre, c'est parce qu'elle participe de l'Autre. Quelle est donc la *phusis* de la *Forme de l'être*? Platon ne le dit pas. Il faut l'en déduire. Nous savons qu'elle possède une *phusis*, mais celle-ci ne peut pas être une *phusis* personnalisée, comme ce serait celle du Beau, ou du Juste; et nous pouvons l'affirmer parce que Platon lui-même nous a dit que quand l'être se mêle au repos et au mouvement, « l'être, selon sa *propre nature* (*phusis*), n'est ni en repos ni en mouvement » [1]. Platon avait déjà annoncé cette réponse quand il avait parlé de l'être comme d'un *triton* dans le cas du chaud et du froid. Et il est certain que si Platon avait multiplié les exemples (par exemple, s'il avait dit que le rouge et le noir sont, mais que, par sa propre nature, l'être n'est ni rouge ni noir, etc.), nous aurions pu tirer la conclusion suivante : par sa propre nature, *l'être n'est que possibilité de communication, de liaison*; possibilité non pas de communiquer ceci ou cela, car cette tâche incombe à chaque Forme, mais « communicabilité » à l'état pur. Chaque Forme doit d'abord exister, et exister c'est posséder ou acquérir cette capacité de communication. Et l'existence de chaque Forme découle de sa participation à la Forme de l'Être. Ecoutons Platon : « Le mouvement et le repos existent, car l'être se mêle à tous les deux (*to on meikton amphoin)* » [2]. La Forme de l'Être est donatrice d'existence, et le rôle de chaque Forme consiste à transmettre sa propre nature, sa manière d'être (*ousia*) – chacune la sienne – grâce à la

1. *Soph.,* 250a.
2. *Soph.,* 254d.

possibilité de communiquer qu'elle a reçu de la Forme de l'Être et qui détermine son existence. Rappelons que Platon a dit que « toutes les choses (*ta onta*) ne sont autre chose que possibilité de communication »[1].

Je viens d'utiliser l'expression « manière d'être ». C'est ainsi, à mon avis, qu'il faut interpréter dans notre dialogue (et peut-être dans d'autres, le *Phédon*, par exemple) la notion d'*ousia*. M. Dixsaut a pertinemment souligné que, chez Platon, *ousia* concerne la singularité de chaque être, car il n'y a pas, chez lui, une sorte de *manière commune* d'être[2]. C'est dans ce sens, par exemple que Platon a toujours affirmé qu'une chose belle participe de l'*ousia* singulière propre au Beau. Dans la philosophie platonicienne, jusqu'au *Sophiste,* chaque Forme était une *ousia ontôs*, mais il n'y avait pas une sorte d'*ousia* générale qui jouerait le rôle de source ou cause de chaque *ousia* particulière. Il y a cependant une sorte d'esquisse de ce qui sera proposé dans le *Sophiste*. Un passage du *Parménide*, par exemple, laisse entendre que Platon est à la recherche d'une voie nouvelle, même si la terminologie est toujours celle de l'*ousia* : après avoir affirmé que « l'un est » (phrase qui reviendra dans le *Sophiste*[3]), il ajoute qu'être (*to einai*) est participation (*methexis*) à l'*ousia* dans le temps présent, de la même manière qu'être au futur (= « sera ») est communication (*koinônia*) avec l'*ousia* dans le temps qui viendra[4]. Platon abandonne la question, mais un interlocuteur perspicace aurait pu lui objecter une utilisation double du mot *ousia*, car si l'existence de l'Un en tant qu'Un dépend de sa participation présente à l'*ousia*, cette *ousia* doit être l'*ousia* de l'Un (autrement, rien ne distinguerait l'Un du multiple), mais du moment où c'est grâce à cette participation que l'Un existe, il y aurait une sorte d'*ousia* qui ne serait que donatrice d'existence.

Cette ambiguïté disparaît dans le *Sophiste.* Et le moment est venu de reprendre le titre de l'article de P. Aubenque, « la genèse avortée de la distinction entre l'étant et le quelque chose », car, si ce que j'affirme est soutenable, il y aurait chez Platon *la genèse réussie de la distinction entre l'ousia et l'être* : d'une part, la Forme de l'Être comme donatrice de communicabilité, et, d'autre part, les *ousiai* en tant que réalités en soi, définissables en fonction de leurs *phuseis* particulières.

Le dialecticien doit connaître le mode d'emploi de chaque *phusis*, la manière d'être de chaque Forme. Ceci signifie distinguer, selon chaque genre, quels sont ceux qui peuvent, et ceux qui ne peuvent pas,

1. *Soph.,* 247e.

2. *Cf.* Son travail « *Ousia, eidos* et *idea* dans le *Phédon* », dans *La Revue Philosophique*, 1991 (4), p. 488.

3. *Cf. Soph.,* 244b.

4. *Parm.,* 151e.

communiquer[1]. Mais nous étions habitués à une autre tâche, très lourde, de la part du dialecticien. Cette tâche nous permettra de placer l'innovation du *Sophiste* dans le parcours philosophique de Platon. En effet, dans la *République*, le dialecticien était censé connaître la Forme du Bien, et cette Forme était placée – on le sait – au-delà de *l'ousia*[2]. Mais chez Platon il n'est jamais question de *l'ousia* dans le sens d'une *Ousia* suprême ou originaire (et M. Dixsaut l'a très bien démontré). La formule de la *République* veut dire simplement que la Forme du Bien se trouve au-delà de l'*ousia* de chacune des autres Formes, car, comme le montre l'analogie avec le soleil, elle est la cause des *ousiai*, tout en restant elle-même une *ousia* déterminé, celle du Bien. La participation de toutes les Formes à la Forme du Bien permet aux Formes de « bien » jouer leur rôle de Formes. Ce rôle, dans le *Sophiste*, est repris par la Forme de l'Être, moins rattachée à un *ti*, car même le Bien était un *ti*, un quelque chose de déterminé[3]. Cette Forme donne aux autres Formes leur capacité de communiquer, chacune, sa propre *phusis*, c'est-à-dire, de *participer*. Grâce à cette découverte, dire qu'une Forme existe revient à dire qu'elle est capable de particiciper. *La participation est l'être de la Forme.*

Nous pouvons appliquer à cette trouvaille de Platon l'image des deux étonnements qu'Aristote plaçait à l'origine de la philosophie[4]. Le premier étonnement est le point de départ de la recherche : il est étonnant que la Forme puisse participer (*cf.* le *Parménide*); mais, une fois trouvée l'explication du phénomène, il serait étonnant que les Formes puissent agir autrement.

Après le *Sophiste*, il serait incompréhensible que les Formes soient incapables de communiquer.

1. *Soph.*, 253e.

2. *Rép.*, 509b.

3. M. Heidegger a bien saisi cet aspect originaire de la Forme du bien lorsqu'il dit qu'« elle est, pour toutes choses, ce qui rend apte » (« La doctrine de Platon sur la vérité », dans *Questions II*, trad. fr., Paris, Gallimard, 1968, p. 456). Il avoue, cependant, qu'il est difficile de saisir le sens de *to agathon*, car, pour nous, cette notion a une « coloration » morale. A ce commentaire de Heidegger on pourrait ajouter que, dans le *Sophiste*, Platon a « corrigé sa copie » grâce a la notion de Forme de l'Être.

4. *Cf. Mét.* A2, 982b-983a.

LE LOGOS CHEZ PLOTIN

Luc BRISSON

En 1981, dans les *Mélanges Trouillard*, Pierre Aubenque signait un article intitulé « Les origines néo-platoniciennes de l'analogie de l'être »[1] qui allait être très discuté et qui a notamment donné lieu à une réponse critique intitulée « L'analogie selon Plotin », que publia Jean-Louis Chrétien[2] dans les *Études Philosophiques* en 1989. Je voudrais, dans le texte qui suit, rouvrir le dossier, en déplaçant le débat du plan de l'ontologie vers celui de la physique, à travers l'évocation chez Plotin de la notion de λόγος, cette instance rationnelle que recèle l'Âme et qui structure la Nature.

1. PLOTIN FACE AUX STOÏCIENS

Si l'on en croit Porphyre (*Vie de Plotin,* 21), Plotin cherchait à mettre en accord ce qu'il considérait être les principes des Pythagoriciens et ceux de Platon. Mais, comme Plotin vivait dans un contexte où l'influence du Stoïcisme était dominante, on comprend que la synthèse qu'il proposa ait été très fortement influencée par le Stoïcisme : « Sont mêlées dans ses ouvrages sans que l'on s'en aperçoive, les doctrines stoïciennes aussi bien que pépripatéciennes », nous informe encore Porphyre (*Vie de Plotin,* 14).

1. Pierre Aubenque, « Néo-platoniciennes et l'analogie de l'être », dans *Néoplatonisme*, Mélanges offerts à Jean Trouillard, *Les Cahiers de Fontenay* n° 19 à 21, mars 1981, p. 63-76.

2. Jean-Louis-Chrétien, « L'analogie selon Plotin », *Les Études Philosophiques*, 1989, p. 305-318.

En ce qui concerne la doctrine du λόγος, la chose est particulièrement évidente. Plotin cherche en effet à réaliser une synthèse entre le Platonisme d'une part qui l'amène à placer par-delà l'univers et séparés de lui, l'Un, l'Être et l'Âme, et d'autre part le Stoïcisme qui dote l'univers d'une énergie interne qui le façonne en une série indéfinie de cycles.

1.1. *La doctrine des Stoïciens sur le plan de la physique*

Les Stoïciens proposent une vision grandiose de l'univers comme unité divine, vivante, auto-créatrice, organisée suivant des lois rationnelles et gouvernée dans ses moindres détails par la Providence[1]. Au fondement de leur cosmologie, ils posent les deux principes suivants. L'un n'a d'autre capacité que de pâtir, c'est la matière (ὕλη), dépourvue de toute détermination, de tout mouvement et de toute initiative; et l'autre a la capacité d'agir et apporte à la matière forme, qualité et mouvement. Ce second principe, c'est la « raison »[2] (λόγος). Rien en cet univers n'est « ceci » ou « cela », rien même ne peut être dit « ceci » ou « cela », sans la présence de ce principe indépendant de la matière. Dans un tel contexte, le λόγος peut aussi recevoir le nom de « dieu », car son action en fait en quelque sorte l'artisan de l'univers, mais un artisan dont l'art réside dans toutes les productions de la nature. En poussant à son terme l'exigence d'intermination de la matière, le Stoïcisme se trouve forcé de reconnaître dans le seul λόγος la cause des caractéristiques physiques les plus élémentaires, celles des quatre éléments (feu, air, eau, terre) et celles du résultat de la combinaison de ces quatre éléments dans les choses sensibles. Voilà pourquoi on peut parler de « corporalisme » ou même de « matérialisme » stoïcien : l'action du λόγος sur la matière et sur les corps reste une activité matérielle, corporelle.

D'ailleurs le principe actif, que les Stoïciens appellent λόγος a aussi un nom physique, « feu ». Il ne s'agit pas du feu concret, mais ce feu réunit en lui tous les pouvoirs du feu concret. C'est une énergie, et les trois autres éléments (air, eau, terre) correspondent aux trois états dans lesquels le feu peut aussi se trouver : gazeux, liquide, solide. Se situant dans une tradition qu'ils font remonter à Hésiode, les Stoïciens considèrent que l'univers résulte d'une série de transformations du dieu qui, en tant que feu créateur, procède à une génération du monde laquelle, dans le cadre d'une série indéfinie de cycles, s'avère indissociable de sa destruction par suite d'un

1. Ces quelques paragraphes sur les Stoïciens s'inspire de la lumineuse présentation qu'en propose Jacques Brunschwig, dans *Philosophie Grecque* [1997], Premier cycle, Paris (P.U.F.) 1998[2], p. 534-548.

2. Comme on s'en rendra rapidement compte, il ne faut pas prendre ce terme dans son sens habituel.

embrasement total. L'univers se résout alors dans l'état d'où il était sorti, chaque séquence cosmique n'étant par ailleurs que la répétition de chaque autre. En effet, ce sont toujours les mêmes « raisons séminales ou germinatives » (λόγοι σπερματικοί) qui s'y trouvent réactualisées.

On peut encore concevoir ce feu, qu'est le λόγος identifié à dieu, comme un souffle igné, le πνεῦμα partout présent. Dans toutes les parties du monde pénétrées par ce πνεῦμα et informées par lui, le feu qui est chaud se trouve associé à l'expansion, et l'air qui est froid se voit caractérisé par la contraction. Cette oscillation, qui anime tous les corps et qui assure leur cohésion, s'appelle « tension » (τόνος), une tension qui se diversifie suivant les régions de l'univers : elle prend le nom de « constitution », de « tenue » ou de « maintien » (ἕξις) dans les solides inanimés, de « croissance » (φύσις) dans les végétaux et d'« âme » (ψυχή) dans les êtres vivants [1]. Mais, dans tous les cas, sa fonction est d'unifier tous les corps, y compris et surtout celui de l'univers.

Sous son aspect diachronique, l'unité et la cohésion dynamique du monde correspondent à la Providence, ce qui mène à cette fameuse théorie du destin comme déterminisme. Pour échapper à un déterminisme trop rigoureux, les Stoïciens expliquaient que chaque événement a non pas une cause unique, mais une multiplicité de causes ; ce qui ne faisait que déplacer le problème.

1.2. *La structure de la pensée de Plotin*

Face à cette doctrine d'une très grande cohérence, Plotin exprime sa fidélité au Platonisme en articulant sa pensée autour de trois « hypostases » qui représent les niveaux les plus élevés de la réalité.

L'Un

Ce qui caractérise Plotin et le distingue comme philosophe, c'est qu'il est le premier à situer au-delà de l'être une réalité, qu'il appelle l'Un et dont émane l'être : cette position paradoxale doit être associée à une interprétation et de la première hypothèse du *Parménide* et de la description du Bien par Platon dans la *République* (VI 509b). Mais, si l'Un transcende vraiment l'être, comment faire de lui la source et l'origine de tout ce qui est ? Plotin ne donne pas de réponse claire à cette question ; mais il laisse entendre que l'Un est responsable de l'existence et de l'unité de tout ce qui vient après lui, même s'il n'entretient avec tout ce qui vient après lui qu'une relation qui se borne à en faire un objet d'aspiration. Un autre problème résulte du fait que, dans un traité très difficile (*Enn.* VI 8 [39]), Plotin accorde la « volonté » à l'Un qui, contrairement au Dieu des Chrétiens, n'est pas une

1. Sextus Empiricus, *Adv. math.*, IX 78 (= SVF II n° 1013).

personne. Cette volonté intervient-elle dans la production de tout ce qui vient après l'Un ? Pour certains interprètes, tel est le cas ; mais non pour les autres[1], suivant lesquels ce qui est inférieur à l'Un apparaît automatiquement comme une conséquence de la puissance suprême de son absolue infinité. Si tel est le cas, une autre question surgit alors, celle de savoir comment décrire ce processus intemporel par lequel apparaît tout ce qui est inférieur à l'Un ? Les interprètes parlent d'« émanation », terme dont on ne trouve pratiquement pas d'équivalent dans le texte grec de Plotin, mais qui voudrait décrire ce flux qui vient de l'Un considéré comme une source inextinguible.

L'Intellect / l'Intelligible

Le premier niveau de réalité qui apparaît après l'Un est l'Intellect dont l'Intelligible est indissociable. Même si ce niveau de réalité correspond à l'Être et aux Formes, il reste, dans un premier temps, informe et indéterminé. Il ne reçoit les caractéristiques qui sont les siennes que par un mouvement de conversion vers l'Un qu'il contemple. Dès lors, il acquiert Forme et Être, que l'Un, sans les posséder lui-même, lui dispense. Bref, l'Intellect présente moins d'unité que l'Un, et cela pour les deux raisons suivantes : on trouve en lui la dualité sujet-objet qu'il implique, et l'unité qu'il recèle est celle d'un ensemble qui contient non seulement des Formes, dont les caractéristiques correspondent à celles décrites dans le *Sophiste*, mais aussi des intellects qui possèdent aussi leurs objets propres. Cela dit, puisque, à ce niveau, chaque objet est aussi bien sujet, chaque Forme est en même temps un intellect (*Enn.* V 3 [49], 5).

Le problème de l'unité de l'Intellect conduit à une autre difficulté. Puisqu'il correspond au modèle que, dans le *Timée*, contemple le démiurge pour fabriquer l'univers, l'Intellect doit contenir les Formes de tout ce qui existe dans le sensible. D'où cette question que Porphyre donna comme titre à *Enn.* VI 7 [38] : *Comment la multiplicité des Formes vient-elle à l'être* ? Même si Plotin estime que dans l'Intellect il ne peut y avoir de conflit, il lui faut bien admettre, suivant le *Timée* entre autres, que, dans l'Intellect, se retrouvent des Formes de choses qui entretiennent des rapports conflictuels dans la réalité. De plus, la question se pose de savoir s'il existe des Formes de choses mauvaises. C'est probablement cette dernière difficulté qui amena Amélius[2] à admettre l'existence de Formes qui sont telles.

1. Pour ceux-là qui s'appuient sur *Enn.*, VI 8 [39], 13.1-11, 47-50 et 21.25-33, tout ce qui est dit de l'Un ne l'est qu'à des fins d'enseignement.

2. Voir mon article sur Amélius : « Amélius : Sa vie, son œuvre, sa doctrine, son style », *Aufstieg und Niedergang der Römischen Welt*, Teil II : Band 36.2, 1987, p. 793-860.

Sur un plan purement ontologique, la solution proposée par Plotin pour sauvegarder l'unité de l'Intellect se trouve fondée sur une formule que développe la seconde hypothèse du *Parménide*. L'Intellect, c'est l'« un-plusieurs », une pluralité de Formes co-ordonnée par l'unité qui dérive directement de l'Un.

L'Âme

L'Âme constitue un niveau de réalité intermédiaire entre l'intelligible et le sensible ; d'un côté elle est intelligible au sens fort du terme, et de l'autre elle est sensible. Comme dans le cas l'Intellect, il est pratiquement impossible d'expliquer la génération de l'Âme. Voilà tout ce qu'on peut dire : la puissance infinie de l'Un requiert l'existence de tout le reste. Si le monde sensible doit exister, il faut qu'existe une partie de l'Intelligible qui lui donne forme et qui le contrôle : telle est la fonction de l'âme. Ce contrôle devient de plus en plus difficile à mesure que l'on descend dans le monde sensible. Alors que l'Âme du monde gouverne sans effort au niveau des corps célestes, sur terre elle risque d'être affectée par le sensible, contaminée par le mauvais comportement du corps qu'elle est censée contrôler. Cela dit, il arrive que Plotin, s'inspirant, sur ce point, peut-être des Gnostiques, relie l'origine de l'âme à une certaine forme d'audace (τόλμα), d'orgueil. Cette explication, qui ne semble pas avoir joué un rôle considérable dans la pensée de Plotin, illustre cependant un point important : l'Âme présente encore moins d'unité que l'Intellect. Tous les éléments qui s'y trouvent démontrent un plus grand degré de diffusion que dans l'Intellect ; ils ne s'y trouvent pas présents de façon simultanée les uns aux autres, comme dans l'Intellect, dont Plotin parle en répétant sans cesse la formule attribuée à Anaxagore : ὁμοῦ πάντα (toutes ensemble). On comprend dès lors que Plotin relie la description de l'Âme, considérée comme une hypostase à l'instar de l'Un et de l'Intellect, à la prétendue troisième hypothèse du *Parménide* (155e-157b) comme « plusieurs et un ». Encore faut-il comprendre ce que veut dire cette formule lapidaire.

Associée à celle que pose son origine, la question de savoir ce qui distingue l'Âme de l'Intelligible entraîne de redoutables difficultés. Comme on vient de le voir, alors que l'Intellect est « un et plusieurs », l'Âme est « plusieurs et un ». Dans l'Intellect, toute connaissance est simultanée et immédiate, tandis que dans l'Âme il y a changement (μετάβασις) d'un élément vers un autre, le raisonnement allant de la prémisse à la conclusion. L'Intellect est caractérisé par l'éternité, alors que l'Âme se trouve associée au temps, qui est engendré simultanément avec l'Âme, situation paradoxale, dans la mesure où, à l'instar de l'Intellect, l'Âme persiste dans une durée indéterminée. L'Âme contient, dans la succession et dans la partition, tout ce qui se trouve de façon simultanée et compacte dans l'Intellect, ce que Plotin exprime en parlant de λόγοι qui, en l'Âme, équivalent aux Formes; plus clairement, les λόγοι, ce sont les Formes au niveau de l'Âme. L'Âme dépend causalement de l'Intellect, car c'est par l'intermédiaire de l'Intellect que l'Un produit l'Âme, l'effet étant toujours différent de la cause. Par suite, l'Intellect, qui d'une certaine façon est responsable de la production du monde sensible, ne peut être tenu pour responsable du contrôle qu'y exerce l'Âme.

La Nature

À ce niveau, il n'est plus question de l'Âme considérée comme une hypostase, mais des âmes qui dans le monde sensible se trouvent associées à des corps, l'Âme du monde d'abord et les âmes particulières ensuite[1]. L'Âme du monde et celles des individus ne sont pas séparées de l'Âme hypostase; elles en sont des reflets. L'Âme du monde diffère de l'âme de l'individu dans la mesure où le corps qu'elle produit et qu'elle anime est meilleur que le corps humain et surtout dans la mesure où elle ne comporte pas les problèmes qui viennent troubler l'âme des hommes et celle des animaux, même si Plotin qui croit en la métempsychose[2], s'intéresse aussi à ces âmes.

La Matière

Plus bas que les corps, dont elle constitue en quelque sorte le fondement, on trouve la matière, dont il est impossible de dire si elle dérive de la partie inférieure de l'Âme ou non[3].

2. Λόγος ET λόγοι CHEZ PLOTIN

Mais comment mettre en relation les différents niveaux de ce gigantesque édifice, qui, comme c'était aussi le cas chez Platon, n'a d'autre fonction que de rendre compte de l'apparition de la détermination dans la

1. Dans ce groupe, il faut ranger les dieux, les démons, les hommes et les animaux, et même celles des plantes.

2. Sur le sujet, voir Werner Deuse, *Untersuchungen zur mittelplatonischen und neuplatonischen Seelenlehre*, Mainz. Akademie der Wissenschaften und der Literatur 3, Wiesbaden (Steiner) 1983.

3. La controverse continue de faire rage sur le sujet. Denis O'Brien pense qu'il y a production de la matière et exprime vigoureusement ses positions dans les deux livres suivants : *Plotinus on the origin of matter. An exercice in the interpretation of the* Enneads, Elenchos sup. 22, Napoli, « Bibliopolis », 1991 ; *Théodicée plotinienne et théodicée gnostique*, « Philosophia antiqua » 57, Leiden, Brill, 1993. Jean-Marc Narbonne a adopté une position beaucoup plus prudente dans Plotin, *Les Deux Matières* (*Ennéade* II 4 [12]), introd., texte grec, trad. et comm., Paris, Vrin, « Histoire des Doctrines de l'Antiquité classique » 17, 1993.

matière et du maintien de l'organisation qui, en cet univers, permet à l'homme en général et au philosophe en particulier de trouver sa place et de faire usage de la pensée et du langage qui tous deux supposent une certaine stabilité dans le changement? Pour les Platoniciens, la réponse n'était pas facile, car, à la différence des Stoïciens qui expliquaient l'action sur les corps par un agent corporel (le λόγος), toute activité, y compris celle qui s'exerce sur les corps devait trouver son origine dans l'incorporel, et même dans l'intelligible. Et la tâche était encore plus compliquée pour Plotin qui refusait l'intervention de la figure du « démiurge » qui apparaît dans le *Timée* de Platon.

Plotin reprend au Stoïcisme non seulement les termes λόγος et λόγοι, mais aussi la doctrine que cependant il transpose dans un contexte Platonicien. Lorsqu'il ne correspond pas aux sens courants de « discours », « doctrine », « faculté rationnelle », ou même « rapport mathématique »[1], le terme λόγος présente, chez lui un sens qui s'apparente à la notion stoïcienne et même à la notion aristotélicienne correspondante. Comme chez Aristote, le λόγος renvoie, chez Plotin, à un contenu rationnel ou à une essence. Mais, considéré dans une perspective platonicienne, ce contenu rationnel, cette essence, suppose une Forme dont il dépend, qu'il manifeste et qu'il rend présent.

Les λόγοι peuvent d'une part être tenus pour l'expression des Formes dans le discours rationnel, et ils correspondent d'autre part à des principes actifs qui font apparaître dans le monde sensible les images de ces modèles que sont les Formes. Dans ce contexte, le λόγος, c'est l'ensemble des λόγοι qui assurent la possibilité du raisonnement, de même que de la production et de l'organisation du monde sensible. Très précisément, le λόγος correspond au mouvement de passage de l'Intellect à l'Âme rationnelle et créatrice, et cela sur tous les plans : Âme hypostase, Âme du monde, âmes particulières[2]. Le texte le plus souvent cité pour faire comprendre la chose est le suivant :

> En effet, de même que le discours (λόγος) qui se manifeste dans la voix est une image (μίμημα) de celui qui se trouve dans l'âme, de même le λόγος qui se trouve dans l'âme est une image de celui qui se trouve dans un autre[3]. Cela étant, de même que le discours qui se manifeste dans la parole (ὁ [λόγος] ἐν προφορᾷ)[4] est fragmenté si on

1. Pour un inventaire systématique, on se reportera au *Lexicon Plotinianum*, par J. Sleeman et Gilbert Pollet, Leiden (Brill)-Leuven, Univ. Press, 1980.

2. On parlera très peu ici des âmes particulières.

3. L'expression ἐν ἑτέρῳ désigne une réalité dans un ensemble qui en comprend deux. Étant donné le contexte où l'on parle de l'Âme, il doit s'agir de l'Intellect.

4. Terme technique chez les Stoïciens-Sextus Empiricus, *Adv. Math.* VIII, 275 (= *SVF* II, n° 135). Voir aussi *Enn.*, V 1 [10] 3, 7-8; et même Aristote, *An. post.*, A 10, 76b24-25.

le compare à celui qui se trouve dans l'âme, de même le λόγος qui est dans l'âme se trouve être l'interprète (ἑρμηνεύς) de celui qui se trouve avant lui. » (*Enn.* I 2 [19], 3.27-30)

Plotin reprend la distinction stoïcienne entre le discours pensé, celui qui se trouve silencieux dans l'âme, et le discours exprimé par des sons matériels. Mais cette distinction, il la transpose sur un plan ontologique. Le λόγος exprimé par des sons matériels correspond au λόγος qui se trouve dans l'Âme hypostase ; et le λόγος pensé correspond au λόγος de l'Intellect, c'est-à-dire à proprement parler à l'Intelligible. C'est en ce sens que le λόγος qui est dans l'âme hypostase peut être dit l'interprète de celui qui se trouve dans l'Intellect. Mais le λόγος pourrait-il se trouver en tant que tel ailleurs que dans l'Âme hypostase : dans l'Intellect ou même à un niveau intermédiaire entre l'Intellect et l'Âme hypostase ? À la lecture du texte qui vient d'être cité, force est d'admettre qu'il y a un λόγος dans l'Intellect ; mais ce n'est là qu'une façon de parler, puisque, dans l'Intellect le λόγος ne peut se retrouver que sous le mode de la Forme. Par ailleurs, à la fin du premier chapitre du premier traité *Contre les Gnostiques*, se trouve rejetée l'hypothèse d'un λόγος intermédiaire entre l'Âme hypostase et l'Intellect :

> S'il arrivait que l'on fasse procéder la Raison (λόγον) de l'Intellect, pour ensuite faire naître dans l'Âme une autre raison qui procéderait de la raison même, de telle sorte que cette Raison se trouvât dans une position intermédiaire entre l'Âme et l'Intellect, cela reviendrait à priver l'Âme de faire acte d'intelligence (τοῦ νοεῖν), dès là que ce n'est pas de l'Intellect, mais d'autre chose qui se trouverait dans une position intermédiaire, qu'elle recevrait la raison (λόγον). C'est une image de la raison qu'elle possèderait, mais non la raison ; elle ne connaîtrait absolument pas l'Intellect, et elle ne ferait absolument pas acte d'intelligence (νοήσει). (*Enn.* II 9 [33], 1.57-64)

D'autres passages (*Enn.* V 1 [42], 10 ; II 9 [33], 8) viennent conforter l'idée que le λόγος en question constitue l'aspect purement rationnel de l'Âme hypostase qui recèle l'Intelligible sous le mode qui est le sien [1].

Tout ce qui vient d'être dit m'amène à traduire par « Raison » le terme λόγος lorsqu'il se trouve au singulier, c'est-à-dire au niveau de l'Intellect et même à celui de l'Âme hypostase qui recèle en elle-même tous les λόγοι. Par ailleurs, pour éviter toutes les confusions que fait naître la traduction par « raisons » et pour faire apparaître une certain continuité linguistique

1. Comme le montre Pierre Hadot (Paris, Cerf, 1990, p. 217-250), dans son commentaire au traité 50 (III 5), le λόγος est assimilé par Plotin au Poros qui est le père d'Éros dans le *Banquet* de Platon.

avec la traduction de εἶδος par « forme intelligible », je propose de traduire le pluriel λόγοι par « formules rationnelles » : « rationnelles » rappelle le lien avec λόγος traduit par « raison », et formules insiste sur le fait que les λόγοι ne sont que des εἴδη sous un autre mode.

2.1. *Les λόγοι dans l'Âme hypostase*

Alors que, dans l'Intellect, les Formes intelligibles se trouvent ὁμοῦ πάντα « toutes ensemble » dans la simultanéité absolue, dans l'Âme hypostase elles se présentent sous une forme discursive, séparées les unes des autres, à la façon dont elles apparaissent sur le plan de la pensée dans un raisonnement et sur le plan de la parole dans une phrase, dans un discours. On comprend dès lors que Plotin utilise le singulier λόγος pour désigner la même réalité quand cette réalité se trouve dans l'Intellect, et le pluriel λόγοι, quand cette même réalité se trouve dans l'Âme, qui cependant peut être considérée comme ce λόγος qui renferme l'ensemble des λόγοι.

Cette doctrine, où pour le moment n'intervient que l'Âme hypostase, respecte deux principes essentiels du Platonisme de Plotin. 1) Le principe suivant lequel l'inférieur n'est jamais coupé de son principe; l'âme n'est pas coupée de l'intellect, car les intelligibles s'y retrouvent sous un mode propre, celui des λόγοι. 2) La production de l'univers est le résultat d'une contemplation. À l'instar d'Aristote et des Stoïciens, Plotin rejette l'idée d'un démiurge qui, comme celui de Platon, organise un matériau pour fabriquer les choses sensibles. Chez Plotin, l'Intellect est toujours considéré comme le démiurge. Mais ce démiurge ne travaille pas. Il transmet son λόγος à l'Âme hypostase, puis à l'Âme du monde qui utilise les λόγοι pour fabriquer les choses sensibles en un processus qui sera décrit plus loin, mais dont je donne tout de suite les grandes lignes : l'Âme recèle les Formes intelligibles sous le mode de λόγοι immatériels qui sont réfléchis au niveau de la partie inférieure de l'Âme du monde qui est la Nature, laquelle intervient dans la matière pour faire apparaître les corps et maintenir l'ordre qui les unit. En définitive, on pourrait dire que l'Âme hypostase est la somme de tous les λόγοι, qui en fait sont les Formes qui s'y trouvent sous un mode discursif, alors qu'elles se trouvent sous le mode de la simultanéité dans l'Intellect.

2.2. *Les λόγοι dans l'Âme du monde*

Quittons maintenant l'Âme hypostase qui, même si elle n'entretient aucun lien avec les corps, peut cependant être conçue intuitivement comme ce que possèdent en propre toutes les autres sortes d'âmes qui, elles, animent et organisent le monde des corps : l'Âme du monde, c'est-à-dire celle de l'univers et les âmes individuelles, qui sont aussi bien les âmes des dieux et des démons, que celles des hommes et des animaux. À la limite et de façon très grossière, on peut dire que les âmes particulières ne sont que des aspects de l'Âme du monde, leurs sœurs, dont elles se sont éloignées et dont de ce fait elles se sont isolées [1].

Si l'on applique le principe suivant lequel toute âme présente deux niveaux, un niveau supérieur et un niveau inférieur, on peut dire, dans le cas de l'Âme du monde, que son niveau inférieur, celui où elle est productrice, correspond à la Nature, et que son niveau supérieur, celui où elle est ordonnatrice en fonction de sa contemplation, correspond à la Providence intimement associée à la connaissance; cette distinction établie pour les fins de l'exposé, il faut le dire, ne correspond à rien dans la réalité.

2.2.1. *Production* : *la Nature*

Comme partie inférieure de l'Âme du monde, sa partie productrice, la Nature, peut être définie comme la multiplicité des formules rationnelles (λόγοι) organisées en un système. De ce fait, elle possède, sous le mode qui lui est propre, l'ensemble des formes intelligibles qui rendent compte de toutes les réalités dans le monde sensible, qu'il s'agisse des êtres animés ou des êtres inanimés [2]. C'est en effet la Nature, comme principe organisateur, qui explique non seulement qu'un cheval est un cheval, parce que le cheval physique présente une organisation qui est l'image du Cheval intelligible, mais aussi qu'une pierre est une pierre, parce que la pierre sensible est organisée sur le modèle de la Pierre intelligible. Une telle façon de voir les choses découle de l'abandon de la métaphore artificialiste.

Admettant sur ce point, sans discuter, les critiques d'Aristote, Plotin, s'écarte de la métaphore artificialiste, celle que Platon utilise dans le *Timée* en faisant intervenir un démiurge qui fabrique les choses sensibles en gardant les yeux fixés sur les formes intelligibles. Comme il refuse l'intervention d'un démiurge qui travaille comme un artisan, Plotin est amené à conférer à l'âme qui anime le monde le rôle d'agent organisateur de la matière qui permet de faire apparaître les corps. Par là, il semble incliner vers le Stoïcisme. Mais, pour ne pas atténuer la séparation de l'Un, de l'Intellect et de l'Âme, c'est-à-dire les trois hypostases, il s'emploie à mettre en relief le rôle de l'Intellect et de l'Intelligible, en montrant que même l'Âme hypostase, à laquelle se rattachent l'Âme du monde et les âmes particulières, n'est pas le principe absolu, qu'elle dérive d'un principe supérieur, l'Intellect : l'Intellect peut être considéré comme un démiurge,

1. Sur le sujet, voir *Enn.*, IV 8 [6], 4.5-10; IV 3 [27], 4.14-21 et 6.10-25.

2. En *Enn.*, IV 3 [27], 6.2-3, il est dit expressément que l'âme possède « toutes choses en elle (πάντα ἐν ἑαυτῇ) ».

mais comme un démiurge qui ne délibère ni ne travaille. Voilà en quels termes Plotin explique sa stratégie :

> Le monde sensible[1] est né non par suite d'un raisonnement (λόγισμῷ)[2] aboutissant à la conclusion qu'il devait naître, mais par suite d'une nécessité propre à la nature de second rang[3]. Il n'est pas possible en effet, on le sait[4], que celui[5] qui tient ce rang se trouve à la dernière place parmi les êtres. En effet, c'est le premier[6], puisqu'il a beaucoup de puissance, et même la toute-puissance. Oui, et il a la puissance de produire autre chose sans faire d'effort[7] pour fabriquer. En effet, ce ne serait pas de lui-même en définitive qu'il tirerait cette puissance, s'il faisait un effort ; ce ne serait pas non plus de son être propre, mais il se comporterait comme un artisan (τεχνίτης)[8] qui ne tire pas de lui-même la puissance de produire, mais qui la tient de l'extérieur (ἐπακτόν)[9], puisqu'il l'a acquise en l'apprenant.
>
> Éh bien, l'Intellect, en donnant à la matière quelque chose qui vient de lui-même[10] pose un acte calme et tranquille[11]. En effet, ce qui découle de l'Intellect, c'est la Raison (ἐκ νοῦ λόγος)[12], et la Raison en découle sans cesse, aussi longtemps que l'Intellect est présent dans les êtres. Tout de même que, en dépit du fait que dans la formule rationnelle (ἐν λόγῳ), celle qui se trouve dans une semence (τῷ ἐν σπέρματι)[13], toutes les parties sont ensemble, c'est-à-dire dans le même lieu, sans qu'aucune ne se trouve en conflit avec une autre, n'ait un différent avec elle ou ne la gêne, et qu'ensuite quelque chose naît qui est pourvu d'une masse (ἤδη ἐν ὄγκῳ) où chaque partie se trouve à un endroit différent des autres, la première

1. Je donne κοσμός comme sujet à γέγονε.

2. *Cf. Enn.*, II 3[52], 17.9, traduit p. 63.

3. C'est-à-dire l'intellect. La traduction du génitif (qui peut être interprété comme un génifit objectif ou subjectif) n'est pas facile. Armstrong traduit : « *because it was necessary that there should be a second nature* ».

4. Je traduis ainsi cet imparfait philosophique.

5. Cet ἐκεῖνο renvoie me semble-t-il à l'Intellect.

6. Le premier parmi les êtres, car l'Intellect indissociable de l'Intelligible, correspond à l'Être véritable, tout le reste n'étant qu'une image de lui.

7. *Cf. Enn.*, II 3[52], 17.17-18, traduit p. 63.

8. *Cf. Enn.*, IV 3[27], 18.1-8.

9. *Cf. Enn.*, IV 3[27], 10.16-17, traduit p. 60.

10. C'est-à-dire les λόγοι particuliers qu'il recèle, *cf.* aussi *Enn.*, II 7 [37], 3.14 ; IV 3 [27], 5.14, IV 3 [27], 12.12 ; VI 9 [9] 5.16. III 5 [50], 9.14.

11. *Cf. Enn.*, IV 3[27], 10.20, traduit p. 60-61.

12. Comme on le verra plus bas, il ne faut pas considérer la raison comme une instance particulière.

13. Pour d'autres exemples d'une comparaison de ce genre, *cf. Enn.*, II 6 [17] 1, 10 ; III 7 [45] 11.23.

> faisant naturellement obstacle à la seconde et l'une détruisant l'autre, de même donc de l'Intellect qui est un et de la Raison qui en découle vient l'univers qui est le nôtre, un univers qui est divisé en parties.
>
> Et il est forcé que certaines de ces parties entretiennent des liens amicaux et agréables, alors que d'autres entretiennent des liens inimicaux et agressifs ; de plus, les unes de leur gré et les autres contre leur gré se font du tort mutuellement, la disparition des unes contribuant à la génération des autres. Pourtant, entre les parties qui agissent et qui pâtissent de la sorte, s'établit une unité harmonieuse, car, même si chacune d'entre elles rend un son qui lui est propre, le rapport qu'elles entretiennent produit l'harmonie et une unité ordonnée à travers l'ensemble des choses.
>
> En effet, l'univers qui est le nôtre n'est pas comme l'Intellect qui se trouve là-bas et comme la raison, mais il participe à l'Intellect et à la raison. Voilà pourquoi il a besoin d'harmonie, étant donné que vont de pair l'Intellect et la nécessité. Même si la nécessité l'attire vers le pire et l'entraîne vers l'irrationnalité (εἰς ἀλογίαν), étant donné qu'elle est elle-même dépourvue de raison, il n'en reste pas moins que la raison domine la nécessité[1]. En effet le monde intelligible[2] n'est rien d'autre que raison (μόνον λόγος) et il ne saurait naître un autre monde qui ne soit que raison. Si quelque chose naît, il faut que ce soit quelque chose d'inférieur à lui, qui ne soit pas rien que raison, mais qui ne soit pas non plus une matière quelconque, car la matière est dépourvue d'ordre (ἄκοσμον) ; ce sera donc un mixte (μικτόν). L'univers qui est le nôtre est donc un composé des éléments suivants : la matière et la raison. C'est de là qu'elle tire ses principes, l'âme présidant à ce mélange. Il ne faut pas croire que l'âme a du mal à s'en tirer, car elle gouverne avec la plus grande facilité l'univers qui est le nôtre, par sa présence. (*Enn.* III 2 [47], 2.8-42)

L'univers qui est le nôtre est un être vivant, composé de matière et de forme[3]. Son existence résulte de ce que la matière en sa totalité a reçu la forme qui prévaut à son organisation. Mais pour organiser la matière à l'aide des Formes, il faut un agent. Et, dans le cas de l'univers, qui n'est pas un ouvrage technique résultant d'un art, mais une production de la nature, cet agent n'est pas un artisan qui délibère, qui calcule et qui travaille. Cet agent, c'est l'âme qui informe la matière pour produire les

1. *Timée*, 48a2.

2. Plotin a écrit ὁ νοητὸς, mais je pense qu'il faut rattacher l'épithète au substantif sous-entendu κόσμος.

3. Les paragraphes qui suivent s'inspirent de Joseph Moreau, *Plotin ou la gloire de la philosophie antique*, « Bibliothèque de l'Histoire de la Philosophie », Paris, Vrin, 1970, p. 37-45.

corps, en imposant aux quatre éléments (le feu, l'air, l'eau et la terre) la forme de leur organisation. Mais, pour donner cette forme, l'âme doit bien l'avoir reçue? Mais de qui les aurait-elle reçues, si ce n'est de l'Intellect transcendant qui lui-même tient le second rang par rapport à l'Un.

Pour arriver à organiser la matière, afin de produire l'univers sensible, l'Âme[1] doit s'incorporer l'organisation intelligible en la contemplant. Mais cette conclusion ne suppose-t-elle pas que la production naturelle, effectuée par l'Âme, est soumise aux mêmes conditions que la production artificielle, comme c'est le cas dans le *Timée*? Ne nous ramène-t-elle pas au point de vue artificialiste, que Plotin voulait écarter? N'est-ce pas assimiler l'action de l'Âme à celle d'un artisan que de l'obliger à regarder un modèle transcendant?

L'artisan, en effet, ne saurait imposer une forme à la matière sans avoir d'abord conçu cette forme, ou plus exactement sans l'avoir reçue dans sa pensée. Car, le plan conçu par l'architecte n'est pas une création de sa fantaisie. Il répond à certaines exigences, il s'impose à sa réflexion comme une nécessité indépendante de lui. Insister sur le caractère séparé de l'organisation intelligible, sur la réalité du modèle intelligible, c'est reconnaître l'autorité de telles exigences. Mais si l'organisation intelligible, les formes intelligibles, se trouvent en dehors de la pensée de l'artisan, s'il n'en est pas lui-même l'auteur et s'il faut qu'il les ait reçues, sont-elles également en dehors de l'Âme du monde? Pourquoi celle-ci ne serait-elle pas le lieu des intelligibles et ne les découvrirait-elle pas en elle-même? L'obliger à contempler l'organisation intelligible dans l'Intellect, à se l'intégrer, n'est-ce pas sinon dissoudre l'Âme, du moins l'assimiler à l'Intellect[2], en faire son instrument[3]?

À ces questions, il faut répondre d'abord qu'il n'est pas nécessaire que l'Âme aperçoive les Formes des choses en elle-même pour que la production naturelle se distingue de celle des artisans. L'action organisatrice de l'Âme, même si elle suppose la contemplation des Formes, garde le privilège de s'étendre à l'universalité et d'exclure de ce fait la délibération et les calculs requis pour des ouvrages particuliers. Ceci étant reconnu, il est ensuite aisé de comprendre pourquoi l'organisation idéale, sur laquelle se règle l'activité de l'Âme, ne saurait se trouver en elle-même, du moins principiellement et sur le même mode. En effet, c'est précisément pour

1. L'Âme hypostase d'abord, puis l'Âme du monde, et enfin toutes les autres âmes particulières.

2. En *Enn.*, II 9 [33], 1.56, il est dit que l'Âme intellige (νοεῖ), et en *Enn.*, VI 9 [8], 5.11-12 que l'Intellect se trouve à l'intérieur de l'Âme.

3. L'Âme est parfois considérée comme l'ἐνεργεία de l'Intellect qui représente l'οὐσία. Or l'οὐσία ne peut-être au-delà de son ἐνεργεία.

préserver cette séparation qu'intervient la notion de λόγος. Car sa seconde fonction, celle de l'organisation, l'âme l'exerce par l'intermédiaire des λόγοι.

Relisons ce passage qui explique comment, selon Plotin, l'univers est produit :

> Il[1] est mis en ordre conformément à la Raison (κατὰ λόγον) par la puissance de l'Âme[2] qui possède, en elle-même dans sa totalité, le pouvoir de mettre en ordre suivant les formules rationnelles (κατὰ λόγους), tout de même que les formules qui se trouvent dans les semences (οἱ ἐν σπέρμασι λόγοι) modèlent les êtres vivants et leur donnent une forme, comme s'il s'agissait de mondes en petit (μικρούς κόσμους)[3]. En effet, ce qui entre en contact avec l'Âme est produit sur le mode qui caractérise naturellement l'âme en son être. Or, l'Âme produit sans connaissance venue de l'extérieur[4], et sans attendre d'avoir délibéré et examiné. En effet, si tel n'était pas le cas, elle produirait non pas de façon naturelle (κατὰ φύσιν), mais suivant un art (κατὰ τέχνην) adventice. Or l'art est postérieur à la nature[5], il l'imite en produisant des imitations effacées et sans force, des jouets (παίγνια)[6] quelconques et qui ne valent pas grand-chose, malgré tous les artifices dont il se sert[7]. L'Âme, en revanche, par la puissance de son être, est maîtresse[8] des corps, de sorte qu'ils agissent et se comportent conformément à ses directives, puisqu'ils n'ont pas, au début[9], le pouvoir de s'opposer à sa

1. Le domaine de la matière assimilé à celui des ténèbres.

2. Dans l'*Enn.*, IV 3 [27], les chapitres 9 à 11 sont consacrés à l'Âme du monde comme productrice de l'univers, voilà pourquoi j'utilise la majuscule dans Âme ; les textes platoniciens de référence sont le *Timée* et le livre X des *Lois*.

3. Il s'agit de l'opposition classique entre microcosme et macrocosme.

4. On grec on lit ἐπακτῷ γνώμῃ : il faut mettre cette expression en rapport avec ce qui est dit en *Enn.*, III 2 [47] 2.14, traduit plus haut, p. 57. Voir aussi *Enn.*, IV 4 [28], 9. 14 *sq.*, IV 8 [6], 8.15 et même Aristote, *Physique*, II 8, 199 b28.

5. Voir *Enn.*, II 9 [33], V 8 [31], 1.33. Sur ce point, Plotin s'inspire de *Lois*, X, 889a.

6. Il peut s'agir de l'homme assimilé par Platon à une marionnette (en *Lois*, VII, 803c) ; voir *Enn.*, III 2, 15.13, 54-56, 58 ; ou plus généralement des choses qui ne sont que des imitations (*Enn.*, III 5, 1. 62 ; 6. 7. 23-24 et peut-être III 8, 5, 7.

7. Dans l'*editio maior*, H.-S. impriment εἰς εἴδωλον φύσιν, qui se trouve dans tous les manuscrits et dans l'édition Perna, ce qui est intraduisible. En marge de l'édition Perna, on trouve εἰς εἰδώλων φύσιν, correction adoptée par tous les éditeurs depuis Creuzer : d'ailleurs Ficin traduit : *ad simulacra fingenda*, *cf.* IV 4, 31.7-8. Mais comme le font remarquer H.-S. dans l'apparat de l'*editio maior*, on pourrait tout aussi bien penser à εἰς εἴδωλον φύσεως, c'est-à-dire « pour imiter la nature ». Devant tant d'incertitudes, je ne traduis pas ce membre de phrase qui n'ajoute rien au raisonnement.

8. En grec κυρία se rapporte à la maîtresse de maison qui commande à des esclaves.

9. Dans le cas de l'homme, le fœtus, le nouveau-né, le nourrisson et même l'enfant ne peut rien faire contre la nature.

volonté[1]. Plus tard, sans doute, ils se font souvent obstacle les uns aux autres, et sont ainsi privés d'atteindre la forme propre à laquelle vise la formule rationnelle (λόγος), celle qui se trouve dans ce monde en petit[2]. Mais là, puisque la figure (μορφῆς)[3] totale de l'univers vient à l'être, produite par l'Âme, et que les choses qui sont venues à l'être toutes ensemble possèdent leur ordonnance, ce qui est venu à l'être sans rien devoir à l'effort et sans rencontrer d'obstacle[4], est beau. L'Âme a construit en ce monde[5] les sanctuaires des dieux, les demeures des hommes et le reste pour les autres choses. Car qu'est-ce qui doit venir de l'Âme, sinon ce qu'elle a le pouvoir de produire ?

En effet, il appartient au feu de rendre des choses chaudes, et à autre chose de refroidir ; mais le pouvoir de production[6] de l'âme est double, l'un reste en elle, alors que l'autre sort d'elle pour aller vers quelque chose d'autre. Dans les choses qui sont dépourvues d'âme, l'un reste pour ainsi dire endormi en elles, alors que l'autre qui s'exerce sur autre chose consiste dans le pouvoir de rendre semblable (à l'agent) ce qui subit (son influence) ; oui, et c'est là quelque chose de commun à tout ce qui existe que de rendre semblable à soi-même[7]. Mais l'action qu'exerce l'âme est quelque chose en éveil, aussi bien celle qui reste à l'intérieur d'elle-même que celle qui s'exerce sur autre chose.

Donc elle fait aussi vivre toutes les autres choses qui, d'elles-mêmes, ne possèdent pas la vie, et elle les fait vivre d'une vie semblable à la vie qui est la sienne. Puis donc qu'elle vit dans la raison (ἐν λόγῳ)[8], elle transmet au corps une formule rationnelle (λόγον), qui est une image (εἴδωλον) de ce qu'elle possède – et en effet tout ce qu'elle donne au corps, c'est aussi une image de la vie (εἴδωλον ζωῆς)[9]. Elle donne en outre au corps toutes les figures (μορφάς) dont elle possède les formules rationnelles (λόγους) ; or

1. Sur la volonté de la Nature, qui est la partie la plus basse de l'Âme du monde, *cf. Enn.*, II 3 [52] 13.9.

2. J'interprète ainsi σμικρῷ, en me fondant sur ce qui a été dit plus haut à ligne 13 (μικροὺς κόσμους).

3. Par μορφή, il faut entendre l'aspect extérieur de l'univers en général et celui de toutes les choses particulières que renferme cet univers.

4. Tout simplement parce qu'il ne s'agit pas d'un produit de l'art, qui exige un effort et qui rencontre toutes sortes d'obstacle.

5. En grec on lit ἐν αὐτῷ qui doit faire référence au τὸ γενόμενον de la ligne précédente ; voilà pourquoi je traduis « dans le monde ».

6. Le grec reste dans l'indétermination ; je précise en comprenant qu'il s'agit du τὸ ποιεῖν de la ligne 30.

7. Il s'agit là d'une définition de la puissance (δύναμις).

8. Elle vit dans la raison, parce qu'elle est toujours reliée à l'Intellect, comme on le voit en *Enn.*, VI 7 [38] 11.34 *sq.*

9. Voir *Enn.*, VI 7 [38], 5.14.

> elle possède les formules rationnelles (λόγους) qui correspondent aux dieux et à toutes choses. Voilà pourquoi le monde lui aussi contient toutes choses. (*Enn.* IV 3 [27], 10.10-42)

Le paragraphe qui suit est magnifique, car il explique comment, dans ce contexte, le monde peut être dit « plein de dieux », suivant le mot attribué à Thalès[1].

Mais reprenons en d'autres termes ce qui vient d'être dit. L'univers est une œuvre d'art qui n'est pas produite de l'extérieur par un artisan, comme s'il l'avait été par le démiurge du *Timée*, mais qui est œuvré de l'intérieur par cette puissance organisatrice qu'est la Nature : c'est un peu comme si un bloc de marbre se donnait lui-même à lui-même la forme de la Vénus de Milo[2]. Mais qu'est-ce que la Nature ? C'est une puissance qui correspond à la partie la plus basse de l'Âme du monde, la partie qui entre en contact avec la matière. Et l'organisation à laquelle soumet la matière résulte de l'action des formules rationnelles qui, dans l'Âme hypostase, correspondent aux formes intelligibles, et se trouvent sous le mode de la dispersion et non dans un état de simultanéité comme les formes intelligibles dans l'Intellect. Et c'est parce que l'Âme du monde utilise ces formules rationnelles qui se trouvent en elle sous un mode encore inférieur qu'elle parvient à organiser la matière de façon à faire venir à l'être tous les corps, aussi bien les corps animés, par exemple le cheval, que les corps inanimés, par exemple la pierre. Dans cette perspective, on peut dire que l'univers sensible est l'image de toutes les formules rationnelles que possède l'Âme du monde. À ce niveau inférieur, Platon établit une distinction très intéressante entre l'action de l'âme en général et celle du corps. L'un et l'autre cherchent à rendre semblables à eux-mêmes[3] les autres réalités en fonction des formules rationnelles que chacun recèle ; mais alors que l'âme est toujours en éveil, le corps ne l'est que de façon intermittente.

Mais la puissance de l'âme, à quelque niveau que ce soit, lui vient d'ailleurs. C'est par l'intermédiaire des λόγοι, que les âmes, l'Âme du monde et les âmes particulières qui se rattachent à l'Âme hypostase, restent reliées à l'Intellect.

> – Est-ce que ces formules rationnelles qui se trouvent dans l'âme sont des concepts (νοήματα) ?
> – Mais alors comment produira-t-elle conformément à ces concepts (κατὰ τὰ νοήματα) ? En effet, c'est dans la matière (ἐν ὕλῃ) que la formule rationnelle a une action productrice, et ce qui produit au niveau de la Nature, ce n'est ni la pensée (νόησις) ni même la vision

1. Suivant le témoignage d'Aristote (*De Anima* I, 5, 411a7).
2. Voir Alexandre d'Aphrodise, *De Mixt.*, p. 225.18 *sq.* Bruns (= *SVF* II, n° 1044).
3. Telle est la définition de la puissance (δύναμις), *cf.* p. 61, n. 7 .

(ὅρασις), mais une puissance qui agit sur la matière (δύναμις τρεπτικὴ τῆς ὕλης). Elle ne fait pas acte de connaissance, mais elle se contente d'agir, à la façon d'une empreinte, ou d'une forme qui apparaît sur l'eau[1] (...)[2] S'il en est ainsi, la partie directrice de l'âme produira en provoquant des modifications dans la partie de l'âme qui se trouve dans la matière, celle que l'on appelle « génératrice ».

– Est-ce qu'elle provoquera des modifications en faisant appel au raisonnement (λογισαμένη) ?

– Mais alors, si elle fait appel au raisonnement, elle fera en tout premier lieu référence à quelque chose d'autre qu'à ce qu'elle possède en elle-même. Mais, si elle fait référence à ce qu'elle possède en elle-même[3], point n'est besoin de raisonnements. En effet, ce qui provoque des modifications, c'est non pas le raisonnement, mais la partie qui en l'âme possède les formules rationnelles (τοὺς λόγους). Cette partie en effet est plus puissante, et elle est capable de produire dans l'âme. Par suite, elle produit conformément aux formes intelligibles (κατ᾽ εἴδη). Éh bien, il faut qu'elle aussi donne après avoir reçu de l'Intellect. En fait, c'est à l'Âme du monde que donne l'Intellect, puisque l'Âme qui vient tout de suite après l'Intellect donne ce qu'elle tire d'elle-même à l'Âme qui vient tout de suite après elle[4], en l'illuminant et en y apposant son empreinte. Et cette dernière, comme si elle obéissait à un ordre, produit immédiatement.

Or elle produit certaines choses sans rencontrer de résistance, et certaines autres qui sont de moindre valeur en rencontrant des résistances. Puisque sa puissance à produire est reçue et qu'elle est remplie de formules rationnelles qui ne tiennent pas le premier rang[5], non seulement elle produira en fonction de ce qu'elle a reçu, mais d'elle-même est susceptible de naître quelque chose, mais quelque chose de moindre valeur évidemment. Son produit sera un vivant, mais un vivant imparfait et qui supporte avec peine sa propre vie, puisqu'il est de niveau inférieur, grossier, sauvage et

1. Comme H.-S., voir note 7, p. 60, je pense que ὥσπερ κύκλος est une glose interpolée.

2. Des difficultés d'ordre textuel rendent ce passage extrêmement difficile à traduire. Je le comprends ainsi : « parce que c'est autre chose que la puissance naturelle ou génératrice qui lui donne ce qui est nécessaire pour produire ».

3. C'est-à-dire les formules rationnelles.

4. L'Intellect donne à l'Âme hypostase les formes intelligibles qui y deviennent les formules rationnelles; ce sont ces formules rationnelles qui interviennent dans l'Âme du monde pour produire les réalités sensibles.

5. Celles qui tiennent le premier rang, ce sont celles qui se trouvent dans l'Âme hypostase.

> qu'il est fait d'une matière inférieure, une sorte de dépôt[1] laissé par des réalités qui sont venues à l'être auparavant, amer et rendant amer[2].
> Voilà les choses qu'apporte cette Âme à l'univers. (*Enn.* II 3 [52], 17)

L'univers est le résultat d'une production qui ressortit non pas à l'art, mais à la Nature. Cette production ne fait intervenir ni le raisonnement ni le concept, mais elle est le résultat d'une puissance qui agit sur la matière à la façon d'une empreinte. L'Intellect transmet les formes intelligibles qu'il recèle à l'Âme-hypostase où elles deviennent des formules rationnelles. Ces formules rationnelles, l'Âme-hypostase les transmet à l'Âme du monde qui produit les êtres inanimés et les êtres inanimés, comme si elle en avait reçu l'ordre. Mais, comme c'est la partie inférieure de l'Âme du monde qui est responsable de ces productions, son action, qui dépend de formules rationnelles ne tenant pas le premier rang et tirées d'elle-même, présente une qualité moindre ; ce qui explique l'imperfection et la présence du mal dans l'univers sensible, en dépit du gouvernement par la Providence.

2.2.2. *Contemplation* : *Providence*

Comme toutes les autres âmes, l'Âme du monde possède une partie d'elle-même qui reste en contact permanent avec l'Intellect. C'est précisément cette partie supérieure de l'Âme du monde qui peut être assimilée à la Providence, laquelle correspond à ce code de lois qui, issu de l'Intelligible, régit l'univers :

> Ce code de lois (νομοθεσία) est tissé aussi bien à partir des formules rationnelles qui se trouvent ici-bas (τῶν τῇδε λόγων) que des causes de tous les êtres, c'est-à-dire aussi bien à partir des mouvements des âmes[3] que des lois qui viennent de là-bas (νόμων τῶν ἐκεῖθεν). Comme ce code est en accord avec ces lois (ἐκείνοις)[4], qu'il tire de là ses principes et qu'il tisse les unes avec les autres les choses qui découlent de ces lois (ἐκείνοις), il maintient dans l'immuabilité[5] toutes les choses qui sont elles-mêmes en mesure de préserver leur intégrité en accord avec la constitution que leur

1. La seule occurrence de ce terme dans toutes les *Ennéades*. Voir cependant *SVF* I, n° 105.

2. Idée que l'on retrouve dans les *Oracles Chaldaïques*, suivant Julien, *Discours* VIII [V] 170d.

3. Ceux des corps célestes en premier lieu, comme on le constate au livre X des *Lois*.

4. Je considère νόμων τῶν ἐκεῖθεν comme l'antécédent d'ἐκείνοις.

5. Le terme ἀσάλευτα ne se trouve nulle part ailleurs dans les *Ennéades*. Je pense qu'il s'agit de l'opposition immortels (dieux et démons) et mortels (hommes et animaux). Voir *Enn.*, IV 8 [6], 2.3.

> assurent ces lois (πρὸς τὴν ἐκείνων ἕξιν)[1] et il entraîne les autres là où il est dans leur nature d'aller, en sorte que c'est au niveau des choses qui sont descendues que se situe la responsabilité du fait que leur situation est ce qu'elle est, que les unes se situent ici et que les autres se trouvent là. (*Enn.* IV 3 [27], 15.15-23)

Si l'on se risque à résumer en une phrase ce que Plotin a exposé dans deux traités[2], on peut dire que la Providence peut être comprise comme l'ensemble des λόγοι considérés non dans leur fonction de production, c'est-à-dire d'organisation de la matière, mais dans leur fonction de garants de la permanence de cette organisation[3], qui n'est, on l'a vu, que le reflet de la structure du monde intelligible par l'intermédiaire des λόγοι qui sont des répliques des formes intelligibles.

Tout naturellement se posent alors deux problèmes : celui du déterminisme et celui de l'existence du mal, auxquels font référence les dernières lignes du passage cité.

2.2. 2.1. Le déterminisme

Comme les Stoïciens, Plotin est obligé de combiner déterminisme et hasard dans toutes les réalités sensibles, déterminisme et liberté, chez les êtres vivants. Mais cela est beaucoup plus facile chez Plotin que chez les Stoïciens, parce que l'Âme du monde et l'âme individuelle, tout comme les λόγοι qui en définitive les constituent à des degrés divers touchent à deux mondes : par une extrémité ils sont reliés à l'Intellect où tout est déterminé d'avance, et par une autre extrémité ils sont immergés dans la matière où ils se trouvent confrontés au hasard :

> Si l'on nomme Providence une disposition de cette sorte, il faut bien se mettre dans l'esprit que la Providence est seulement un Intellect antérieur à notre monde sensible, un Intellect au repos (ἑστώς)[4], d'où procède notre univers et en fonction duquel (ἀφ' οὗ καὶ καθ' ὅν) il existe. Si un tel Intellect est un Intellect antérieur à toutes choses (πρὸ πάντων) et qu'il est principe (ἀρχή)[5], ce ne saurait donc être par hasard qu'il est comme il est ; car, même s'il est multiple, il s'accorde avec lui-même et s'ordonne, pour ainsi dire, à une unité. En effet, ce qui est multiple, ce qui constitue une pluralité coordonnée, c'est-à-dire les formules rationnelles

1. Je considère νόμων τῶν ἐκεῖθεν comme l'antécédent d'ἐκείνων.

2. Il s'agit des traités 47 (*Enn.*, III 2) et 48 (*Enn.*, III 3).

3. Une telle distinction entre fonctions, ne doit pas être poussé trop loin, car seuls l'imposent les besoins d'un exposé clair (voir *Enn.*, VI 9 [9], 9.7-11).

4. La production de la réalité sensible n'a rien à voir avec le travail artisanal.

5. Cet Intellect est principe, parce qu'il est antérieur à toutes chose (πρὸ πάντων) et que c'est de lui que procède notre univers (ἀφ' οὗ καὶ καθ' ὅν).

> (λόγοι) qui toutes, formant une unité, se répandent à travers l'univers, cela n'est en rien dû au hasard ou à un accident. Bien loin de là, ç'en est tout l'opposé, dans la mesure où le hasard (τύχη) qui réside dans l'irrationalité (ἀλογίᾳ) est le contraire de la raison (λόγῳ) (*Enn.* VI 8 [39], 17.9-18).

D'un côté, Plotin fait appel à la Providence pour expliquer que l'univers n'est pas livré au hasard, et donc qu'il est rationnel, c'est-à-dire qu'il obéit à des lois dont la source ultime est l'Intellect. Mais, comme l'Âme du monde, en tant que Nature, se retrouve en contact avec la matière qui est irrationnelle, son action comme Providence doit tenir compte du hasard, comme cela a été rappelé dans le passage précédent. Par là, l'univers n'est pas totalement rationnel et le déterminisme ne peut y régner sans partage. En d'autres termes, même si l'univers est organisé à partir des λόγοι qui reflètent l'Intelligible et même s'il est ordonné en fonction d'eux, ces λόγοι voient leur action entravée par l'irrationalité qui est indissociable de la matière.

2.2. 2.2. Le mal

La réponse apportée au problème du mal reprend, mais en négatif, celle qui a été apportée au problème du déterminisme :

> [33] Ainsi les maux sont des conséquences, mais des conséquences nécessaires. En effet, nous en sommes les causes, lorsque, sans y être du tout contraints par la Providence, nous ajoutons de notre initiative nos actions aux œuvres de la Providence ou à celles qui dérivent d'elle, [35] alors que nous ne sommes pas en mesure d'en organiser la suite en conformité avec la volonté de la Providence, mais que nous faisons quelque chose en fonction de la volonté des gens qui agissent ou au gré de quelque autre partie de l'univers, qui elle non plus ne s'accorde avec la Providence lorsqu'elle agit ou produit en nous [40] un effet. (*Enn.* III 3 [48], 5.33-40)

Le mal résulte de l'impossibilité pour un acte de s'intégrer dans le plan de la Providence. S'il n'y avait qu'une âme, l'Âme du monde, il n'y aurait pas de mal moral dans l'univers ; la rationalité serait limitée par la matière, et on ne pourrait parler que de mal résiduel ou négatif[1]. Mais, dans l'univers, il y a des âmes particulières qui inaugurent des actions qui peuvent s'écarter et même s'opposer à la Providence. De là vient le mal. Mais Plotin reste optimiste, car il rappelle que dans son système l'Âme trouve sa source dans l'Intellect qui lui-même émane de l'Un qui doit être identifié au Bien. C'est ce que rappelle Plotin en *Enn.* IV 4 [28], 35.8-38.

1. Dans la mesure où il ne résulte pas d'une intention qualifiée.

Ces trente lignes font la synthèse de tout ce qui vient d'être dit et elles situent tout ce qui vient d'être dit dans le contexte général du système de Plotin, nous ramenant ainsi à notre point de départ. Les λόγοι qui au niveau de l'Âme du monde sont responsables de l'organisation des réalités sensibles et du maintien de l'ordre qui assure leur unité, ne sont que les reflets des *logoi* en quoi consiste l'Âme hypostase. En l'Âme hypostase, les λόγοι sont les images des formes intelligibles qui constituent l'Intellect. Et l'Intellect lui-même émane de l'Un qui doit être identifié au Bien.

Et je termine en rappelant ces quelques lignes magnifiques qui constituent la conclusion de *Enn.* II 3, et qui résument admirablement la position de Plotin qui cherche établir un accord entre la position de Platon et celle des Stoïciens :

> On a donc raison de dire que notre univers est une image qui se reproduit sans cesse. Son premier et son second principe[1] sont au repos. Le troisième[2] l'est aussi, mais il est engagé dans la matière, et il est mu par accident. Tant qu'il y aura un Intellect et une Âme, les formules rationnelles (λόγοι) s'en écouleront dans cette espèce inférieure d'âme[3]. De même tant qu'il aura un soleil, toute lumière en émanera. (*Enn.* II 3 [52], 18.16-22)

La beauté de l'univers réside dans sa capacité d'être tout imprégné d'intelligible, ce à quoi s'emploient les λόγοι.*

1. L'Un et l'Intellect bien évidemment.
2. L'Âme hypostase.
3. C'est-à-dire l'Âme du monde.

* J'ai publié une version abrégée de cet article dans le tome 8 (1999) des *Cahiers Philosophiques de Strasbourg* consacré à Plotin, sous le titre : « *Logos* et *logoi* chez Plotin. Leur nature et leur rôle », p. 87-108.

BIBLIOGRAPHIE

Sur la notion de logos *chez Plotin*

– Witt, R.E., « The Plotinian *logos* and its stoic basis », *Classical Quarterly* 25, 1931, p. 103-111.
– Armstrong, A.H., *The Architecture of the Intelligible world in the Philosophy of Plotinus*, Cambridge, Cambridge University Press, 1940.
– Rist, J.M., *Plotinus. The Road to Reality*, chap. 7 « *Logos* », Cambridge, Cambridge Univ. Press.
– Früchtel, E., *Weltenwurf und Logos. Zur Metaphysik Plotins*, Philos. Abh. 333, Frankfurt, Klostermann, 1970.
– Turlot, F., « Le *logos* chez Plotin », *Les Études Philosophiques,* 1985, p. 517-528.
– Fattal, M., *Pour un nouveau langage de la raison*, Paris, Vrin, 1987, p. 83-96.
– Couloubaritsis, L., « Le logos hénologique chez Plotin », *Chercheurs de sagesse. Mélanges en l'honneur de J. Pépin*, Paris, Les Études Augustiniennes, 1992, p. 231-243.
– Fattal, M., *Logos et Image chez Plotin*, Paris, L'Harmattan, 1998.

LA DIALECTIQUE ENTRE PLATON ET ARISTOTE

Michel NARCY

I. LA SCIENCE DE L'ÊTRE EN TANT QU'ÊTRE ET L'ÉPISTÉMOLOGIE PLATONICIENNE

Le livre Γ et le livre E de la *Métaphysique* convergent, on le sait, dans la désignation, comme science des premiers principes et des premières causes [1], d'une science [2] qui a pour objet l'être, en tant qu'être (Γ 1, 1003 a 21, 31 ; E 1, 1026 a 31) et non pas « en tant que nombres, lignes ou feu » (Γ 2, 1004 b 6). Il ne paraît pas douteux que, dans les vingt-deux dernières lignes du chapitre E 1 (1026 a 10-32), l'objectif de la démonstration est de montrer que la science en question, qui prend le nom de philosophie première [3], consiste en de la théologie. Le raisonnement d'Aristote peut être reconstitué ainsi : s'il existe quelque chose d'éternel, c'est-à-dire d'immobile et de séparé [4] (1026 a 10-11), l'étude n'en revient ni à la physique,

1. Principes et causes les plus élevées selon le livre Γ (1003 a 26-27), principes et causes des êtres selon le livre E (1025 b 3).

2. « Une sorte de science (ἐπιστήμη τις) », dit le livre Γ (1003 a 21).

3. *Metaph.*, E 1, 1026 a 30. L'expression est sous-jacente au texte du livre Γ, où nous lisons qu'« il y a exactement autant de parties de la philosophie qu'il y a d'essences, de sorte qu'il y en a nécessairement une première et une qui lui fait suite », comme en mathématiques (Γ 2, 1004 a 3-9 ; pour le parallèle avec les mathématiques, voir aussi E 1, 1026 a 25-27).

4. Ἀΐδιον καὶ ἀκίνητον καὶ χωριστόν (1026 a 10-11) : comme on va le voir dans ce qui suit, le raisonnement d'Aristote ne se comprend que si immobilité et séparation (cette dernière étant le critère de la substantialité) explicitent l'éternité, plutôt que de s'y ajouter. Nulle part en effet n'est attestée dans le passage l'existence de quelque chose répondant au triple réquisit posé par Aristote, sinon dans l'affirmation que « toutes les causes sont nécessairement éternelles » (1026 a 16-17) ; inversement, cette affirmation semble suffire à faire admettre l'existence d'un genre supérieur à cette nature faite d'objets séparés mais en mouvement qui fait l'objet de la physique ou « philosophie naturelle » que le livre Γ, lui aussi, reconnaît comme une « sagesse, mais pas première » (1005 b 1-2).

dont les objets sont séparés, c'est-à-dire, en langage aristotélicien, sont des substances, mais sont également en mouvement, ni à la mathématique, dont les objets sont immobiles, certes, mais ne sont pas séparés, c'est-à-dire sont dépourvus de substantialité (1026 a 13-15). Maintenant, peut-être rien n'existe-t-il qui soit à la fois immobile et séparé, et peut-être mathématique et physique se partagent-elles la totalité du réel : auquel cas, reconnaît d'ailleurs Aristote, c'est la physique qui serait science première (1026 a 27-29), probablement parce que, des deux, elle seule a pour objet des substances. Qu'est-ce qui permet, échappant à cette hypothèse, d'affirmer l'existence d'êtres à la fois séparés et immobiles ? Le seul argument que paraisse fournir Aristote, celui sur lequel par conséquent repose toute sa démonstration, c'est que « toutes les causes sont nécessairement éternelles, et surtout celles-ci » (1026 a 16-17), entendons celles que nous cherchons, à savoir celles des êtres en tant qu'êtres. De cette nécessité, pour les causes, d'être éternelles, et d'elle seule, paraît découler la certitude qu'il existe une substance immobile (οὐσία ἀκίνητος, 1026 a 29), soit quelque chose d'immobile et de séparé. Le véritable présupposé du raisonnement d'Aristote, on le voit, est qu'éternité implique séparation, c'est-à-dire substantialité, et immobilité : à cette condition seulement l'éternité des causes permet d'affirmer l'existence d'une substance immobile. La même implication, cependant, oblige en contrepartie à doter de substantialité « toutes les causes et surtout celles-ci » (celles de l'être en tant qu'être) : elles constitueront donc une « nature » (1026 a 20) ou un « genre » (1026 a 21) supérieurs à la nature dans la hiérarchie des êtres, comme la science qui l'étudie est au-dessus de ou antérieure à la physique dans la hiérarchie des sciences[1]. Or, au-dessus de la nature, que peut-il y avoir d'autre que du divin ? Voilà pourquoi, s'il y a quelque part du divin, c'est à tout le moins dans les causes des êtres en tant qu'êtres (1026 a 20-21), et pourquoi la science de l'être en tant qu'être, à défaut d'être purement et simplement circonscrite à la théologie, est en tout cas définie comme une « philosophie théologique » (1026 a 19).

Même si, par rapport à la théologie *stricto sensu* qu'on est généralement tenté de voir désignée dans ce passage, l'expression de « philosophie théologique » donne quelque latitude, les divergences paraissent au premier abord criantes avec le livre Γ d'où, pour commencer, est absente toute mention de quoi que ce soit de divin. Sans doute y est-ce à « nous », théoriciens de l'être en tant qu'être, d'en saisir « les premières causes » (1003 a 31-32), en tant qu'elles constituent « les principes et les causes les plus élevées » (1003 a 26-27) ; sans doute ces principes et causes qui

1. *Cf. Metaph.*, E 1, 1026 a 21-22 : « il faut que la <science> de rang le plus élevé porte sur le genre de rang le plus élevé. »

intéressent le philosophe sont-ils ceux des *ousiai*[1], à tel point que ceux qui nient « le principe le plus ferme de tous » (Γ 3, 1005 b 11-12), à savoir le principe de (non-)contradiction, « détruisent l'*ousia* » (Γ 4, 1007 a 20-21). Mais précisément le principe auquel est ainsi suspendue la possibilité pour quoi que ce soit d'être ce qu'il est (τὸ τί ἦν εἶναι, *ibidem*), d'avoir une essence et par voie de conséquence, peut-on conclure de l'argumentation d'Aristote au chapitre Γ 4, sa substantialité, – ce principe n'a lui-même rien de substantiel, puisqu'il consiste, non pas en une *ousia* à laquelle son rôle de cause à l'égard de toutes les autres oblige à conférer un rang divin, comme en E 1, mais en une proposition : « il est impossible que le même simultanément appartienne et n'appartienne pas au même et selon le même » (Γ 3, 1005 b 19-20). À quoi il faut ajouter qu'en fait de cause, cette proposition définit plutôt une condition, laquelle d'ailleurs ne porte pas sur l'existence mais sur l'essence de toute chose – plus exactement, sur le fait ou la nécessité, pour toute chose, d'avoir une essence, quel que soit d'ailleurs le rang ontologique de la chose en question : le principe de non-contradiction s'applique, pour reprendre la dichotomie d'E 1, non seulement aux réalités séparées mais en mouvement qui font l'objet de la physique, mais aussi, bien entendu, aux objets immobiles mais non séparés de la mathématique, c'est-à-dire que son champ d'application n'est pas limité à la catégorie de substance. Premier[2] parce qu'universel, et non, comme la philosophie première d'E 1 (1026 a 30-31), universel parce que premier.

À la symétrie inversée ainsi construite entre les chapitres initiaux des livres Γ et E, on ne manquera naturellement pas d'opposer que, dans Γ 3 comme en E 1, la philosophie[3] première doit sa priorité au fait que la physique n'a pour objet qu'« un seul genre de l'être » (1005 a 34), ce qui peut vouloir dire, soit que la philosophie première a pour objet un autre genre de l'être, censément plus élevé, « premier » par rapport à la nature, soit que, ne se limitant pas à un unique genre de l'être, elle est plus universelle. De fait, c'est une telle dualité qui définit celui qui est

1. Réservant pour le moment la question de savoir s'il faut comprendre ici « substances » ou « essences » : de ce choix dépend ou résulte, au moins en partie, mais pour une large part, la conciliation ou l'opposition entre théologie et ontologie.

2. « Ultime » (ἐσχάτη), écrit Aristote (*Metaph.*, Γ 3, 1005 b 33), parce que ce à quoi l'on parvient en dernier dans l'ordre de l'analyse est évidemment ce qui est premier dans l'ordre de l'être.

3. Comme il a déjà été rappelé (p. 69, n. 3), l'expression n'apparaît qu'en creux dans le livre Γ, sous la forme suivante : « c'est bien une *sophia* aussi que la physique, mais pas première » (Γ 3, 1005 b 1-2), énoncé dans lequel on notera justement l'absence du terme *philosophia*. Dans la mesure où *sophia* peut être entendu comme un équivalent d'*epist®m®* (« science »), le parallèle dans E 1 est plutôt : « si donc il n'existe pas d'autres substances que celles qui sont naturellement constituées, c'est la physique qui serait science première (*prœt® epist®m®*) » (1026 a 27-29).

« au-dessus du physicien » : théoricien de l'universel *et* de l'essence (ou substance) première (τοῦ καθόλου καὶ τοῦ περὶ τὴν πρώτην οὐσίαν θεωρητικοῦ, 1005 a 34-35) ; de l'essence (ou substance) première et de « toute l'*ousia* » (τοῦ περὶ πάσης τῆς οὐσίας θεωροῦντος, 1005 b 6), entendons sans doute la totalité de ce qui a une essence. D'où résulte d'ailleurs, par rapport à E 1, une ambiguïté supplémentaire : car, s'il n'y a pas à s'étonner que celui dont l'activité théorique porte sur l'être dans toute son extension soit requis de fournir « les principes les plus fermes de toutes choses » (1005 b 10-11), c'est à lui aussi, et pour la même raison, affirme Aristote, de faire porter son examen sur « les principes des raisonnements » (1005 b 7). Où la science de l'être en tant qu'être n'apparaît plus partagée seulement entre ontologie et théologie, mais entre ontologie, théologie (implicite sans doute, en Γ 3, dans l'idée d'essence première) et logique.

D'E à Γ, l'équilibre interne de la science de l'être en tant qu'être se trouve ainsi sans aucun doute modifié ; mais, si la tension entre ontologie et théologie, universalité de l'être et primauté d'un être, est moins sensible dans le livre Γ qu'en E 1, on voit qu'elle n'est pas pour autant résolue. Comment le serait-elle, puisque, tout autant que le chapitre initial d'E, c'est à l'épistémologie, platonicienne s'il en est, du livre VI de la *République* que les premiers chapitres du livre Γ empruntent les ressources nécessaires à la déduction de l'existence d'une science de l'être en tant qu'être et de son excellence ou de sa primauté par rapport à toute autre science et plus généralement toute forme de connaissance[1] ? Ce qui, bien loin de donner les moyens de résoudre la tension, dans la *Métaphysique* d'Aristote, entre ontologie et théologie, en donne au contraire la raison d'être et fait comprendre pourquoi, pas plus que la dialectique platonicienne, la philosophie première aristotélicienne, dans sa prétention même à l'extension maximale, ne peut, même là où, comme au livre Γ, il n'est pas fait mention de théologie, se passer de la référence à une essence première.

Il est assez clair, dès le début d'E 1, qu'on se trouve sur la ligne tracée par Socrate à la fin du livre VI de la *République* (509 d-511e), et l'on peut même s'y situer de façon assez précise : il s'agit de son avant-dernière section, soit la première du segment représentant la connaissance des intelligibles. Cette avant-dernière section, on le sait, est chez Platon celle

1. Voilà sans doute pourquoi, dans le cadre de l'interprétation « évolutionniste » de la pensée d'Aristote, le livre Γ, ou tout au moins ses trois premiers chapitres, sont considérés comme platoniciens – quelle que soit d'ailleurs la conséquence qu'on tire de là : l'appartenance de ces chapitres aux débuts platoniciens de la carrière d'Aristote (W. Jaeger), ou au contraire l'indice d'un reconnaissance par Aristote, par-delà sa critique du platonisme, de la légitimité de la requête platonicienne d'une science universelle (G.E.L. Owen, « Logic and metaphysics in some earlier works of Aristotle », *Aristotle and Plato in the Mid-Fourth Century*, ed. by I. Düring and G.E.L. Owen, Göteborg, 1960, p. 163-190).

de la pensée discursive ou *dianoia* (*République* VI, 511 d 8-e 1). Or, dans le passage aristotélicien qui nous intéresse (*Métaphysique* E 1, 1025 b 3-18), les sciences dont il est question, et dont il n'est question que pour leur nier la dignité de science de l'être en tant qu'être, ne sont autres, précisément, que « toute science dianoétique ou participant en quelque chose de la *dianoia* » (1025 b 6). Aucune mention n'étant faite, dans le contexte, de l'intellect (*nous*) qui, sur la ligne platonicienne, s'oppose et succède à la *dianoia* [1], cette coïncidence terminologique ne suffirait sans doute pas à elle seule à attester la référence au passage platonicien [2]. S'y ajoute la description de la démarche desdites sciences dianoétiques, où il est difficile de ne pas reconnaître la description par Socrate des procédures mathématiques (*République* VI, 510 b-d) :

> toutes ces sciences, écrit en effet Aristote, s'étant circonscrites à un être, c'est-à-dire à un genre, déterminé, traitent de cet objet mais non de l'être simplement ou en tant qu'être. Elles ne disent rien non plus de l'essence [*scil.* de leur objet] (οὐδὲ τοῦ τί ἐστιν οὐθένα λόγον ποιοῦνται), mais, l'ayant une fois posé (ἐκ τούτου), les unes le rendent manifeste à la sensation, les autres prennent pour hypothèse son essence (τὸ τί ἐστιν) : ainsi démontrent-elles de façon plus ou moins contraignante les propriétés qui appartiennent en elles-mêmes au genre auquel elles sont dédiées. (1025 b 8-13)

Cette démarche hypothético-déductive, consistant à poser un objet à titre d'hypothèse sans s'assurer de son essence ni de son existence [3], pour,

1. Platon, *République*, VI, 511 d. C'est Glaucon, exposant ce qu'il pense avoir compris des explications de Socrate, qui introduit en cet endroit le terme *nous* par opposition avec *dianoia*. Récapitulant, aussitôt après, les opérations de l'esprit qui correspondent à chacun des quatre segments de la ligne, Socrate y substitue le terme *no®sis* (« intellection »).

2. Bien que, pour Emmanuel Martineau (« La *Métaphysique* retrouvée », *Conférence*, n° 5, printemps 1998, p. 442-509), la présence de l'expression « science dianoétique » soit, avec son relent platonicien, le premier signe de l'inauthenticité du passage (art. cit., p. 449-450). Signalons qu'à ce compte le livre Γ doit lui aussi être déclaré apocryphe, puisqu'y figure, cette fois en toutes lettres, l'opposition dianoétique-noétique (*Metaph.*, Γ 7, 1012 a 2).

3. Voir la suite du passage aristotélicien (*Metaph.*, E 1, 1025 b 16-18) : « et de même, si le genre dont elles traitent est ou n'est pas, elles n'en disent rien non plus, parce qu'il relève de la même réflexion (τῆς αὐτῆς διανοίας) de rendre manifeste l'essence et l'existence (le "ce que c'est" et si c'est, τὸ τί ἐστιν καὶ εἰ ἔστιν) ». Il n'y a pas plus de contradiction à dire ici que les sciences *dianoétiques* ne démontrent ni l'essence ni l'existence de leur objet parce que c'est la tâche de la même *dianoia*, qu'à dire, dans le passage cité à la note précédente (*Metaph.*, Γ 7, 1012 a 2), que « tout ce qu'on pense, discursivement ou non (*pan to diano®ton kai no®ton*), la *dianoia* ou bien l'affirme ou bien le nie » : on voit que dans l'usage aristotélicien *dianoia* tout à la fois s'oppose à *no®sis* et subsume *diano®ton* et *no®ton*, dianoétique et noétique. Cette apparente contradiction est d'ailleurs présente aussi dans Platon (*Cf. République*, VII, 523 b – 524 d, où *dianoia* vaudrait pour *no®sis*, et 525 a-526 c, où

cette existence étant supposée, en démontrer ensuite les propriétés, c'est celle même, dans la *République* (VI, 510 d), des mathématiciens par opposition aux dialecticiens. La ressemblance entre les deux passages est telle qu'il est difficile de résister à l'idée qu'Aristote ne fait ici que paraphraser Platon.

Y résister devient encore plus difficile quand, au chapitre 3 du livre Γ, il nous est dit en préambule à l'énoncé du « principe le plus ferme de tous », et à ce titre, peut-on penser, objet éminent de la science de l'être en tant qu'être, qu'un tel principe est nécessairement *anupothetos* (1005 b 14), qu'« il n'est pas une hypothèse » (τοῦτο οὐχ ὑπόθεσις, 1005 b 16). Non seulement *anupothetos*, comme chacun sait, est un néologisme forgé par Platon, mais il n'apparaît, dans tout le *corpus* platonicien, que dans un unique passage de la *République,* celui précisément où Platon affirme que c'est à la dialectique qu'il appartient d'aller au principe du tout jusqu'à l'*anupotheton* (μέχρι τοῦ ἀνυποθέτου ἐπὶ τὴν τοῦ πάντος ἀρχὴν ἰών, *République* VI, 511 b 6-7). Pour trouver une deuxième occurrence[1] d'*anupothetos*, il faut attendre précisément ce passage de Γ 3, qui en constitue d'ailleurs à son tour l'unique occurrence dans tout le *corpus* aristotélicien : le cas d'*anupothetos* n'est visiblement pas le même que celui de *poiot®s* (« qualité »), autre néologisme et *hapax* platonicien[2], mais approprié, lui, par Aristote pour désigner, de la façon la moins platonicienne qui soit, l'une de ses catégories, et devenu chez lui un terme d'emploi suffisamment large pour faire l'objet d'une entrée dans son « vocabulaire philosophique »[3]. *Anupothetos*, pour sa part, utilisé une seule fois par Aristote comme par Platon, l'est aussi, au contraire de *poiot®s*, exactement dans la même acception et dans la même fonction : il désigne la propriété sans laquelle aucun objet (Platon) ou aucune proposition (Aristote) ne peut prétendre à la position de principe, d'*arkh®*, de point de départ, parce que seul ce qui « n'est pas une hypothèse » échappe au risque d'être mis en doute et d'entraîner dans cette mise en doute

inversement la science des nombres, dianoétique à la fin du livre VI, « oblige l'âme à se servir de la pure *no®sis* pour atteindre la vérité en soi » [526 b]).

1. Je simplifie, naturellement : l'occurrence citée (où *anupotheton* est un neutre substantivé) fait déjà référence à l'expression complète *arkh® anupothetos* (« principe inconditionné ») introduite quelques lignes auparavant par Socrate (510 b). Hormis ce doublet, le mot n'apparaît nulle part dans Platon.

2. *Cf.* Platon, *Théétète*, 182 a 9.

3. *Cf. Metaph.,* Δ 14. L'entrée (1020 a 33) est *poion*, mais dès les premiers emplois qui en sont cités, on observe, comme dans le chapitre correspondant des *Catégories*, son interchangeabilité avec *poiot®s:* « Par exemple, un homme est un animal d'une certaine qualité (*poion ti*), à savoir, bipède, un cheval <est un animal d'une certaine qualité>, à savoir, quadrupède, et le cercle est une figure d'une certaine qualité, à savoir, dépourvue d'angles, ce qui signifie que la différence qui porte sur l'essence est une qualité (*poiot®s*) » (1020 a 34-b 1).

toute la chaîne des démonstrations qui s'autorisent de lui. C'est à une même exigence d'apodicticité, donc, et définie dans le même vocabulaire, celui de la dialectique platonicienne, que répondent tant le premier principe[1] aristotélicien que le « principe du tout » platonicien. Non seulement le vocabulaire est le même, mais, dans la mesure où, comme on le voit en E 1, c'est en reprenant à son compte l'opposition dianoétique-noétique que l'épistémologie aristotélicienne réussit à faire apparaître comme une nécessité la position d'une philosophie première ou science de l'être en tant qu'être, elle trouve dans la ligne tracée par Socrate au livre VI de la *République* une projection aussi naturelle que la hiérarchie platonicienne des sciences. En vertu de quoi, puisqu'elle s'inscrit sur la même section de la ligne, l'expression « science de l'être en tant qu'être » paraît n'être que le nom aristotélicien de la dialectique platonicienne.

II. Science et dialectique chez Platon et Aristote

La constatation qui paraît s'imposer, par conséquent, à la lecture d'E 1 ou des trois premiers chapitres du livre Γ, c'est celle, bien faite pour conforter la tradition néo-platonicienne, d'un accord entre les philosophies de Platon et d'Aristote. Avec cette constatation, en réalité, commencent les difficultés pour les interprètes. Si, pour désigner sa philosophie première, il substitue l'expression « science de l'être en tant qu'être » au mot platonicien[2] de dialectique, Aristote, en effet, ne se passe pas pour autant de la dialectique. Simplement, il la définit tout autrement que Platon, à tel point que sa conception de la dialectique peut être considérée comme un des points de rupture, et non des moindres, entre lui et Platon.

Si la recherche des principes, en effet, paraît constituer, comme nous venons de le voir, entre Platon et Aristote un programme commun, le motif principal de leur divergence dans son application n'est probablement pas le rejet par Aristote de la Forme du Bien : même s'il refuse à la Forme du Bien de constituer le principe à la fois de la connaissance et de l'être de toutes

1. Autre trait platonicien : dans le livre Γ en tout cas, Aristote ne paraît pas envisager la possibilité qu'il existe plusieurs principes, dont la multiplicité n'empêcherait pas chacun d'être *anupothetos* : il semble pour lui aller de soi, sans que puissent en être avancées les mêmes raisons que chez Platon, qu'il ne peut y avoir qu'un seul *anupotheton*.

2. Sans que Platon fasse jamais état de la nouveauté du terme, comme pour *poiot®s*, il est en effet plus que probable que c'est lui qui a forgé le mot « dialectique » ou plus exactement l'expression « art dialectique » (*dialektik® tekhn®*), synonyme de la « capacité de dialoguer » (*dunamis tou dialegesthai*) qui distingue, aux livres VI et VII de la *République*, le philosophe.

choses (et s'il refuse en général la théorie des Formes), Aristote, nous l'avons vu aussi plus haut, n'abandonne pas l'idée que la science de l'être en tant qu'être, soit de ce qui fait de tout être un être, ait autant pour objet une essence ou substance première que l'axiome de la non-contradiction. Que la connaissance de cette substance première, en revanche, puisse être atteinte par le moyen de la dialectique, c'est ce qu'écrit en toutes lettres Platon dans la *République*, et ce qu'il paraît difficile de soutenir dans le cadre de l'aristotélisme.

La dialectique, pour Platon, la science de l'être en tant qu'être pour Aristote, diffèrent des sciences dianoétiques (dont la mathématique n'est chez Platon que la représentation éminente) en tant précisément que recherche des principes : alors que les sciences ne sont qu'hypothétiques, placées sous la dépendance de principes qui ne sont pas de leur ressort, dialectique et science de l'être en tant qu'être remontent, ou du moins on leur fixe pour programme de remonter, jusqu'au principe à la fois de la connaissance et de l'être de toutes choses. Pour s'en tenir tout d'abord à Platon, la dialectique est donc chez lui encore plus scientifique que n'importe quelle autre science. Ou encore : au regard de la dialectique, les autres sciences ne sont au fond pas véritablement des sciences. Voilà ce qui change du tout au tout chez Aristote. Car l'originalité d'Aristote quant au statut de la dialectique, en effet, et sa rupture sur ce point avec Platon, c'est précisément d'introduire une distinction entre science et dialectique, ou plus exactement entre « démonstration » (*apodeixis*) et « raisonnement dialectique » (*sullogismos dialektikos*) : quelle que soit la traduction qu'on adopte pour *sullogismos* [1], la dialectique chez Aristote n'est pas apodictique. Il s'ensuit que si la philosophie première chez Aristote a bien, comme la dialectique platonicienne, pour objet l'*anupotheton*, si en ce sens, comme la dialectique platonicienne encore, elle est plus scientifique, ou à tout le moins scientifique au même degré, que toute autre science, pour cette raison justement elle ne peut plus s'appeler dialectique [2], puisque ce serait lui attribuer un déficit de scientificité par rapport aux sciences, auxquelles pourtant elle fournit leurs axiomes.

1. Dans sa traduction des *Topiques* (Paris, C.U.F., t. I, 1967), J. Brunschwig traduit « déduction » (*Top.*, I, 1, 100 a 22). J.-M. Le Blond (*Logique et méthode chez Aristote. Étude sur la recherche des principes dans la physique aristotélicienne*, Paris, Vrin, 1939, 1996[4], p. 22 n. 2, p. 30), voyant, dans le même passage, « un emploi tout à fait technique de *sullogismos* », préférait le traduire par « syllogisme ». Mais même dans ce cas, la distinction posée par Aristote entre syllogisme apodictique ou démonstratif et syllogisme dialectique impose la conclusion que dialectique diffère d'apodictique et que la dialectique n'est pas démonstrative.

2. Et on peut voir là, par conséquent, la raison pour laquelle Aristote, de fait, ne l'appelle plus dialectique.

Auxquelles, plus exactement, elle procure ceux de leurs axiomes qui ne sont pas propres à telle ou telle science particulière mais sont communs à toutes. Comme on peut le lire en Γ 3, c'est précisément à ce titre que le principe de non-contradiction est proclamé le principe « le plus ferme de tous ». Si l'essence et « ce qu'on appelle en mathématiques les axiomes » (1005 a 20) relèvent de la même science, c'est parce que ces derniers « appartiennent à l'être en tant qu'être et que chaque genre[1] est un être » (1005 a 24), ce qui revient à dire qu'en tant qu'être, chaque genre comporte, outre les siennes propres, les déterminations communes à tous les êtres. La première est évidemment d'en être un, c'est-à-dire, en langage aristotélicien, d'être une *ousia*, d'avoir une essence. On l'a vu plus haut, la condition de possibilité d'une *ousia* en général, soit la condition la plus générale de l'être, c'est la non-contradiction. Voilà pourquoi il appartient au même de s'enquérir de l'*ousia* et du principe de non-contradiction. Contrairement à l'étymologie, la condition la plus générale est ici la moins générique : c'est parce qu'il est *ex hypothesi* radicalement transgénérique que le principe de non-contradiction est, de tous les principes, le plus ferme, ou encore « principe de tous les autres axiomes » (1005 b 33-34). De ce principe, et des autres axiomes, s'il en est, qui partagent avec lui ce statut transgénérique, l'étude revient, c'est presque une tautologie, au « théoricien de l'universel (τοῦ καθόλου... θεωρητικοῦ) » (1005 a 34-35).

Soit, pour le dire en un mot, au philosophe (1005 b 6) : désignation toute platonicienne. Et de fait, le raisonnement qui précède n'a rien pour dérouter un platonicien. Sur le fond, en revanche, de la dissociation aristotélicienne entre science et dialectique, cette déduction en vertu de laquelle l'exigence de scientificité n'est pas satisfaite à moins d'une universalité transgénérique n'est pas sans faire difficulté. Cette universalité, en effet, constitutive de la philosophie première ou, dirait peut-être un platonicien, de la philosophie proprement dite, la dialectique l'a aussi en partage[2], c'est même par là qu'elle se distingue des sciences. Ce qui distingue, en effet, le raisonnement dialectique du raisonnement apodictique, c'est-à-dire scientifique, c'est que ce dernier procède à partir de prémisses vraies (et non pas probables), premières (c'est-à-dire qui ne dépendent pas de l'acceptation d'un interlocuteur), et enfin propres à la science considérée ou, ce qui revient au même, au genre qu'elle a pour

1. C'est-à-dire l'objet de chaque science particulière : « de chaque genre il y a perception et science, uniques parce qu'il est unique » (*Metaph.*, Γ 2, 1003 b 19-20).

2. « Les dialecticiens, écrit Aristote un peu plus haut, pratiquent la dialectique à propos de tout (διαλέγονται περὶ ἁπάντων) ; or ce qu'il y a de commun à tout, c'est l'être, et si c'est là l'objet de la dialectique, c'est évidemment parce qu'il est propre à la philosophie... La dialectique constitue un entraînement à ce dont la philosophie donne la connaissance » (*Metaph.*, Γ 2, 1004 b 19-22, 25-26).

objet. À supposer que la philosophie satisfasse au deux premières de ces conditions, il est évident que, transgénérique par définition, elle contrevient à la troisième. Ce que, en d'autres termes, la philosophie première aristotélicienne garde de commun avec son homologue platonicienne, à savoir l'universalité, devrait lui valoir le nom platonicien de dialectique plutôt que celui de *science* de l'être en tant qu'être. Si, en effet, traiter de l'être en tant qu'être c'est transcender les frontières entre les genres ; si, d'autre part, l'appropriation d'un raisonnement à son objet – appropriation dont le prix est le renoncement à l'universalité – est un des critères de sa scientificité, quel est le sens du mot science dans l'expression « science de l'être en tant qu'être » ?

À cette difficulté, la réponse traditionnelle était de distinguer en effet deux acceptions du mot science, ce qui peut d'ailleurs s'autoriser des termes mêmes dans lesquels Aristote, au tout début du livre Γ (1003 a 21), affirme l'existence de la science de l'être en tant qu'être :

> Ἔστιν ἐπιστήμη τις ἣ θεωρεῖ τὸ ὂν ᾗ ὄν,

où τις peut être entendu, non pas simplement comme un simple indéfini (« il y a une science qui… »), mais comme un qualificateur du mot « science » : « il existe *une certaine* science » ou mieux « … *une sorte de* science[1], qui considère l'être en tant qu'être ». Science, la science de l'être en tant qu'être ne le serait donc pas au sens propre ou rigoureux du terme, tel que défini dans les *Analytiques*. Ce qui ne revient pas à dire – l'effet en serait ruineux – qu'elle est moins science que les autres, mais que ce qui la qualifie comme science a trait, non à la méthodologie du raisonnement scientifique, puisqu'on a vu qu'elle y contrevient au moins en un point essentiel, mais à sa certitude. Dire que la philosophie première est une science, que l'être en tant qu'être fait l'objet d'une science, c'est dire que la connaissance en est aussi certaine, ou même davantage, que celle des objets des autres sciences, « nombres, lignes ou feu ». Cette certitude, il est vrai, n'est pas obtenue par des moyens apodictiques : c'est là la donnée même du problème qu'il s'agit de résoudre. Mais, on l'a lu en E 1, ces moyens-là sont ceux des sciences dianoétiques. C'est donc au *nous*, à un *nous* entendu, comme aux dernières lignes du livre VI de la *République*, par opposition à la *dianoia*, qu'on demandera la certitude requise. Telle est bien, comme on le sait, la solution énoncée en propres termes par Aristote aux dernières lignes des *Seconds Analytiques* (II, 19, 100 b 5 *sqq.*) : puisque les sciences, inséparables de la *dianoia*, sont pour ce motif incapables d'atteindre à l'évidence qui doit être celle de la connaissance des

1. De même, au début de l'*Éthique à Nicomaque* (I, 1, 1094 a 22), l'objet du traité est annoncé comme πολιτική τις, une et non pas *la* politique, donc « une sorte de politique ».

principes, celle-ci relève d'une autre faculté que la *dianoia*, le *nous*, et, tout en étant au principe de la science, n'est pas elle-même une science.

La remarque en a été faite depuis longtemps[1] : le *nous* invoqué ici n'est autre que le *nous* platonicien, identifié par Glaucon, dans la *République*, sous la « capacité de dialoguer » invoquée par Socrate (511 b). La dialectique platonicienne, chassée de la science par Aristote, y rentrerait-elle donc par le biais de la question des fondements ? À cette hypothèse qui, on le verra plus loin, a ses défenseurs, la fin des *Seconds Analytiques* n'offre pas d'autre alternative que le silence d'Aristote sur la dialectique dans le moment même où il reprend à son compte l'articulation platonicienne entre la *dianoia* et le *nous* : comme si, entre dialectique et *no®sis*, il opérait la même séparation qu'entre science et dialectique. Mais, alors que ladite séparation était exigée par une conception du raisonnement démonstratif et une théorie de la science ignorées de Platon, la séparation entre dialectique et *no®sis* a pour effet de réinscrire ces innovations dans l'articulation fondamentale de l'épistémologie platonicienne.

III. Le retour de la dialectique

Le confinement de la dialectique au probable, en d'autres termes, ne suffit pas à faire sortir du platonisme : c'est à cette conclusion que mène, on vient de le voir, l'interprétation traditionnelle du *nous* aristotélicien comme « intuition » des principes. Paradoxalement, c'est aussi celle à laquelle aboutit la réévaluation, qui restera la marque distinctive des études aristotéliciennes de la seconde moitié de ce siècle, du rôle de la dialectique dans la science et la métaphysique aristotéliciennes, réévaluation inspirée pourtant par le souci de marquer l'originalité et la modernité d'Aristote par rapport à Platon.

On peut dater de l'ouvrage du P. Le Blond[2], devenu depuis un classique, le commencement de cette réévaluation. Le P. Le Blond a été en effet le premier, du moins dans le commentaire moderne, à attirer l'attention sur la discordance, dans le *corpus* aristotélicien, « entre les ouvrages de science et les ouvrages théoriques de logique »[3], entre la *méthodologie* et l'*épistémologie* d'Aristote. Il allait même plus loin, puisqu'il notait la proximité entre les méthodes de définition décrites dans les *Seconds Analytiques* et celles que décrivent les *Topiques*. La présence ainsi attestée, au sein même

1. *Cf.* J.-M. Le Blond, *Logique et méthode chez Aristote*, *op. cit.*, p. 136.
2. J.-M. Le Blond, *Logique et méthode chez Aristote*, *op. cit.*, 1939[1].
3. *Ibid.*, p. 146.

de la théorie de la science, de procédés incontestablement dialectiques[1], même si le mot n'est pas prononcé, ne va pas seulement à l'encontre des déclarations de principe dont il a été question jusqu'ici, qui posent (sans d'ailleurs en définir davantage le mode opératoire[2]) la nécessité pour la connaissance des principes d'être non discursive, mais de l'opposition même entre science et dialectique : s'il est vrai, comme le soutenait le P. Le Blond, que sur la question de la définition les *Analytiques* ne font que résumer les *Topiques*[3], alors la dialectique, contrairement aux déclarations expresses d'Aristote, fait partie de la méthode scientifique. De cette contradiction, la solution ne peut venir de la « méthode génétique ». Si coexistent dans le même traité des conceptions qu'Aristote lui-même déclare par ailleurs contradictoires, on n'a pas affaire à deux étapes successives de la pensée d'Aristote. Selon les jaegeriens les plus convaincus de l'époque, tel Friedrich Solmsen[4], certains passages des *Topiques* ont été rédigés par Aristote une fois achevés les *Analytiques*, ce qui montre, selon une remarque d'Éric Weil[5], que même une fois en possession d'une syllogistique et d'une théorie de la science, Aristote continuait d'accorder de l'importance à la dialectique et au traité qu'il lui avait consacré. Ajoutons à cela que l'un des ajouts en question, selon le P. Le Blond, était justement la distinction inaugurale des *Topiques* dans leur état actuel, entre syllogisme dialectique et syllogisme démonstratif ou scientifique[6] : d'où l'on peut conclure que cette distinction d'une part, la combinaison d'autre part de méthodes dialectiques de définition avec les méthodes analytiques de démonstration, appartiennent au même état de la pensée d'Aristote. Comment l'expliquer, sinon par une hésitation ou un embarras[7] d'Aristote, conscient d'une part de l'insuffisance démonstrative de la dialectique, et d'autre part de son utilité là où les procédés démonstratifs se révèlent circulaires ?

En d'autres termes, à l'Aristote évolutif qui résultait des travaux de Jaeger, la substitution s'imposait d'un Aristote partagé entre des exigences contradictoires, entre son idée de la scientificité et sa pratique de l'investigation scientifique – en un mot, d'un Aristote aporétique.

1. *Ibid.*, p. 141-145.

2. *Ibid.*, p. 138-139.

3. *Ibid.*, p. 46 et 145.

4. *Cf.* F. Solmsen, *Die Entwicklung der aristotelischen Logik und Rhetorik*, Berlin 1929, p. 182 et 185.

5. Éric Weil, « La place de la logique dans la pensée aristotélicienne », *Revue de métaphysique et de morale* 56, 1951, 283-315 = *Id.*, *Essais et conférences* I, Paris, Plon, 1970, p. 44-80, voir p. 47, n. 7.

6. J.-M. Le Blond, *Logique et méthode chez Aristote*, *op. cit.*, p. 30 n. 2.

7. Le mot est du P. Le Blond, *ibid.*, p. 147.

Aporétique, on vient de le voir, voulait dire pour le P. Le Blond embarrassé. La pensée d'Aristote était selon lui révélatrice de difficultés non surmontées, et si elle résultait en apories, c'était contre l'intention, voire l'ambition, systématique de son auteur. C'est malgré lui, peut-être même sans en être pleinement conscient, qu'Aristote demeurait partagé entre exigence épistémologique et réalisme méthodologique. Plus novatrice par sa méthodologie que par sa réflexion épistémologique (si, comme j'ai essayé de le montrer plus haut, cette dernière continue de s'inspirer de Platon), l'œuvre scientifique d'Aristote est marquée de ce fait par une sorte d'inachèvement.

Dans cet inachèvement, qui pouvait tout d'abord paraître un échec ou une limite de l'aristotélisme, la réévaluation de la dialectique à laquelle l'ouvrage du P. Le Blond ouvrait la voie allait montrer au contraire une position délibérément assumée par Aristote – un Aristote pour qui l'aporie était moins un embarras et un échec qu'une méthode. Cette découverte d'un Aristote non plus malgré lui mais délibérément et méthodiquement aporétique, on la doit tout d'abord à Éric Weil, dans l'article déjà cité, puis surtout à Pierre Aubenque. Le P. Le Blond, à vrai dire, reprenant à son compte les analyses anciennes de Charles Thurot[1], avait déjà trouvé l'un de ses principaux arguments dans la place occupée réellement par la dialectique dans les argumentations d'Aristote ; mais c'était en opposant la pratique du Stagirite à sa théorie ou, pour reprendre les termes que j'ai employés plus haut, la réalité de sa méthode à son épistémologie. L'apport d'Éric Weil fut de montrer que si les procédés dialectiques tiennent une telle place dans le discours aristotélicien, ce n'est pas faute de mieux, mais parce que certaines recherches exigent, plutôt que le raisonnement démonstratif, de tels procédés. Si Aristote leur accorde une telle place tout au long de son œuvre, et si en particulier c'est à eux qu'il recourt, en métaphysique, pour l'établissement des principes, c'est parce que ce sont eux qui sont appropriés à de telles recherches. La conclusion à laquelle tendaient ces analyses n'est donc rien d'autre que la nature dialectique de la philosophie première, et c'était bien ce qu'annonçait le programme tracé par E. Weil au terme de son article :

> Il y aurait intérêt à ré-étudier, d'un côté, les procédés de l'aporématique, si caractéristique des grands traités aristotéliciens, de l'autre (ce qui serait à la fois plus important et plus difficile), les rapports entre topique et ontologie[2].

1. Ch. Thurot, *Études sur Aristote. Politique, dialectique, rhétorique*, Paris, Durand, 1869.

2. E. Weil, art. cit., *Essais et conférences* I, p. 79-80.

La thèse de Pierre Aubenque[1] peut être considérée comme la réalisation de ce programme ; elle apparaît en tout cas comme le point d'orgue de cette revalorisation de la dialectique qui a été l'apport français de ce siècle aux études aristotéliciennes.

En retrait, pour ne pas dire en réaction, par rapport aux travaux de W. Jaeger et de ses émules, l'interprétation proposée par P. Aubenque de la métaphysique aristotélicienne est une interprétation organique : il existe une cohérence interne du *corpus* qui réduit considérablement, comme chez E. Weil, la portée des recherches sur la chronologie des écrits d'Aristote. Mais cette organicité n'est pas celle qu'affirmait la tradition néo-scolastique ; moins qu'un véritable système, la pensée d'Aristote, comme l'indiquait le sous-titre de l'ouvrage, est une « problématique », une pensée attachée à un type de problèmes plus qu'à des réponses dogmatiques ; une pensée « ouverte », à la fois du côté de l'empirie (d'où l'« empirisme » souvent relevé des traités de philosophie naturelle), et *du côté des principes*. Faire de la philosophie première, c'est-à-dire de la doctrine des principes, une « science recherchée », voire « introuvable »[2], c'est en faire une recherche à jamais inachevée, et probablement même inachevée par principe : une exigence qui travaille et dé-dogmatise sans cesse toute « science » au sens strict, c'est-à-dire étroit, du terme.

Pareille interprétation écarte évidemment toute « intuition » des principes. Sommes-nous par là sortis du platonisme dont l'interprétation « intuitive » du *nous* aristotélicien semblait n'être qu'une nouvelle mouture ? Rien n'est moins sûr. Dans ce triomphe de la dialectique sur les sciences, en effet, il est aisé de reconnaître une fois de plus l'articulation entre les deux dernières sections de la ligne du livre VI de la *République*. La méthode diaporématique, objectera-t-on, ne ressemble guère à la dialectique ascendante évoquée par Socrate dans son commentaire de cette figure : peut-être, mais elle ressemble fort à celle que pratique Socrate quand, au lieu d'en esquisser simplement le programme, il débat réellement avec un interlocuteur. À tel point qu'on peut se demander si, dans le cas où l'exécution du programme des livres VI et VII de la *République* serait confiée à celui qui l'expose, c'est-à-dire à Socrate – à ce Socrate qui, jusque dans le *Théétète*, au-delà donc de la *République*, continue de faire profession de non-savoir –, la suprématie de la dialectique sur les savoirs se traduirait par autre chose que le développement d'apories (comme le fait

1. P. Aubenque, *Le Problème de l'être chez Aristote. Essai sur la problématique aristotélicienne*, Paris, P.U.F., 1962. Voir d'ailleurs l'article qu'a consacré P. Aubenque à l'Aristote d'E. Weil : « Dialectique et métaphysique aristotéliciennes selon Éric Weil », *Cahiers Éric Weil*, n° 2, *Éric Weil et la pensée antique*, 1989, p. 195-213.

2. Ce sont les titres donnés aux deux premières parties de l'ouvrage.

pressentir la lecture précisément du *Théétète*, dialogue sur la science). Terence Irwin ne s'y est pas trompé : si l'on suit P. Aubenque, écrit-il, on arrive à la conclusion que

> la recherche d'Aristote dans la *Métaphysique* est dialectique au sens socratique du terme, dans la mesure où elle enveloppe un dialogue « sans conclusion »[1].

À la seule condition, donc, de donner au philosophe dialecticien de la *République* la figure de Socrate, l'Aristote consciemment et délibérément aporétique de P. Aubenque en est l'héritier direct.

La seule critique d'envergure qui se soit élevée à ce jour contre l'interprétation de P. Aubenque, c'est précisément celle de T. Irwin[2]. Ce n'est pas son platonisme qu'il lui reproche, mais, comme le laisse entendre la citation ci-dessus, son socratisme. Une « dialectique au sens socratique du terme », autrement dit une dialectique aporétique ou une aporématique, si elle est bien propre à ébranler l'assurance des savoirs, réels ou supposés, n'est en revanche pas en mesure de répondre au besoin de fonder sur des principes une vision scientifique du monde, ce qui est au contraire le projet d'Aristote : voilà, en résumé, l'objection de T. Irwin à P. Aubenque.

Où l'on voit cependant que l'interprétation de P. Aubenque a aujourd'hui valeur de paradigme, au sens de Thomas Kühn[3], c'est quand, tout en en rejetant catégoriquement la dimension aporétique, T. Irwin ne remet nullement en cause le caractère dialectique de la recherche aristotélicienne des principes, non plus d'ailleurs que l'articulation méthodologique, et non chronologique comme dans l'optique jaegerienne, de l'analytique et de la dialectique. Analytique et dialectique, aux yeux d'Irwin, coexistent chez Aristote, non pas parce que la seconde serait le palliatif aux insuffisances de la première, mais parce que ce sont deux modes différents d'établissement de la vérité, dont la distinction et en même temps la juxtaposition se justifient du fait qu'elles ont affaire à deux types différents de vérité : une vérité d'adéquation, qui est la vérité empirique, propre aux sciences empiriques et donc à l'investigation de la nature, et qui repose sur la confiance faite aux sens; une vérité de cohérence : celle précisément qu'atteint la dialectique. C'est ici, tout au plus, qu'Irwin réintroduit une

1. T. Irwin, « Le caractère aporétique de la *Métaphysique* d'Aristote », *Revue de métaphysique et de morale*, 2/1990, 221-248, p. 224. Dans ce passage de son article, T. Irwin vise plus précisément l'article de P. Aubenque « Aristoteles und das Problem der Metaphysik », *Zeitschrift für philosophische Forschung* 15, 1961, p. 321-333 ; mais la critique (puisque, pour T. Irwin, c'en est une) vaut pour la thèse de P. Aubenque en général.

2. T. Irwin, *Aristotle's First Principles*, Oxford, Clarendon Press, 1988.

3. *Cf.* T. Kühn, *The Structure of Scientific Revolutions*, Chicago, 1970², trad. fr. par L. Meyer, Paris, Flammarion, 1983.

certaine dose d'interprétation génétique à la Jaeger : si Aristote a évolué, ce n'est pas en s'éloignant de l'héritage platonicien de la dialectique pour lui substituer, comme le soutenait Jaeger, les disciplines empiriques ; c'est au contraire en transposant la dialectique du registre des *endoxa,* où il ne s'agit que d'éprouver la cohérence mutuelle de nos opinions, à l'enquête sur les principes – ces derniers n'étant évidemment pas des *endoxa* : ils sont certes ce qu'il y a de plus connu en soi, mais par le fait même ce qu'il y a de moins connu pour nous. Commençant donc nécessairement par nous échapper, ils ne peuvent être découverts par voie empirique, ni faire l'objet d'une saisie sur le mode de la perception. Pas de perception, mais pas non plus d'intuition intellectuelle des principes : Irwin reste d'accord avec P. Aubenque pour attribuer à la dialectique la recherche des principes ; mais à une dialectique qui a changé de nature depuis les *Topiques* : une dialectique qui ne consiste plus dans le déploiement d'apories, mais qui est capable de dégager des principes incontestables, d'arriver à des résultats positifs permettant de fonder notre conviction que les sciences ont un objet, qu'il existe un monde réel, substantiel, et que nous sommes fondés à vouloir en faire la science : une « dialectique forte » (*strong dialectic*).

Jamais, bien entendu, Aristote n'a parlé de dialectique forte. Il est vrai qu'au début des *Topiques* il déclare ce traité utile « à l'entraînement, aux discussions, aux sciences qui relèvent de la philosophie » [1] ; à quoi il ajoute même un peu plus loin une utilité supplémentaire (ἔτι δὲ) [2], « relative à ce qu'il y a de premier dans ce qui concerne chaque science (πρὸς τὰ πρῶτα τῶν περὶ ἑκάστην ἐπιστήμην) », mais rien n'indique dans ce passage qu'en s'appliquant à l'une de ces fins plutôt qu'à une autre la dialectique change de nature. Tout au contraire, la raison pour laquelle la dialectique étend jusque-là son utilité, explique Aristote, c'est que, ces « notions premières de chaque science » [3], « d'une part il est impossible d'en dire quelque chose à partir des principes qui relèvent en propre de la science considérée, puisque les principes sont antérieurs à tout, d'autre part [4] c'est au moyen des *endoxa* portant sur chacune de ces notions qu'on est contraint d'en traiter » [5]. Sans doute est-ce un paradoxe, mais Aristote le soutient en toutes lettres : c'est parce qu'elle a pour matière les *endoxa* et non pas des notions

1. Aristote, *Top.*, I, 2, 101 a 27-28.

2. Voir la note *ad loc.* (101 a 36) de J. Brunschwig, *Aristote. Topiques*, tome I, livres I-IV, Paris, C.U.F., 1967, p. 116 (n. 1 de la p. 4).

3. Trad. J. Brunschwig pour l'expression citée ci-dessus, reprise ici par un simple démonstratif : περὶ αὐτῶν.

4. Certains traducteurs (Le Blond, *op. cit.*, p. 43 ; Brunschwig) placent ici un « donc ». L'articulation de la phrase se réduit en réalité curieusement à μὲν… δέ, comme s'il s'agissait de deux arguments indépendants.

5. Aristote, *Top.*, I, 2, 101 a 37-b 2.

« scientifiques » que la dialectique permet de traiter des principes. En d'autres termes, dans ce que le philosophe ou l'épistémologue peut considérer comme son application la plus élevée, la dialectique ne se révèle pas d'une autre nature, et ne révèle pas d'autre ressource, que dans les applications mentionnées auparavant : aucune distinction, de la part d'Aristote, entre deux sortes de dialectique.

Cette unique déclaration explicite d'Aristote sur l'emploi de la dialectique à propos des principes figurant au début des *Topiques*, il reste bien entendu loisible de penser qu'elle ne reflète pas sa position définitive. On peut argumenter que la nécessité, affirmée dans d'autres passages du *corpus*, que les principes dont dépend la science soient « plus vrais » ou « plus connus » qu'elle ne l'est elle-même a pu, voire dû, conduire Aristote à la conception d'une dialectique indépendante des *endoxa.* Mais nulle part dans les écrits en notre possession n'est développé le concept d'une telle dialectique : Irwin tombe à cet égard sous le reproche qu'il adresse lui-même à P. Aubenque, de prétendre comprendre Aristote, sinon mieux que ce dernier ne s'est compris, en tout cas mieux qu'il ne s'est expliqué, et de superposer à ce qu'Aristote *dit* faire ce qu'il devrait ou aurait dû faire. Parfaitement conscient de prêter le flanc à cette objection, Irwin, curieusement, la détourne sur Aristote lui-même : dans ce qui apparaît, si l'on suit les analyses d'Irwin, comme un silence d'Aristote sur sa propre méthode, il faut voir, écrit Irwin dans le chapitre de conclusion de son ouvrage, la preuve qu'Aristote est un mauvais épistémologue :

> en fait, nous devons faire appel à la description platonicienne de la dialectique pour arriver à comprendre les propres arguments métaphysiques d'Aristote et sa conception de la méthode philosophique [1].

Où l'on s'aperçoit qu'une fois de plus c'est la ligne de la *République* qui sert de clé d'interprétation de la philosophie aristotélicienne. Car quelle « description platonicienne de la dialectique » nous permet de comprendre l'application aristotélicienne de la dialectique aux principes, sinon celle qui en est donnée à la fin du livre VI de la *République ?* À la condition cette fois, bien entendu, de ne pas entendre la dialectique décrite par Platon « au sens socratique du terme » [2] : la distinction entre deux dialectiques, l'une aporétique et l'autre génératrice de certitudes ou « forte », c'est chez Platon, en réalité, que la trouve Irwin, entre la dialectique pratiquée par Socrate dans les dialogues dits socratiques et celle dont le même Socrate, mais

1. T. Irwin, *Aristotle's First Principles, op. cit.*, p. 482.

2. Selon l'expression employée par T. Irwin lui-même à propos de P. Aubenque (*cf. supra* p. 83 et n. 1).

devenu entre temps le porte-parole de Platon, exalte dans la *République* la supériorité sur la science. Autant qu'entre deux interprétations d'Aristote, le débat qui oppose Irwin à Aubenque est, on le voit, un débat entre deux interprétations, ou deux aspects, de la dialectique platonicienne : l'un (Irwin) affirmant, l'autre (Aubenque) niant, que chez Platon déjà, ou de Socrate à Platon, il y ait eu une transformation de la dialectique.

IV. Principe, dialectique et sémantique

Ce n'est pas la réponse à cette question, cependant, qui peut trancher le débat sur celle de savoir s'il y a, de Platon à Aristote, reconduction de la dialectique dans ses compétences et fonctions, et si oui, au prix ou non d'une transformation. À cette question-là, posée comme on l'a vu par les termes mêmes dans lesquels est définie la science de l'être en tant qu'être dans les trois premiers chapitres du livre Γ, la réponse, ou du moins les éléments d'une réponse sont apportés par ce qui suit immédiatement au chapitre 4, c'est-à-dire par l'application de la procédure dialectique, sinon à la recherche, du moins à l'établissement du principe le plus ferme de cette science, le principe de non-contradiction. Passage particulièrement topique pour notre propos, puisque c'est la seule et unique fois dans le corpus où il est fait état de la valeur démonstrative de la procédure dialectique la mieux caractérisée : la réfutation.

À qui, en effet, nie le principe le plus ferme de tous, il n'est pas possible de le démontrer, puisqu'il n'existe en-deçà aucun autre principe d'où cette démonstration pourrait partir. Si le principe, du fait même qu'il est le plus ferme de tous, est indémontrable, il est cependant possible, écrit Aristote, de le « démontrer par réfutation (ἀποδεῖξαι ἐλεγκτικῶς) » (1006 a 11-12). Aristote se bornerait-il à écrire qu'à défaut d'une démonstration, la réfutation reste toujours possible, ce serait en tout cas une façon d'expliquer pourquoi les principes sont l'affaire de la dialectique, en même temps qu'un rappel de la première des deux raisons avancées par les *Topiques* pour expliquer pourquoi c'est à la dialectique de traiter des « notions premières de chaque science » : « il est impossible d'en dire quelque chose à partir des principes qui relèvent en propre de la science considérée, puisque les principes sont antérieurs à tout »[1]. Mais en se permettant l'oxymore « démontrer par réfutation », qui ne signifie rien d'autre que démontrer

1. Aristote, *Top.*, I, 2, 101 a 37-b 1.

dialectiquement[1], Aristote transgresse la frontière qu'il avait lui-même tracée entre démonstration et dialectique, et range le raisonnement dialectique parmi les procédures démonstratives.

Étant donné que cette frontière est aussi celle qui le sépare de Platon, on pourrait croire que le passage donne raison à Irwin : là où il s'agit de l'établissement des principes, Aristote redécouvre les vertus de la dialectique platonicienne. En réalité, c'est en donnant ici à la procédure dialectique un tour si exceptionnel qu'il n'est en vérité pas plus platonicien qu'aristotélicien, qu'Aristote découvre à cette réfutation-là, et à elle seule, semble-t-il, un caractère démonstratif.

Certes, à celui qui soutient qu'« il est possible que le même soit et ne soit pas » (1005 b 35-1006 a 1), on va montrer qu'il n'est pas possible de nier le principe de non-contradiction sans le poser ou le présupposer soi-même, c'est-à-dire sans se placer soi-même en contradiction avec sa propre thèse. Autrement dit, on lui appliquera le principe de l'ἔλεγχος tel qu'il est défini aussi bien dans les *Premiers Analytiques* (II 20, 66 b 11) que dans les *Réfutations sophistiques* (1, 165 a 2-3) : déduction de la contradictoire. Il n'y a donc là nulle entorse à la procédure dialectique telle que définie dans l'*Organon.* Mais, alors que le répondant a normalement pour obligation d'énoncer une « thèse », c'est-à-dire de s'engager au minimum sur une proposition, ici, écrit Aristote, étant donné qu'il refuse le principe de non-contradiction, on ne lui demandera pas de « dire que quelque chose ou bien est ou bien n'est pas ». Énorme concession, mais dont la contrepartie ne se fait pas attendre : dispensé, conformément à son « principe » ou plutôt à sa négation du principe, de choisir entre quelques contradictoires que ce soit, il faudra pourtant bien à l'adversaire, s'il veut tout simplement « dire quelque chose », accepter de « signifier quelque chose, et pour soi et pour un autre », faute de quoi « il n'y aurait pas de discours » et donc rien ni personne à réfuter, pas plus de négation que de négateur du principe de non-contradiction[2]. Or, signifier quelque chose, et pour soi-même et pour autrui, c'est, même sans décider si le signifié est ou n'est pas, convenir qu'un mot ne signifie pas n'importe quoi ; c'est accepter, non pas, certes, qu'il existe quelque chose correspondant au mot « homme », mais que « si "homme", c'est cela [par exemple, animal bipède[3]], à supposer que quelque chose soit homme, c'est cela [à savoir, être un animal bipède] qui constitue

1. Sur le fait que la méthode dialectique se ramène à la réfutation, voir M. Narcy, « Platon revu et corrigé », dans B. Cassin et M. Narcy, *La Décision du sens.* Le livre *Gamma* de la *Métaphysique* d'Aristote, introduction, texte, traduction et commentaire, Paris, Vrin, 1984, p. 96-97.

2. *Cf. Metaph.*, Γ 4, 1006 a 18-23.

3. Telle est la définition, évidemment fausse, qu'Aristote vient de proposer d'adopter par convention pour les besoins de cet exemple (1006 a 31-32).

pour un homme le fait d'être » (1006 a 32-34) : la détermination du sens de « homme » impose *a priori* une détermination corrélative de l'essence d'homme. Ou, pour le dire autrement, si l'on veut que les mots aient un sens, il faut admettre que les choses ont une essence.

Ce qui ne veut pas dire que, si les choses n'ont pas d'essence ou s'il n'y a pas les choses en question, les mots n'ont pas de sens, mais qu'on ne peut accorder tel sens au mot « homme », accepter telle définition de ce qu'est un homme (ou plus exactement de ce que ce serait s'il en existait un), pour ensuite appeler homme quelque chose qui ne répond pas à cette définition : la consistance sémantique, la détermination du sens, garantit, plutôt qu'elle n'implique ou présuppose, la consistance des choses et la nécessité qu'elles aient des essences aussi univoquement déterminées que les mots qui les désignent. Il faut distinguer, on le voit, la portée de la démonstration, qui est ontologique, et son ressort, sémantique : l'ontologie est au bout de la sémantique, au lieu que celle-ci trouve en celle-là son fondement. Voilà comment le principe de non-contradiction, bien loin de se borner au registre sémantique qui suffit cependant à l'établir, est le premier principe d'une doctrine de l'être en tant qu'être et de la substance.

Dialectique forte s'il en est, puisqu'elle consiste en l'application d'une formule totalement contraignante dans son minimalisme : accorder le sens d'un mot, ou même en général qu'un mot ait un sens, c'est accorder précisément, au moins dans son *principe*, l'essentialité des choses. Mais, bien loin d'offrir les traits d'une dialectique platonicienne restaurée, c'est une dialectique qui n'a en vérité plus grand-chose de dialectique. Certes, la situation initiale, qui impose au contradicteur la charge de la preuve, s'apparente au point de départ d'un entretien socratique. Mais c'est pour abandonner immédiatement la forme question-réponse (alors que la *République* aussi bien que les *Topiques* en font la définition même de la dialectique), puisqu'en dispensant l'adversaire de choisir entre affirmation et négation on ne lui demande même pas de *répondre* ; pour abandonner du même coup – et ceci explique cela – la question socratique τί ἐστι, « qu'est-ce (que *x*) ? », au profit de la question τί σημαίνει, « que signifie (le mot *x*) ? ». Ces deux abandons ont bien entendu partie liée : l'antécédence de la définition de mot sur la définition de chose permet de faire l'économie, pour ainsi dire, d'une réfutation selon les règles, ou plus exactement de l'anticiper. D'où l'on peut conclure que l'innovation essentielle d'Aristote ne consiste pas ici dans l'invention d'une dialectique forte, mais dans la substitution, à la (contrainte) dialectique, de l'analyse (et de la contrainte) sémantique : dans un changement de terrain qui lui permet, non pas de transgresser la frontière établie par lui-même entre dialectique et science, mais de se placer en-deçà de ce partage, là où se déterminent les conditions, non de la seule démonstration, mais de tout énoncé, scientifique ou non. Et c'est pourquoi, à la fin du chapitre 3 du livre Γ, Aristote peut désigner le principe auquel remontent « tous ceux qui démontrent » par l'expression « cette ultime *opinion* (ταύτην... ἐσχατὴν δόξαν) »[1] : la valeur axiomatique du principe de non-contradiction se mesure à ce qu'il s'impose, non seulement à toute démonstration, mais à l'expression de n'importe quelle opinion pourvu qu'elle en soit une. Principe de tout discours, scientifique ou non, vrai ou faux, mais sensé; principe logique ou ontologique, mais d'abord principe sémantique.

1. *Metaph.*, Γ 3, 1005 b 32-33.

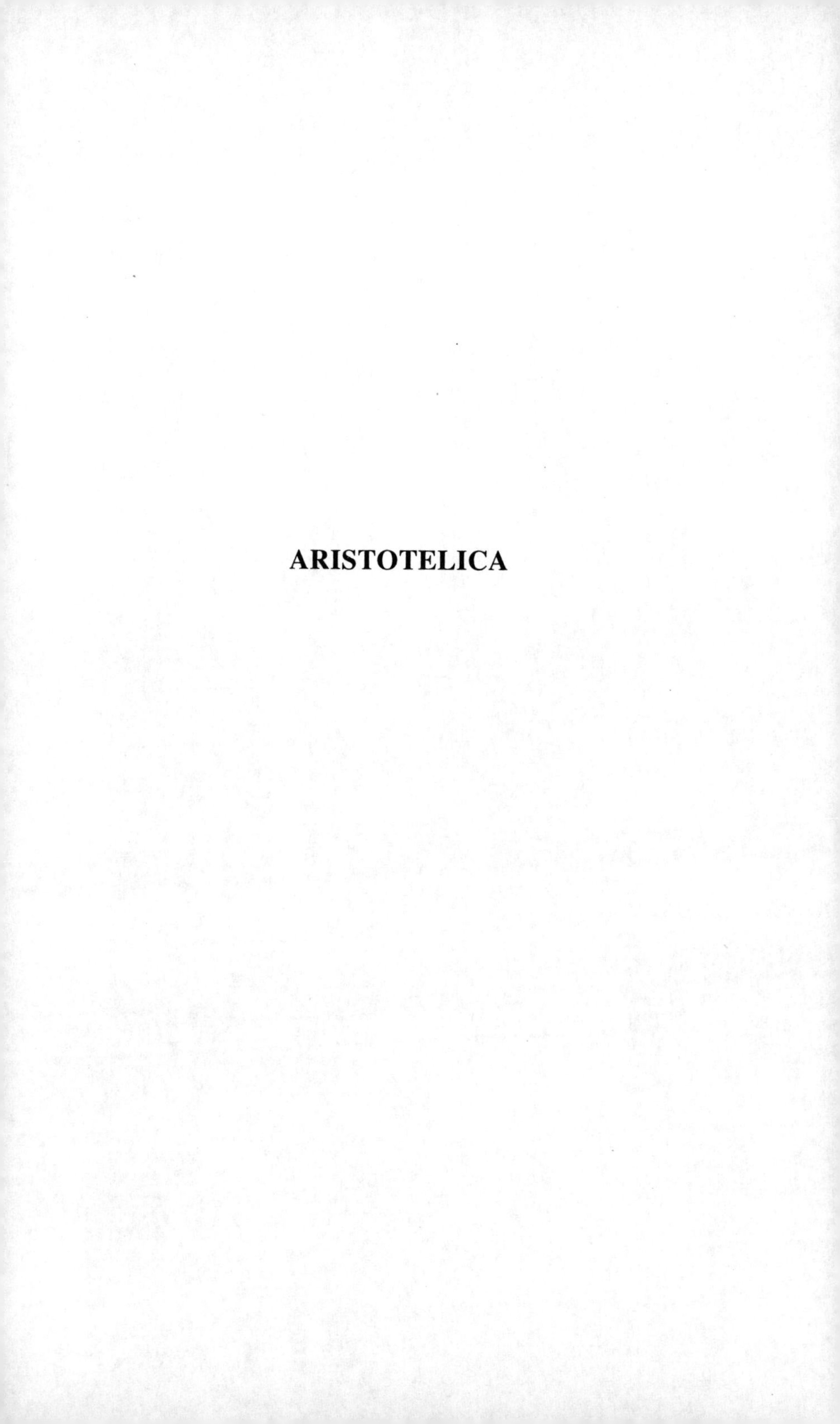

ARISTOTELICA

SUR L'AMBIVALENCE DU CONCEPT ARISTOTÉLICIEN DE SUBSTANCE

Pierre AUBENQUE

La première des catégories de l'être selon Aristote est, pense-t-on généralement, ce qu'Aristote nomme *ousia*. En réalité, elle porte plusieurs noms chez Aristote et au moins deux dans les traduction consacrées par la tradition latine et transmises à l'Occident chrétien : *essentia* et *substantia* [1]. Dans une énumération au moins, Aristote propose lui-même, à la place du terme *ousia*, une double dénomination, preuve qu'il ne s'agit pas d'un flottement dans l'expression mais d'une dualité reconnue et acceptée. Il s'agit de la liste de *Métaph.*, Z, 1, 1028 a ll, où la première catégorie, qui est opposée à toutes les autres en bloc (τὸ μὲν..., τὸ δὲ...) est elle-même désignée par deux expressions : τὸ τί ἐστι καὶ τόδε τι, ce que nous pouvons traduire par : le « ce que c'est » et le « ceci déterminé », et entendre provisoirement comme : ce que je dis d'essentiel du sujet dont je parle et le sujet déterminé dont je parle. Ces dénominations se retrouvent, mais séparées, dans les différentes listes des catégories : le plus souvent *ousia*, comme dans le texte du traité des *Catégories*. 4, 1 b 26, mais aussi dans la *Métaph.* Z, immédiatement après le texte cité ci-dessus (1028 a 15); ou encore *ti esti* dans le texte qui contient la liste la plus longue des catégories au nombre de dix (*Topiques*, I, 9, 103 b 22); mais aussi simplement le pronom *ti*, qui, sans autre détermination, concentre l'ambiguïté du *ti esti* et du *tode ti* (*Métaph.*, E, 2, 1026 b 36). L'utilisation de telle ou telle denomination dans les différents catalogues paraît fortuite, le dénoté étant partout le même, à savoir l'*ousia*. Plutôt que de comparer entre elles les

1. *Cf.* J.-F. Courtine, « Note complémentaire pour l'histoire du vocabulaire de l'être (Les traductions latines d'*ousia*) », dans P. Aubenque (éd.), *Concepts et catégories dans la pensée antique*, Paris, 1980, p. 33-87.

listes des catégories nous voudrions, pour essayer de mettre de l'ordre dans cette polyonymie, nous attacher à analyser : 1) l'usage de chacune des formules *ti esti* et *tode ti* employée isolément dans tel ou tel contexte susceptible d'en préciser le sens ; 2) les quelques textes où les deux dénominations apparaissent simultanément et où une explication de leur dualité doit bien être donnée.

I

1. *To ti esti* est la substantivation de la question *ti esti*. La substantivation exprime formellement le type de réponse que l'on attend quand on pose cette question. La réponse correcte à la question *ti esti* est celle qui indique l'essence de la chose : c'est-à-dire ce qui fait que cette chose est cette chose et la distingue des autres, mais d'autre part fait abstraction des propriétés qui appartiennent bien à la chose, mais lui sont accidentelles et ne la constituent pas comme telle. Donc tout ce qu'est la chose, mais seulement ce qu'elle est d'essentiel (le reste, qui est accidentel, étant en quelque sorte non pertinent par rapport a la question posée). La formule qui énonce les propriétés essentielles, et elles seules, est la définition. L'*ousia* est en ce sens ce que Frede et Patzig[1] appellent un « *zweistelliges Prädikat* », un prédicat dyadique, c'est-à-dire un prédicat qui se réfère nécessairement à un autre terme, normalement exprimé en grec par un génitif. Exemples : « homme » est l'essence *de* Socrate ; ou « animal raisonnable » est l'essence *de* l'homme. C'est l'usage que nous trouvons en Z 3, 1028 b 35 (« Le genre paraît être l'*ousia* de chaque chose ») et en Δ 8, 1017 b 22 (« ce qu'exprime la définition, c'est ce qui est dit l'essence de chaque chose »).

Dans cette première acception de l'*ousia*, le sujet de la prédication est quelconque : ce peut être un sujet qui ne peut être que sujet, donc un sujet qu'on pourrait dire ontologique ; mais ce peut être aussi un prédicat que je prends réflexivement comme sujet logique de mon assertion quand j'essaie de le définir, par exemple, quand je demande « ce qu'est la quantité ou la qualité » (Z 1, 1028 b 2). Dans les *Topiques*, I, 9, Aristote étend à la catégorie de l'essence entendue comme *ti esti* toute prédication analytique (*peri hautou*), à la différence d'une prédication synthétique (*peri heterou*) qui détermine le sujet d'une façon accidentelle du point de vue d'une autre catégorie. Mais la prédication analytique peut intervenir aussi à propos de

1. M. Frede-G. Patzig, *Aristoteles' Metaphysik Z*. Text, Uebersetzung und Kommentar, 2 vol., Munich, 1988, t. II *passim*.

toute détermination catégorielle non essentielle quand elle est prise comme sujet logique, ainsi quand je dis : le blanc est une qualité. S'il en était toujours ainsi, la première catégorie serait une sorte d'intention seconde réfléchissant n'importe quelle détermination et elle n'aurait pas de contenu spécifique.

Mais le livre Z ne se contente pas de cette conception formelle de la catégorie *ti esti*. En Z 4, le point de vue sémantique s'impose contre une considération purement formelle. Certes, la question *ti esti* ne vaut pas seulement pour « l'*ousia* et le ceci déterminé » (τὴν οὐσίαν καὶ τὸ τόδε τι) ; elle vaut aussi pour tout prédicament pris logiquement comme sujet, mais ce n'est pas dans le même sens de *esti* : « le *esti* appartient à tous [les sujets], mais ce n'est pas de la même façon (τὸ ἔστιν ὑπάρχει πᾶσιν, ἀλλ' οὐχ ὁμοίως) » (1030 a 21) : la question *ti esti* et la réponse correspondante s'appliquent premièrement (πρώτως) à l'*ousia* et seulement de façon dérivée (ἑπομένως) et en quelque façon (πώς) aux autres déterminations ; à proprement parler (ἁπλῶς), on ne peut dire le *ti esti* que de l'*ousia*. Ou, pour le dire dans ce qui sera le vocabulaire de la tradition : seules les substances ont à proprement parler une essence.

Cette analyse montre que les concepts d'*ousia* et de *ti esti* ne peuvent coïncider immédiatement, et cela pour deux raisons : 1) le *ti esti* est un prédicat dyadique ou de second degré (l'essence *de* quelque chose ou ce que ce quelque chose est), alors que l'*ousia* est le quelque chose à propos de quoi la question *ti esti* est posée ;

2) le domaine du *ti esti* est plus large que celui de l'*ousia*.

Si Aristote avait identifié *ti esti* et *ousia*, comme il le fait encore dans les *Topiques*, ouvrage probablement antérieur, cette identification aurait abouti à cette double inconséquence qu'il y aurait un *ti esti*, donc une *ousia* de *l'ousia* (ou un *ti esti* du *ti esti*), mais aussi qu'il y aurait un *ti esti* de ce qui n'est pas *ousia*, donc une *ousia* de la non-*ousia*.

Pour éviter aussi bien cette contradiction que cette reduplication inutile, il convient de distinguer entre l'*ousia* de premier degré, celle dont je demande ce qu'elle est, et une *ousia* de second degré, ce que la première est, et pour laquelle seule vaut la désignation *ti esti*. D'un autre côté, l'analyse de Z 4 montre que les deux significations coïncident tendanciellement, car au sens propre seules les *ousiai* de premier degré ont une *ousia* de second degré : les *ousiai* de premier degré sont aussi *ousiai* de second degré, car l'*ousia* de l'*ousia* (second degré) est l'*ousia* elle-même (premier degré) : l'essence de l'homme est l'homme lui-même.

On voit ici les raisons qui plaident pour la distinction aussi bien que pour l'identification de deux sens d'*ousia*.

2. Lorsqu'Aristote veut exprimer cet aspect de l'*ousia* qui ne se laisse pas réduire au *ti esti*, il emploie l'expression *tode ti*, par exemple en Z 4, 1030 a 19. Mais que signifie *tode ti*? *Tode* est un pronom démonstratif, qui a une fonction déictique et qui permet de désigner « ceci que voilà », l'objet, *Gegen-stand*, qui me fait face et qui préexiste à toute assertion que je puis former à son sujet. *Tode* permet de désigner formellement le sujet = X de toute prédication quelconque (comme, par exemple, en Z 1, 1028 a 15).

Mais l'expression complète *tode ti* contient une détermination du *tode* comme *ti*, du ceci comme quelque chose. Guillaume de Moerbeke traduit par *hoc aliquid*, qu'il ne faut pas entendre comme « ce quelque chose », ce qui présupposerait que je sais ce qu'est un quelque chose en général avant de l'identifier comme celui-ci, mais bien « ceci, qui est un quelque chose ». Autrement dit, ce n'est pas *hoc* qui détermine *aliquid*, mais *aliquid* qui détermine *hoc*. Le *ti* détermine, donc restreint, l'extension de *tode*. *Tode ti* n'est pas n'importe quoi, mais un quelque chose déterminé.

Thomas d'Aquin a eu raison de préciser en ce sens la notion du quelque chose : *aliquid* est une contraction pour *aliud quid*[1] et signifie un autre que les autres, une chose qui se distingue des autres en ce qu'elle est déterminée et ne peut donc être confondue avec une autre. *Tode ti* ou *hoc aliquid*, c'est, comme le dit une fois Aristote (Z 1, 1028 a 27), un sujet déterminé, ὑποκείμενον... ρισμένον, c'est-à-dire un sujet qui ne s'épuise pas dans sa fonction de substrat, mais dont on peut dire de façon déterminée ce qu'il est.

Mais alors il n'y a pas d'opposition entre *ti esti* et *tode ti*. Il s'agit de deux points de vue complémentaires, respectivement prédicatif et substratif, qui coincident sous la double condition que le *ti esti* soit un véritable *ti esti*, c'est-à-dire l'essence ou à tout le moins un prédicat essentiel, et que le *tode ti* soit un véritable sujet, c'est-à-dire un sujet déterminé, porteur d'une essence propre.

C'est bien dans le sens d'une redondance, d'un *hendiadyn*, que Frege et Patzig, dans leur commentaire récent du livre Z, interprètent l'expression *to ti esti kai tode ti* au début du livre Z (1028 a 11-12) : *kai tode ti* serait à entendre comme « une adjonction épexégétique à *ti esti* » (*ad loc.*). Nous dirions plus prudemment que c'est bien dans cette direction que va l'intention d'Aristote. Mais alors que Frede-Patzig appuient sur cette identification liminaire leur thèse que l'*ousia* est à la fois individu et forme et qu'il y a donc des formes individuelles, notre thèse est que l'intention identificatrice ne parvient pas à se réaliser dans les cas particuliers, si ce

1. *Aliquid quasi aliud quid* (*Quaestio de veritate, I*). *Cf.* Suarez, *Disput. Metaph.* III, 2, 5.

n'est grâce à l'adjonction de conditions supplémentaires qui ne sont pas toujours remplies.

II

Ceci nous amène à envisager l'autre série de textes, où Aristote, en dépit de l'intention identificatrice, établit une distinction forte entre les deux aspects de l'*ousia*. L'expression la plus spectaculaire de cette distinction-opposition se trouve dans le Traité des *Catégories*, où les caractères substratif et entitatif sont dissociés et attribués respectivement à une *ousia* première et à une *ousia* seconde, le substratif étant ici référé à l'individu et l'entitatif à l'universalité de l'espèce ou du genre. Il s'agit là très probablement d'un texte ancien, mais dont la doctrine ne sera jamais entièrement abandonnée par Aristote (ce qui rend superflue l'hypothèse, émise dès l'Antiquité, de l'inauthenticité de ce traité) : alors même que la distinction des deux « substances », première et seconde, est abandonnée dans le sens que lui donnent les *Catégories*, les arguments qui conduisent à cette division n'en demeurent pas moins présents dans des écrits ultérieurs et la tentative même qui sera faite de surmonter cette dualité présuppose les arguments qui devaient y conduire.

Le texte où ce debat est développé de la façon la plus exhaustive est, encore une fois, le livre Z de la *Métaphysique*. Ici, dès le chapitre 3, Aristote admet que le concept d'*ousia* se dit en des sens multiples (*pleonachos*), et plus précisément en quatre : le *ti en einai* (ce que c'était que d'être pour la chose ou, selon l'expression médiévale, la « quiddité »), l'universel, le genre et, en quatrième lieu, le substrat (*hypokeimenon*). Ce dernier sens paraît être le sens premier ou primordial (*proton*), car le substrat est ce dont le reste se dit et qui ne se dit pas lui-même d'autre chose : il est donc le sujet premier des propositions que l'on peut énoncer à son sujet. Mais l'accent mis sur la substratité ou subjectité, entendue comme première signification de l'*ousia*, pourrait avoir pour conséquence que la matière, qui correspond le mieux à cette définition et semble le mieux remplir les réquisits qui lui sont attachés, pourrait être déclarée *ousia* ou même serait l'*ousia* par excellence, prise dans son sens le plus authentique. De fait, la matière est bien le fondement dernier de toute prédication adjacente, elle est la base, le substrat, sans lequel aucune prédication ne serait envisageable et qui lui-même ne peut être prédiqué de quelque fondement qui lui serait antérieur. La matière est ce qui demeure, lorsque tous les prédicats possibles, aussi bien essentiels qu'accidentels, sont supprimés par la pensée, ce qui demeure comme condition *sine qua non* de toute prédication lorsqu'on fait abtraction de toute prédication particulière. La matière serait dès lors, en tant que substrat par excellence, la véritable substance (*ousia*). Mais Aristote, qui avait déjà déclaré « insuffisante » (*ouk ikanon*) (1029 a 9) la définition de la substance comme substrat[1], déclare tout simplement « impossible » (*adunaton*) la conséquence que l'on pourrait en tirer pour affirmer la substantialité de la matière (1029 a 27). Car à la matière manquent encore deux caractères pour pouvoir être dite *ousia*. Ces deux caractères sont la séparabilité (*to choriston*) et la déterminité (*to tode ti*) (1029 a 28). La séparabilité est le caractère de ce qui peut exister à l'état séparé, qui n'a donc besoin d'autre chose que de soi-même pour exister[2] : or tel n'est pas le cas de la matière, qui a besoin d'être informée si peu que ce soit par une forme pour exister. De même, la matière, étant indéterminée, n'est pas le « ceci déterminé » (*tode ti*) que doit être l'*ousia* pour mériter son nom.

On remarquera que, dans ce texte de Z 3, la matière, qui est un substrat (*hypokeimenon*), ne peut être dite substance (*ousia*) parce que lui manque la déterminité (*tode ti*). Le *tode ti* constitue donc un critère de substantialité autre que la substratité, avec laquelle nous aurions pu être tentés de le confondre aussi longtemps que le *tode ti* était distingué du *ti esti* et pouvait sembler lui être opposé. Pour autant, Aristote ne va pas jusqu'à dire que le substrat est un sens inauthentique de l'*ousia*; il en est bien et demeure le sens principal (*malista*, 1029 a 1). La solution de cette difficulté réside dans la reconnaissance d'un conditionnement réciproque de la substratité et de la définissabilité, qui reste exprimée par le *ti esti*. Il n'y a pas de définissabilité autre que celle d'un substrat dont nous demandons ce qu'il est et qui est le sujet de la définition que nous en donnons. Mais il n'ya pas de substrat en dehors d'un minimum de déterminité (*tode ti*), sans lequel le substrat ne pourrait subsister par lui-même et donc être en tant que tel le sujet unique d'une définition. C'est la notion de déterminité (*tode ti*) qui constitue le lien entre la substratité et l'essentialité, c'est-à-dire la réponse à la question *ti esti*. C'est seulement parce qu'il est déterminable comme essence que le substrat ou sujet (*hypokeimenon*) peut être dit *ousia*. C'est seulement parce qu'il *a* une essence ou, mieux, *est* lui-même une essence que le sujet est substance (*ousia*).

1. On remarquera que le livre Z donne successivement la même définition du substrat (3, 1028 b 36) et de l'*ousia* (1029 a 8), à savoir : « ce dont les autres se disent et qui ne se dit pas lui-même d'un autre substrat ». C'est aussi la définition de la substance première dans les *Catégories* (5, 2 a 11 et 2 b 14).

2. *Cf.* Z 1, 1028 a 34. En cette séparabilité réside ce qu'Aristote nomme la priorité chronologique de l'*ousia*.

Mais si la matière ne répond pas aux critères de la substantialité – substratité, déterminité, essentialité –, la forme (*eidos*) y répond-elle mieux ?

Certainement dans le sens de l'essentialité (*cf.* Z 10, 1035 b 32 : « J'appelle forme la quiddité »). Moins évidemment dans le sens de la substratité, car, du point de vue de logique, la forme est généralement en position de prédicat, non de sujet (la matière ou le composé de matière et de forme possèdent telle forme, sont tels ou tels)[1]. Mais on peut aussi douter que la forme satisfasse entièrement le critère de la déterminité, car elle est commune à une pluralité d'individus, est donc un universel qui comporte une certaine indétermination tant qu'il n'est pas individualisé. La forme peut-elle être finalement *ousia* dans le sens primordial d'*hypokeimenon*? Ou encore le *ti esti* est-il suffisamment déterminé pour exercer la fonction de sujet ?

A cette question Aristote ne répond de façon positive qu'au livre Z de la *Métaphysique*. Ailleurs, et non pas seulement dans le Traité des *Catégories*, il distingue les deux fonctions, substrative et entitative, pour les assigner à deux modes différents de l'*ousia*. Ainsi en *Métaph.*, Δ 8, 1017 b 23 : « Il y a deux façons de parler de l'*ousia* : d'une part comme le sujet dernier (*hypokeimenon eschaton*), qui n'est plus dit d'un autre ; d'autre part comme ce qui est un ceci déterminé et subsistant par soi-même (τόδε τι ὂν καὶ χωριστόν) ; or de telle sorte est la figure ou forme de chaque chose. » Il y a donc une substantialité du substrat et une substantialité de la forme, mais en deux sens différents de l'*ousia*.

Cette distinction est ignorée par Aristote au livre Z, qui n'exclut pas que la forme satisfasse au critère de substratité, et non pas seulement d'essentialité, pour être dite *ousia* : « Ce qui paraît être au plus haut point *ousia* est le substrat ; or tel est dit d'une certaine façon la matière, d'une autre façon la forme, d'une troisième le composé des deux » (1029 a 1-3). Contrairement à R. Bœhm[2], qui interprète le *toiouton* de la ligne 1029 a 2 comme renvoyant à *ousia* et non pas à *hypokeimenon*, je pense maintenant, conformément à l'interprétation médiévale et traditionnelle de ce passage, que c'est bien substrat et sujet (et non pas seulement *ousia*) que peut être dite la forme. S'il en était autrement, le livre Z reviendrait à la doctrine des *Catégories*, alors que cette doctrine est précisément remise en question dans le livre Z, puisque la forme, qui, dans les *Catégories*, était

1. *Cf.* les textes réunis par J. Brunschwig, « La forme, prédicat de la matière ? » dans P. Aubenque (éd.) *Études sur la Métaphysique d'Aristote*, Actes du VIe Symposium Aristotelicum, Paris, 1978, p. 131-166.

2. *Cf.* R. Boehm, *Das Grundlegende und das Wesentliche*, La Haye, 1965, p. 42-45 (trad. fr. de E. Martineau, *La Métaphysique d'Aristote*, Paris, 1976, p. 148-152).

entièrement du côté du prédicat universel, semble maintenent réaliser au mieux l'exigence du *tode ti*, c'est-à-dire du sujet déterminé concret (*cf.* 1029 a 7 et le texte cité plus haut de Δ 8). Aristote après avoir distingué la quiddité et le substrat, n'hésite plus à soutenir que la quiddité, qui, avons-nous vu, se réalise au mieux dans la forme, est aussi substrat, même si c'est dans un sens différent de celui selon lequel la matière est substrat. Mais, s'il en est ainsi, c'est parce que la quiddité est *tode ti*, chose déterminée susceptible de supporter des prédicats et non pas seuleument d'être soi-même predicat. La forme, en tant que déterminée (ce qui ne veut pas dire individuelle, car l'individualité exclut précisément la parfaite déterminabilité), est substantielle. Ici se trouve à n'en pas douter l'origine des « formes substantielles » de la tradition scolastique.

Le résumé que le début du livre H donne du livre Z confirme ces enseignements : « Le substrat est *ousia*, mais c'est d'une certaine façon comme la matière (j'appelle matière ce qui, n'étant pas un *tode ti* en acte, l'est du moins en puissance) et d'une autre façon comme la notion et la forme, qui, étant un *tode ti*, est séparable par la pensée ; et troisièmement le composé des deux…, lequel est séparé purement et simplement » (H 1, 1042 a 26-30). La pluralité des applications de la notion de subtrat pourrait suggérer une équivocité ; en fait, il n'en est rien, car la notion de déterminité (*tode ti*) assure la continuité de ces emplois : *tode ti* en puissance dans le cas de la matière, *tode ti* séparable par la pensée dans le cas de la forme, *tode ti* subsistant par soi dans le cas de la substance concrète et cette fois individuelle. Mais c'est la déterminité notionnelle et formelle, ce que la tradition nommera essence, qui occupe dans cette énumération la position centrale et par là fondatrice.

Mais la forme peut-elle dans tous les cas exercer cette fonction médiatrice de façon autonome ? Dans l'usage courant, on parle de la forme *d'*un composé ; ce qui subsiste alors et mérite pleinement le nom de substrat, de sujet de propriétés, c'est le composé, non la forme. La forme peut-elle subsister par elle-même ? Existe-t-il des formes qui coïncident sans reste avec l'étant dont elles sont la forme ou encore des étants qui sont leur propre forme ? Autrement dit encore : y a-t-il des substances qui non seulement ont une essence, mais sont leur essence ?

A l'élucidation de cette question est consacrée la partie centrale du livre Z (chap. 4-12). La difficulté vient du fait que les substances rencontrées dans l'experience, substances sensibles, sont composées de matière et de forme. De la matière surgissent des propriétes accidentelles adventices, comme pour l'homme, selon l'exemple longuement analysé par Aristote, d'être « blanc » (probablement ici au sens de « chenu »). Mais la quiddité de l'homme-blanc, qui dit ce que l'homme-blanc est « par soi », ne peut inclure la blancheur, qui est un accident. La quiddité de l'homme-blanc est l'humanité. « Blanc » est par rapport à l'homme une *prosthesis*, un ajout, une addition, mais aussi en même temps une soustraction dans la mesure où la profusion de l'accidentalité prive la quiddité de sa pureté : seule l'abstraction de l'accidentel permet de retrouver l'essence. Mais, s'il en est ainsi, on voit qu'il n'y a pas de coïncidence entre la substance concrète et sa quiddité ou forme : la première contient à la fois plus et moins que la seconde.

La coïncidence entre l'étant et sa quiddité n'advient que dans le cas d'essences qui ne sont pas autres que ce qu'elles sont et n'admettent pas de prédication « catallèle » (ἄλλο κατ' ἄλλου) (Z 4, 1030 a 11)[1], c'est-à-dire auxquelles ne s'attribue aucun accident. De telles substances qui ne sont rien d'autre que leur essence ou quiddité sont dites ici, en un usage différent de celui où l'expression était employée dans les *Catégories*, « substances premières », ainsi nommées parceque ces substances ne comportent pas la composition de la forme avec une matière (Z, 11, 1037 b 3-5) et, échappant par là à toute contamination d'accidentalité et de potentiabilité ne sont rien d'autre que ce qu'elles sont et sont tout ce qu'elles peuvent être[2]. Mais à cette caractérisation ne répondent que des essences simples comme les notions abstraites et les idéalités mathématiques (l'exemple donné par Aristote est celui de la concavité).

En conclusion, la forme est bien la réponse authentique à la question *ti esti* (ou à sa variante *ti en einai*). Mais pour être *ousia* la forme doit aussi satisfaire aux trois autres critères de la substantialité : substratité (*hypokeisthai*), déterminité (*tode ti*) et subsistance (*choriston*). La forme, à la condition de n'être pas entendue comme universel, satisfait au second critère. Mais elle ne satisfait aux deux autres critères de substratité et de subsistance que dans la mesure où elle coïncide avec ce dont elle est la forme, ce qui n'advient pas lorsqu'elle est la forme *de* quelque chose qui est par ailleurs subsistant, mais seulement dans les cas où l'etant *est* lui-même sa propre forme, dès lors subsistante et sujet possible de propriétés. Mais, si l'on met à part les Idées platoniciennes, universaux dont Aristote n'admet pas qu'elles existent par soi, le cas de la forme subsistante ne vaut que pour les essentialités simples et immatérielles comme les essentialités

1. J'emprunte l'expression « catallèle » à R. Boehm, *op.cit.*, p. 154 (trad. fr., p. 285).

2. *Cf.* aussi Z 7, 1032 b 2 ; 11, 1037 b 3 et E. Berti, « Il concetto di « sostanza prima » nel libro Z della *Metafisica* », *Rivista di Filosofia* LXXX, 1989, p. 3-23. En dépit de cette divergence souvent soulignée, l'expression *ousia prote* possède un sens formellement identique en *Métaphysique* Z et dans le traité des *Catégories* (5, 2 a 11 et *passim)* : il s'agit d'un substrat qui se suffit soi-même et n'a pas besoin d'autre chose pour subsister. Mais le référent est différent : dans les *Cat.* il s'agit de la substance concrète individuelle (5, 1 b 13-14) ; dans le livre Z, il s'agit de l'essence subsistante par soi.

mathématiques, dont l'existence concrète peut être mise en doute au regard des données de l'expérience, qui nous met toujours en présence de substances composées dont les entités mathématiques peuvent tout au plus être « abstraites ».

L'idéal aristotélicien de l'identification, sous la dénomination commune d'*ousia*, du *ti esti* et du *tode ti*, ne serait-il donc qu'une chimère ? Le chapitre 17, qui clôt le livre Z, mais en prenant un nouveau point de départ, propose une solution fondée sur une nouvelle caractérisation de l'*ousia*, cette fois comme « principe et cause » (1041 a 9). L'*ousia* n'est pas cause d'elle-même et ce serait une vaine question de demander « pourquoi une chose est ce qu'elle est » (1041 a 14). Qu'une essence soit ce qu'elle est, il y a là, par delà la tautologie, une insurmontable facticité. Mais, si l'on admet une dualité à l'intérieur de l'essence, cela peut avoir du sens de demander s'il n'y a pas un rapport de causalité entre tel aspect de l'essence et tel autre. Ainsi peut-on, dans le cas d'une substance composée demander pourquoi elle est déterminée de telle façon et en chercher la cause ou raison dans son *ti esti*. Par exemple, pourquoi cet amoncellement de matériaux disposés de telle manière est-il une maison ? Réponse : parce que cette réalité matérielle répond à la définition de la quiddité, c'est-à-dire de la forme (et Aristote ajoute ici : de la fin, *telos*) de la maison qui est d'être un abri contre les intempéries. On voit ici en termes logiques comment la définition formelle de la maison détermine sa définition matérielle, ou en termes ontologiques comment l'essence (*ti esti*), par la médiation de la déterminité (*tode ti*), donne à la chose sa substratité, en fait un *hypokeimenon* déterminé. C'est en ce sens, mais en ce sens seulement, qu'Aristote peut affirmer que « l'*ousia* est pour chaque chose la cause première de son être (οὐσία ἑκάστου... αἴτιον πρῶτον τοῦ εἶναι) » (1041 b 27-28).

L'être ainsi causé par l'essence n'est pas l'existence, terme que nous n'avons pas ici employé et qui n'émerge pas encore chez Aristote en tant que tel. Aristote veut dire simplement que l'*ousia* est la cause qui fait qu'une chose est telle qu'elle est, qu'elle est ainsi et non autrement.

Mais cette causalité de l'essence ne peut s'exercer concrètement, et être plus que la simple causalité « logique » de la quiddité, que lorsque l'on peut dissocier, dans l'être composé, la forme et la matière et montrer que la forme détermine la matière, considérée sinon en soi, du moins dans son être-tel. Ainsi l'essence formelle de la maison est la cause du choix de tels matériaux (résistants, imperméables, etc.) et de la disposition que nous leur donnons pour réaliser la fonction que nous en attendons. Mais ce rapport de causalité à la fois efficiente et finale ne peut être reconnu que pour ceux des êtres composés dont la composition répond à une finalité, technique dans l'exemple invoqué de la maison, ou biologique dans l'autre exemple qu'avance Aristote. Pourquoi ce corps-ci (Thomas d'Aquin traduira : *hoc materiatum*) est-il un homme ? Réponse : parce qu'il possède la forme de l'homme, forme qui détermine la nature des tissus et le mode de leur organisation qui font de ce corps un corps humain. Mais on voit les limites de cette solution par la causalité : 1) la causalité efficiente et formelle ne peut s'exercer que là où il y a composition ; elle ne peut s'exercer pour les êtres simples, pour lesquels ne peut être donnée d'autre explication que tautologique (l'être simple est tel parce que c'est sa quiddité d'être tel) ; l'être simple est sans pourquoi, il est parce qu'il est ; il échappe par là, dit Aristote, à toute recherche et tout enseignement ; Aristote veut dire par là : à toute science recherchant les causes à la façon de la physique, dont la biologie est une part.

2) Pour pouvoir être expliqué, le mode de composition doit avoir une signification essentielle, c'est-à-dire être déductible de l'essence ou forme. Cette déductibilité n'est donnée que dans les cas où la composition obéit à une intention ou à un *telos*, ce qui vaut pour les objets techniques, les êtres vivants et, par analogie avec les êtres vivants, les êtres naturels.

3) Même dans les cas invoqués, qui semblent n'exclure que les êtres composés de façon purement accidentelle, la détermination et par conséquent la déductibilité ne peuvent être que générales et ne parviennent pas jusqu'au singulier. S'il est vrai que « l'homme a des mains parce qu'il est intelligent » (et non, comme le soutenait Anaxagore, que l'homme est intelligent parce qu'il a des mains) [1], on comprend que la forme de l'homme puisse déterminer en général la nature de la matérialité (tels tissus, tels organes) qui contribue à constituer l'organisme de l'homme. Mais la forme ne peut aller jusqu'à déterminer les particularités individuelles, comme la couleur des yeux ou des cheveux [2], qui n'ont pas de signification téléologique et sont donc indéductibles parce qu'accidentelles. Or il y a de l'accidentalité en toute existence individuelle.

Si l'être-tel de la substance individuelle se laisse dans certains cas, et jusqu'à un certain point, déduire de l'essence ou forme, l'être lui-même est indéductible, il peut seulement être rencontré dans une expérience. Comme le fondement (Grund) de Schelling, il est lui-même sans fondement. L'essence est certes déterminité (*tode ti*), mais elle n'est pas autodétermination, autofondation. L'essence pour Aristote ne se fonde pas elle-même dans l'être, elle n'est pas *causa sui*.

Cette auto-limitation de la causalité de l'*ousia*, cause de déterminité, mais non pas d'être ou d'existence, sera progressivement méconnue par la tradition. Chez Thomas d'Aquin, le caractère « séparé » de la substance

1. *De part. animal.*, IV 9.
2. *De gen. anim.*, V 1, 778 b 30-32.

(elle existe sans ses attributs, alors que les attributs n'existent pas séparés d'elle) est interprété comme « subsistence ». Le *kath'auto* de la substance, par opposition au *kata symbebekos* des accidents, est correctement traduit par le latin *per se*, où la préposition *per* exprime un statut, celui de subsistence (la substance subsiste par soi et non en autre chose, *in alio*), et non une relation de causalité. Mais de même que l'expression française « par soi » est ambiguë, de même le *per se*, d'abord clairement distingué de *a se* (où ab introduit un complément d'agent), sera progressivement confondu avec cette dernière expression. A la subsistence sera substituée l'idée d'auto-causalité de la causa sui. Alors que cette confusion est encore clairement dénoncée par Suarez [1], Descartes franchira le pas. Certes, il paraît reprendre une définition d'inspiration aristotélicienne lorsqu'il énonce « ce que c'est que la substance » au § 51 du livre I des *Principes de la Philosophie* : « Lorsque nous concevons la substance, nous concevons seulement une chose qui existe en telle façon qu'elle n'a besoin que de soi-même pour exister ». Au sens strict, ce texte ne dit rien de plus que ce qu'Aristote désigne sous la dénomination de « séparé » ou de « par soi » : la substance est « séparée » (*choriston*) à la différence des « autres prédicaments » qui ne sont pas « sans elle » (Z, 1028 a 27-34); et la substance est « par soi » (*kath'auto*), en ce sens qu'« il n'y a pas autre chose qui soit sa cause » (Δ 18, 1022 a 32-33) [2]. Ce dernier texte, en particulier, affirme que la substance n'a pas besoin de cause; il ne dit pas que la substance est sa propre cause. C'est pourtant en ce dernier sens que l'entend Descartes, puisqu'il remarque aussitôt qu'il n'y a que Dieu qui réponde a cette définition : Dieu, en effet, n'a besoin de rien d'autre pour exister, alors que tous les étants autres que Dieu ont besoin du concours ordinaire de Dieu pour exister. Et dans un texte au moins Descartes interprète au sens de la *causa sui* le *per se* de la tradition aristotélicienne : « *Esse sui causam, hoc est, esse per se, nec aliam habere causam quam propriam suam essentiam, quae dicit posset causa formalis* » [3].

Aristote ne pouvait aller jusque là. Pour lui, le *ti esti*, l'essence, est la cause de la déterminité, *tode ti*, c'est-à-dire de l'être-ainsi de la chose, mais

1. *Disput. Metaph.* XXV, 1, 4.

2. Guillaume de Moerbeke traduit inexactement : « *Est secundum se (= per se) cujus non est alia causa* »; il aurait fallu traduire : « *cujus non est aliud causa* » (ce dont aucune autre chose n'est cause, et non : ce qui n'a pas d'autre cause). Cette traduction devenue classique ou Moyen Âge ne sera pas sans conséquence pour l'histoire ultérieure du concept.

3. *Lettre à X*, 1640 ou 1642 ? (*Op. cit.*, t. V, p. 546, 6-11, cité par J.-L. Marion, *La Théologie blanche de Descartes*, Paris, 1981, p. 115). Sur le passage de la substance aristotélicienne à la substance cartésienne, *cf.* P. Aubenque, « La transformation cartésienne du concept aristotélicien de substance », dans *Actes du II*[e] *Congrès international d'ontologie* (Barcelone, mars 1996), Saint Sébastien, 1998.

non de son existence. Le substrat (*hypokeimenon*) ainsi déterminé par l'essence est autosuffisant non au sens où il n'a besoin de rien d'autre que de son essence pour exister, mais au sens où il n'a pas besoin d'autre chose que de son essence (*ti esti*) pour être le ceci déterminé (*tode ti*) qu'il est en réalité. Mais par là aucune substance ne se trouve produite, il n'y a aucune autoproduction de la substance. La facticité de la substance peut bien, à chaque fois, être éclairée par l'essence, qui dit ce qu'elle est, mais elle ne se laisse pas déduire de celle-ci.

La substance en tant que « séparée » se suffit à elle-même, si elle existe, mais cette autosuffisance est un caractère reconnu après coup et qui n'a pas de signification causale. Seule cette auto-limitation de la théorie de la substance et de sa prétention à la légitimation de ce qui est permet de faire droit à ce qu'il y a d'imprévisible dnas la singularité des étants, à leur incomparabilité et, d'une façon générale, à la contingence du monde.

DIALECTIQUE ET PHILOSOPHIE CHEZ ARISTOTE, À NOUVEAU *

Jacques BRUNSCHWIG

Depuis trente-cinq ans qu'a été publiée la première édition du maître livre de Pierre Aubenque sur la métaphysique d'Aristote [1], les problèmes que ce livre a placés au cœur de son interrogation n'ont cessé d'animer les études aristotéliciennes [2]. Que l'on veuille bien considérer les quelques réflexions qui suivent comme un amical hommage rendu aux vertus de stimulation intellectuelle que ce livre continuera pour longtemps d'exercer.

Dans un passage célèbre de la *Métaphysique* (Γ 2, 1004 b 25-26), Aristote écrit : « La dialectique est capable de mettre à l'épreuve (πειραστική) sur les sujets à propos desquels la philosophie est capable de

* Le texte qu'on va lire est une version très largement remaniée de celui qui a été présenté à Rennes le 17 janvier 1997. Entre temps, j'ai eu l'occasion d'en proposer une version différente à l'occasion de la « Journée Aristote », organisée le 27 janvier 1998 à l'Université de Strasbourg par Anissa Castel-Bouchouchi et Paul Clavier. En ces deux occasions, j'ai bénéficié des remarques de mes auditeurs. Je remercie Nestor Cordero de m'avoir permis de ne pas reproduire mon texte initial dans le présent volume, et mes amis strasbourgeois de m'avoir autorisé à y publier mon texte final, encore une fois retouché.

1. P. Aubenque, *Le Problème de l'être chez Aristote*, Paris, P.U.F., 1962.

2. Un témoignage parmi cent autres, celui de T.H. Irwin, « Le caractère aporétique de la *Métaphysique* d'Aristote », *Revue de Métaphysique et de Morale* 95, 1990, p. 221-248, qui commence ainsi : « L'un des nombreux mérites du livre de Pierre Aubenque sur le problème de l'être chez Aristote est d'avoir mis l'accent sur les questions qui concernent les rapports entre la *méthode* d'Aristote et sa *doctrine*. Sur cette question, j'ai trouvé les vues d'Aubenque plus stimulantes que tout ce dont je puis avoir connaissance en langue anglaise ». T.H. Irwin, on le sait, est aussi l'auteur d'un livre particulièrement important sur cet ensemble de questions (*Aristotle's First Principles*, Oxford, Clarendon Press, 1988), dont il sera question plus loin.

parvenir à la connaissance (γνωριστική) ». Ce passage a été l'objet d'innombrables discussions. L'une des dernières en date est celle d'E. Berti[1], qui fait remarquer, dès le début, que ce texte « pose un problème surtout aux interprètes[2] qui soutiennent le caractère dialectique de la philosophie d'Aristote, en particulier de sa métaphysique ». En effet, le contexte précise que les sujets sur lesquels la dialectique est seulement πειραστική, alors que la philosophie est authentiquement γνωριστική, c'est « toutes choses », c'est-à-dire « l'être, qui est commun à toutes choses », et les « propriétés de l'être, en tant qu'être ».

Quand on dit que la métaphysique d'Aristote a un caractère dialectique, on veut généralement dire (bien que d'autres positions aient été également prises) qu'Aristote considère la dialectique comme la *méthode* qui lui permet, plus ou moins paradoxalement, d'élaborer une *doctrine* métaphysique, c'est-à-dire de parvenir à une connaissance objective de l'être. Le premier problème posé par le texte dont nous sommes partis, dès lors, est que ce texte n'établit pas, entre philosophie et dialectique, le rapport d'une doctrine à sa méthode, mais plutôt le rapport entre deux disciplines parallèles, dont l'une, la philosophie, possède le statut d'un véritable savoir, alors que l'autre, la dialectique, porte sur le même domaine, mais n'est capable que d'y « mettre à l'épreuve », à la manière socratique, des prétentions au savoir. Comme l'interrogation socratique encore, elle paraît être privée du pouvoir constructif nécessaire pour édifier un savoir ; de sorte que, s'il est vrai que la philosophie est un savoir, la dialectique est bien incapable de lui servir de méthode.

Indirectement, ce texte pose aussi un problème analogue aux interprètes, non moins nombreux, qui pensent qu'Aristote utilise la méthode dialectique non seulement en métaphysique, mais encore dans toutes les branches du savoir ; car il appelle aussi « philosophies » les savoirs qui, à la différence de la métaphysique, ne sont pas théorétiques (c'est le cas des sciences productrices, et celui des sciences pratiques comme l'éthique et la politique), ou bien qui le sont, mais sans être premières (c'est le cas des sciences mathématiques et des sciences physiques, notamment la psychologie). Par suite, il serait important de savoir, dans ces domaines aussi, si la méthode dialectique se borne à mettre à l'épreuve les prétentions au savoir, comme l'indique notre texte à propos de la métaphysique, ou si elle est capable, dans ces domaines non métaphysiques, de nous conduire à une connaissance objective de la réalité.

1. « Philosophie, dialectique et sophistique dans *Métaphysique Γ 2* », *Revue internationale de philosophie* 51, 1997, p. 379-396.

2. E. Berti cite à ce propos J.M. Le Blond et E. Weil en France, G.E.L. Owen en Angleterre, L. Lugarini en Italie, M.C. Nussbaum et T.H. Irwin en Amérique.

Après des années de discussions sur ces sujets, un certain nombre de chercheurs ont pensé qu'il pouvait être temps de se demander ce qu'on voulait dire exactement quand on disait que tel ou tel traité d'Aristote, ou tel ou tel passage dans un traité d'Aristote, utilisait la méthode dialectique. Pour être aussi précis que possible, il serait sans doute bon de réserver cette appellation de « méthode dialectique » à la méthode dont Aristote expose la théorie et la pratique technique dans son traité officiel et spécifique sur la question, à savoir les *Topiques* ; c'est cette méthode que j'appellerai dorénavant « méthode dialectique », ou, si le besoin s'en fait sentir, « méthode dialectique au sens strict ». Parmi les chercheurs qui ont récemment travaillé en ce sens, je voudrais citer en particulier R. Smith et H. Baltussen [1]. Dans le même esprit que ces commentateurs, je voudrais me poser aujourd'hui la question suivante : y a-t-il des critères permettant de reconnaître qu'un traité, ou qu'un passage d'Aristote, met en œuvre la méthode dialectique, et si oui, quels sont ces critères ? Cette question, que l'on pourrait appeler la question des « critères de dialecticité », me paraît plus complexe qu'elle n'en a l'air; et je ne ferai qu'explorer très incomplètement quelques pistes de recherche sur le sujet. Cette exploration nous permettra du moins de relire un certain nombre de textes pertinents (non pas tous, certes, ils sont trop nombreux) – quelques-uns de ces textes étant très connus, d'autres un peu moins. Les candidats au titre de « critères de dialecticité » que j'examinerai ici seront successivement : l'emploi de l'adverbe διαλεκτικῶς et des adverbes apparentés, la mention ou l'usage des « lieux », et l'emploi des ἔνδοξα. Je reprendrai ensuite l'examen des déclarations d'Aristote lui-même sur l'utilité de la dialectique pour la philosophie, de l'exemple particulier de la justification du principe de non-contradiction, et du problème de l'établissement des définitions dans les *Topiques*.

Une première réponse à notre question vient d'abord à l'esprit, elle est « naïve et sûre » comme certaines de celles de Socrate dans le *Phédon* : Aristote utilise la méthode dialectique quand et seulement quand il dit qu'il utilise la méthode dialectique, c'est-à-dire quand il dit explicitement

1. R. Smith, « Aristotle on the Uses of Dialectic », *Synthese* 96, 1993, p. 335-358 ; H. Baltussen, « A "dialectical" argument in *De Anima* A 4 – On Aristotle's use of *topoi* in systematic contexts », dans *Polyhistor – Studies in the History and Historiography of Ancient Philosophy presented to Jaap Mansfeld on his Sixtieth Birthday*, K.A. Algra, P.W. van der Horst and D.T. Runia éd., Leiden, Brill, 1996, p. 333-344. R. Smith a publié récemment une remarquable traduction commentée des livres I et VIII des *Topiques* (*Aristotle Topics – Books I and VIII*, Oxford, Clarendon Press, Coll. Clarendon Aristotle Series, 1997) qui, malgré sa date, est malheureusement parvenue trop tard entre mes mains pour que je puisse y faire plus que quelques références occasionnelles.

qu'il procède διαλεκτικῶς. Comme on le sait, il le dit assez souvent, mais seulement à propos de sections argumentatives limitées, qui ouvrent la discussion d'un problème donné, et qui sont généralement suivies par d'autres sections où cette discussion est reprise sur un autre mode (jamais un traité entier n'est caractérisé comme procédant « de manière dialectique »). Cette étape préliminaire, explicitement dialectique, n'est pas superflue, puisque Aristote l'a laissée subsister; mais elle n'a généralement pas le beau rôle sur le plan du statut épistémologique : par exemple, dans les *Topiques* eux-mêmes (I, 14, 105 b 30-31), Aristote dit que, de tous les sujets, qu'ils soient éthiques, physiques ou logiques, « il faut traiter selon la vérité au niveau philosophique, mais de façon dialectique (διαλεκτικῶς) au niveau de l'opinion ».

Le critère de dialecticité étroit que fournit l'emploi de l'adverbe διαλεκτικῶς, cependant, s'élargit rapidement, parce qu'Aristote couple souvent cet adverbe avec d'autres adverbes manifestement interchangeables avec lui, et qui ne sont pas plus laudatifs, par exemple κενῶς, « de façon vide » (*De anima,* I, 1, 403 a 2) ; κενῶς lui-même est souvent couplé avec λογικῶς, « de façon logique » ou « (purement) rationnelle » (*Eth. Eud.*, I, 8, 1217 b 21)[1]. Pour caractériser les sections qui se différencient de celles que ces trois adverbes qualifient, Aristote utilise également des expressions diverses : ἐκ τῶν κειμένων (« à partir des principes qui ont été posés », *An. Post.*, I, 32, 88 a 30), φυσικῶς (« selon la nature des choses », *Phys.*, III, 5, 204 b 10), οἰκείοις καὶ φυσικοῖς λόγοις (« par des raisonnements proprement physiques », *Gen. Corr.*, I, 2, 316 a 13). Le sens général de cette opposition est bien éclairé par une phrase de *Gen. Anim.*, II, 8, 747 b 28-30 : « J'appelle une telle démonstration (ἀπόδειξις) « logique », parce que dans la mesure où elle est plus universelle (μᾶλλον καθόλου), elle s'éloigne davantage des principes propres [à la chose en question] (πορρωτέρω τῶν οἰκείων ἀρχῶν) ». Suit une merveilleuse « démonstration » des raisons purement « logiques » pour lesquelles les mulets sont nécessairement stériles, démonstration que je n'ai pas le temps d'analyser, mais qu'Aristote fait suivre du commentaire suivant (748 a 7-16) :

1. Ces équivalences, qui sont traditionnellement acceptées, ont été tout récemment mises en question, de vigoureuse et intéressante façon, par G. Mosquera, « L'interprétation de l'argument ΛΟΓΙΚΟΣ chez Aristote », *Les Etudes Classiques* 66, 1998, p. 33-52, qui critique la synonymie prétendue entre λογικός et διαλεκτικός, ainsi que l'interprétation de λογικός dans le sens de « verbal ». A titre de première réaction, on peut sans doute observer qu'en comprenant un argument « logique » comme un « abus de langage » ou comme un « argument *de iure* spécieux », l'auteur se donne sans doute la partie trop belle. Il reste que les questions qu'il pose méritent d'être sérieusement étudiées. Je le remercie vivement de m'avoir communiqué son article, qui m'a été connu trop tard pour que je puisse en faire moins superficiellement état.

> Voilà donc ce raisonnement, qui est trop universel et vide. En effet, les raisonnements qui ne partent pas des principes propres [à l'objet étudié] sont vides : ils paraissent s'appliquer aux choses, mais ils ne le font pas. Les raisonnements géométriques partent des principes géométriques, et ainsi des autres ; en revanche le raisonnement vide paraît être quelque chose, mais il n'est rien. Celui que nous avons cité n'est d'ailleurs même pas vrai, parce que souvent des rejetons naissent de parents qui ne sont pas de la même espèce, comme on l'a dit plus haut. Il ne faut donc adopter cette manière de chercher ni dans la science de la nature ni ailleurs ; c'est en examinant les propriétés du genre des chevaux et de celui des ânes que l'on a le plus de chances de trouver la cause [de la stérilité des mulets].

On voit ici que les limitations de la méthode « logique » sont bien la conséquence d'un trait essentiel de la dialectique, qu'Aristote souligne souvent : elle est d'application totalement générale, elle ne porte sur aucun genre en particulier. Au point de vue épistémologique, ses résultats sont loin d'être nécessairement faux (d'où la légitimité des préliminaires dialectiques, dans beaucoup de cas), mais il n'est pas garanti qu'ils soient vrais.

Si l'on s'en tenait à ce passage particulièrement sévère (et qui provient d'un traité généralement considéré comme appartenant à la dernière étape de la production d'Aristote), la méthode « logique » ou « dialectique » aurait fort mauvaise presse aux yeux d'Aristote, et elle l'aurait toujours gardée : non seulement elle ne suffirait pas à nous faire accéder à la vérité, mais même elle pourrait, au moins dans certains cas, nous en éloigner. Il serait vain d'objecter que cette condamnation s'explique par le contexte empirique de la question de la stérilité des mulets ; car la *Métaphysique* n'est pas moins sévère, à l'occasion, envers la méthode « logique »[1]. Ici comme ailleurs, cette dernière ne paraît pas considérée comme capable de servir d'instrument à l'élaboration ou à l'acquisition d'un véritable savoir ; et si l'on prend comme critère de dialecticité l'usage de l'adverbe διαλεκτικῶς ou d'adverbes apparentés à ce dernier, la situation n'est guère prometteuse pour l'usage de la dialectique en « philosophie ».

Si notre recherche des critères de dialecticité doit se référer primordialement aux *Topiques*, on peut cependant songer à examiner une autre candidature : celle de la mention ou de l'usage des « lieux » (τόποι), c'est-à-dire des schémas d'argumentation dialectique, qui ont donné leur titre aux *Topiques*, et qui s'y trouvent énumérés par dizaines. Certes, dans ses œuvres autres que les *Topiques* et la *Rhétorique*, Aristote ne dit jamais, à ma connaissance, qu'il met en œuvre tel ou tel « lieu » figurant dans les *Topiques* – ce qui est du reste un peu inquiétant, malgré tout, pour les

1. *Cf.* par exemple Z 4, 1029 b 3-12, par contraste avec 1030 a 25-28 ; Λ 1, 1069 a 26-28.

tenants de la dialecticité de sa philosophie. Cependant, il est assez clair qu'il le fait souvent sans le dire, dans des arguments critiques ou même constructifs ; et dans bien des cas, on peut mettre en face de tels arguments une référence précise à un passage des *Topiques.* N'est-il donc pas tout aussi clair que, lorsque l'on peut s'assurer qu'Aristote met en œuvre un « lieu » décrit dans les *Topiques,* on peut être certain qu'il utilise à ce moment la méthode dialectique ?

En réalité, rien n'est moins sûr. Il existe en effet, au début du Livre VIII des *Topiques,* un passage assez négligé, qui dit clairement, si je ne me trompe, que l'usage des τόποι n'est nullement un trait distinctif et spécifique de la méthode dialectique. Voici en effet ce qu'on lit en VIII, 1, 155 b 3-16 :

> Après ce que nous avons dit, il faut parler de la mise en ordre (τάξις) [des questions] et de la manière dont il faut interroger. Celui qui veut conduire une interrogation doit premièrement trouver le lieu à partir duquel il lui faut argumenter ; deuxièmement, il doit formuler et mettre en ordre ses questions une par une pour lui-même (πρὸς ἑαυτόν) ; troisièmement et pour finir, il doit les présenter effectivement à l'autre (πρὸς ἕτερον). Jusqu'à la découverte du lieu, la recherche du philosophe et celle du dialecticien se ressemblent ; mais la mise en ordre et la présentation effectives des questions sont le propre du dialecticien ; car tout ce qui est de cet ordre s'adresse à l'autre (πρὸς ἕτερον) [1]. Au philosophe, à celui qui cherche par lui-même, peu importe si, alors que les prémisses de son syllogisme sont vraies et bien connues, le répondant ne les accorde pas, parce qu'elles sont proches de la conclusion initialement énoncée et parce qu'il prévoit ce qui lui arrivera [s'il les accorde] ; bien au contraire, le philosophe pourrait mettre tout son zèle à ce que ses prémisses (ἀξιώματα) soient aussi connues et aussi proches que possible [de la conclusion] ; car c'est à partir de prémisses de ce genre que se font les syllogismes scientifiques (ἐπιστημονικοί).

1. Cette expression est souvent interprétée comme si « tout ce qui est de cet ordre » signifiait « tout ce qui relève de la dialectique ». En réalité, Aristote veut dire : tout ce qui relève de la mise en ordre et de la présentation des questions : c'est seulement la troisième phase du programme ici tracé qui « s'adresse à l'autre ». On remarquera qu'Aristote ne détermine pas ici si la seconde phase, celle qui correspond au choix, à la formulation et à la mise en ordre des prémisses *in petto*, est ou non semblable chez le philosophe et chez le dialecticien. C'est peut-être parce que certains des critères qui gouvernent ces démarches sont communs à l'un et à l'autre (les prémisses doivent être telles que la conclusion en résulte de façon valide, elles doivent être claires, sans équivoque, etc.), alors que d'autres s'imposent seulement au dialecticien (elles doivent être aussi ἔνδοξα que possible, de sorte qu'il soit aussi difficile que possible au répondant, ou même à tel répondant particulier, de ne pas les accorder).

D'après ce passage, le fait qu'un argument ait recours aux τόποι n'est pas un critère de sa dialecticité : la recherche d'un τόπος qui puisse servir de matrice à une argumentation n'est ni l'apanage spécifique du philosophe ni celui du dialecticien. Ce qui appartient en propre au dialecticien, une fois qu'il a déterminé le τόπος utilisable à son dessein argumentatif, c'est une certaine manière de choisir, de formuler et de mettre en ordre ses questions, qui tient essentiellement compte du caractère dialogique de l'argumentation dialectique : le questionneur doit compter avec les réactions du répondant, avec sa méfiance, avec son souci de défendre sa propre thèse aussi bien que possible, avec les prévisions qu'il peut faire quant aux conséquences, inoffensives ou fâcheuses, auxquelles il sera exposé s'il accepte ou s'il refuse telle ou telle prémisse – même s'il est vrai que le questionneur voit dans l'individu qui lui répond le représentant d'une sorte de répondant normal (*Top.*, VI, 4, 142 a 9-11). Par définition, donc, on pourrait aller jusqu'à une conclusion très forte : aucun texte écrit, même s'il est écrit sous forme dialoguée, ne peut être un texte intégralement dialectique au sens strict; car même en admettant que le lecteur d'un texte écrit soit dans une situation vaguement analogue à celle du répondant dans un dialogue oral, les réactions du lecteur sont inconnues du scripteur, et elles le restent tout au long de sa lecture. Il n'est évidemment pas certain qu'elles seront les mêmes que celles du répondant de papier qui figure dans le dialogue écrit.

Il est vrai que le philosophe qui, en tant que tel, utilise un τόπος peut, comme le dialecticien, s'en servir pour engager un dialogue oral; seulement, ce dialogue sera, non pas du genre dialectique, mais du genre didactique (διδασκαλικός); ce sera un dialogue dans lequel le questionneur « fait ses déductions à partir des principes propres de chaque science, et non pas à partir des opinions du répondant : il faut en effet que l'apprenti fasse confiance [au maître] » (*Réf. soph.*, 2, 165 b 1-3). Dans un tel dialogue, l'apprenti doit toujours répondre sincèrement, et ne pas refuser, par ruse ou par méfiance, des prémisses qu'il croit lui-même vraies; car « aucun maître n'entreprend d'enseigner le faux » (*Top.*, VIII, 5, 159 a 29-30). Le philosophe peut aussi utiliser des lieux s'il se propose d'écrire un traité scientifique, dialogué ou non : dans ce traité, il prendra pour prémisses les réponses que, dans un dialogue didactique, son disciple docile aurait accordées à ses questions. L'écart entre le répondant d'un dialogue oral et le lecteur d'un texte écrit est donc bien moindre dans le cas du dialogue didactique que dans celui du dialogue dialectique. Il ressort en tout cas de tout cela que l'usage d'un « lieu » dans un texte d'Aristote n'est en aucune manière, pour ce texte, un critère de dialecticité suffisant. Tout dépend de l'usage qui est fait de ce « lieu » ; plus précisément, tout dépend de la nature des prémisses qui seront choisies, parmi toutes celles que le « lieu » permet de déterminer, de la formulation qui leur sera donnée, et de l'ordre dans lequel ces prémisses seront disposées.

Il existe un autre terme technique important, qu'Aristote n'emploie pas exclusivement dans les *Topiques*, mais qui joue un rôle central dans la définition qu'il y donne de leur objet propre, le « syllogisme dialectique » : c'est le terme d'ἔνδοξον. Au Livre I, 1, 100 a 29-30, il définit le « syllogisme dialectique », par contraste avec la démonstration, comme ἐξ ἐνδόξων συλλογιζόμενος, « celui qui procède syllogistiquement [*sc.* déductivement] à partir d'opinions qui font autorité »[1]. Si c'est là un trait essentiel du syllogisme dialectique, comme tout le monde en conviendra, on pourrait supposer que l'on a affaire à une application de la méthode dialectique chaque fois que l'on voit Aristote faire usage ou mention des ἔνδοξα ailleurs que dans les *Topiques*, ce qui lui arrive assez souvent. On tiendrait ainsi, peut-être, un critère sûr de dialecticité, d'autant mieux utilisable qu'il trouve à la fois son appui dans les *Topiques* et dans d'autres traités. Ici, cependant, nous devons distinguer au moins deux cas de figure possibles : parfois, en effet, on voit Aristote raisonner en utilisant comme points de départ quelque chose qu'il n'appelle pas explicitement des ἔνδοξα, mais où nous pouvons croire qu'il y a de bonnes raisons de reconnaître des ἔνδοξα ; parfois aussi, on voit Aristote raisonner, ou dire qu'il va raisonner, en utilisant quelque chose qu'il appelle explicitement des ἔνδοξα.

Premier cas de figure : Aristote ne parle pas d'ἔνδοξα, mais il nous paraît, pour une raison ou pour une autre, que c'est à eux qu'il pense. Telle serait par exemple la situation, selon T.H. Irwin[2], dans le texte célèbre du début de la *Physique* (I, 1, 184 a 16-21), où Aristote décrit la démarche de la recherche philosophique et scientifique :

> La marche naturelle, c'est d'aller des choses mieux connues et plus claires pour nous à celles qui sont plus claires et mieux connues par nature ; car ce ne sont pas les mêmes choses qui sont bien connues pour nous et qui le sont absolument parlant. C'est pour cela qu'il faut procéder ainsi : partir des choses moins claires par nature, mais plus claires pour nous, pour aller vers les choses plus claires et mieux connues par nature.

Laissant de côté les difficultés notoires de la suite de ce texte, j'examinerai la question suivante : s'il est facile d'admettre que les choses « mieux connues *par nature* », qui sont le point d'arrivée de la recherche, sont les principes premiers du domaine concerné, peut-on identifier les choses « mieux connues *pour nous* », points de départ de la recherche en

1. Je traduirais volontiers ainsi, aujourd'hui, les fameux ἔνδοξα.

2. *Op. cit.*, p. 3 *sq.*

tout domaine, et notamment dans celui de la « science de la nature », avec les ἔνδοξα, points de départ des syllogismes dialectiques ?

Il est évidemment assez tentant d'identifier ce qui est mieux connu pour nous avec « les croyances que nous acceptons initialement » ; puis celles-ci avec « les croyances communes » ; et enfin, ces dernières avec les ἔνδοξα. Cette série d'identifications aboutit chez Irwin (*op. cit.*, p. 3, p. 8) à la conclusion suivante (p. 37) : « Aristote dit que la dialectique est une méthode d'argumentation à partir des croyances communes (ἔνδοξα), et ce sont là les choses antérieures et mieux connues pour nous à partir desquelles commence l'enquête ».

Ces identifications successives prêtent cependant à discussion. Comme on le sait, Aristote identifie normalement « ce qui est plus clair et mieux connu pour nous » avec « ce qui est plus proche (ἐγγύτερον) de la sensation » (par exemple, le solide tombe au plus haut point sous la sensation, la surface plus que la ligne, et celle-ci plus que le point : *Top.*, VI, 4, 141 b 10-12), et « ce qui est le plus proche (ἐγγυτάτω) de la sensation » avec « les choses particulières » (*An. Post.*, I, 2, 72 a 5). Sans doute y a-t-il bien des cas où un énoncé est à la fois « mieux connu pour nous », parce qu'il exprime les données de la sensation, et ἔνδοξον, parce que tout le monde l'accepte. Mais cette coïncidence n'efface pas la différence formelle entre un énoncé que nous acceptons parce que nous constatons empiriquement qu'il est vrai, et un énoncé matériellement identique au précédent, mais que nous acceptons pour une autre raison, à savoir parce que nous entendons tout le monde dire qu'il est vrai.

De toute façon, les ἔνδοξα, en règle générale, ne sont nullement « plus proches de la sensation » ; la plupart d'entre eux sont des propositions universelles, et il arrive que leur contenu soit hautement théorique et abstrait. On peut même montrer, sur un exemple précis, qu'une proposition tenue par Irwin (*op. cit.*, p. 4), à très juste titre, pour « mieux connue par nature » (et donc moins bien connue pour nous) est susceptible d'être considérée comme un ἔνδοξον. La proposition « il existe quatre éléments physiques » est un principe premier, « mieux connu par nature », dans la mesure où les quatre éléments permettent d'expliquer l'existence et les propriétés des corps composés qui résultent de leur mélange, et qui appartiennent au monde de notre expérience. Or, justement, la proposition « il existe quatre éléments » est prise par Aristote comme un exemple de prémisse dialectique, c'est-à-dire d'ἔνδοξον (*Top.*, I, 14, 105 b 16-18).

L'on dira sans doute, et l'on aura raison, que l'existence des quatre éléments est un ἔνδοξον d'un type particulier, puisqu'il doit son statut à l'autorité d'Empédocle ; mais ce type particulier est parfaitement prévu par la définition complexe qui est officiellement donnée des ἔνδοξα dans le

Livre I des *Topiques* (I, 1, 100 b 21-23). Les ἔνδοξα sont, dit Aristote, « les opinions (δοκοῦντα) de tous, ou de presque tous, ou des experts (σοφοί), et parmi ceux-ci de tous, ou de presque tous, ou des plus connus et de ceux qui ont le plus d'autorité ». La structure de cette définition est assez évidemment celle d'une série, rangée selon un ordre d'autorité décroissante; les diverses opinions énumérées doivent donc être considérées, je crois, comme rivalisant entre elles, mais avec des moyens inégaux, pour décrocher le titre d'ἔνδοξον [1]. Supposons que, sur une question donnée, il existe une opinion acceptée par tout le monde; cette opinion est alors l'ἔνδοξον sur la question, et tout est dit. S'il n'existe pas d'opinion acceptée par tout le monde, mais s'il en existe une acceptée par *presque* tout le monde, c'est alors celle-là qui est l'ἔνδοξον sur la question; et ainsi de suite jusqu'au dernier type d'ἔνδοξον, l'opinion individuelle d'un expert réputé sur la question (par exemple celle d'Empédocle sur le nombre et la nature des éléments physiques).

Cette lecture concurrentielle de la définition des ἔνδοξα est confirmée, me semble-t-il, par un autre passage des *Topiques* (I, 10, 104 a 8-12) :

> une prémisse dialectique est, mise sous forme de question, une opinion faisant autorité, acceptée soit par tous, soit par presque tous, soit par les experts, et parmi ceux-ci, soit par tous, soit par presque tous, soit par les plus connus, *si elle n'est pas paradoxale* (μὴ παράδοξος) : car on sera prêt à accorder facilement l'opinion des experts, si elle n'est pas contraire à celle de la plupart des gens.

Une opinion d'expert n'est donc admise comme ἔνδοξον que si elle n'entre pas en conflit avec les opinions communes, c'est-à-dire s'il n'existe pas, sur la même question, une opinion ayant un degré d'autorité supérieur. Elle sera volontiers acceptée par le répondant moyen, profane, qui n'a aucune opinion particulière sur la question en un sens ou en l'autre, non parce qu'elle est « mieux connue pour nous », et donc pour lui, mais parce qu'il s'incline devant l'autorité d'un expert réputé en la matière.

Notons à ce propos une conséquence, à première vue surprenante, de la suggestion que je viens de faire : si elle est correcte, *il ne peut y avoir de conflit entre les ἔνδοξα*. En effet, si une opinion A est en conflit avec une opinion B dotée d'un moindre degré d'autorité, c'est l'opinion A qui est l'ἔνδοξον sur la question, et l'opinion B n'est pas un ἔνδοξον du tout; le conflit entre ces deux opinions n'est donc pas un conflit entre ἔνδοξα. A l'appui de cette thèse, qui n'est pas orthodoxe, je citerai simplement une

1. J'ai défendu cette interprétation dans mes « Remarques sur la communicaton de Robert Bolton », dans *Biologie, logique et métaphysique chez Aristote*, D. Devereux et P. Pellegrin éd., Paris, Éditions du C.N.R.S., p. 237-262, article auquel je me permets de renvoyer pour plus de détails.

phrase des *Topiques* (VIII, 5, 159 b 4-6) : « Si la thèse [du répondant] est ἄδοξον (« dépourvue de toute autorité »), la conclusion [que le questionneur vise à établir] est nécessairement ἔνδοξον, et vice-versa (ἐνδόξου δ' ἄδοξον) ; car la conclusion du questionneur est toujours la contradictoire de la thèse du répondant ». La contradictoire d'un ἔνδοξον, selon les *Topiques,* n'est donc pas un autre ἔνδοξον, mais un ἄδοξον [1].

Examinons en attendant le second cas de figure, celui où Aristote parle explicitement d'ἔνδοξα. Le texte le plus pertinent que l'on puisse citer à ce sujet est sans doute le fameux passage méthodologique de l'*Ethique à Nicomaque* (VII, 1, 1145 b 2-7). Ce texte précède la discussion du problème de l'ἀκρασία (« incontinence », « manque de maîtrise de soi » ou « faiblesse de la volonté »), et il expose la méthode qu'Aristote entend mettre en œuvre dans cette discussion :

> Comme dans les autres cas, écrit-il, il faut ici mettre en place les apparences (τιθέναι τὰ φαινόμενα) [2], et procéder d'abord à un examen systématique des apories (διαπορεῖν) ; nous devons ainsi prouver (δεικνύναι) au maximum tous les ἔνδοξα qui concernent ces affections de l'âme [*sc.* l'ἀκρασία, la mollesse, la maîtrise de soi, l'intempérance, etc.], et sinon, la plus grande et la plus importante partie d'entre eux ; car si les difficultés sont résolues et si les ἔνδοξα subsistent, on arriverait à une preuve suffisante.

1. On peut également être frappé, à ce propos, par la phrase suivante de la *Rhétorique* (II, 25, 1402 a 3-4) : « Les syllogismes se tirent des opinions qui font autorité (ἐκ τῶν ἐνδόξων), et beaucoup d'opinions (δοκοῦντα) sont opposées les unes aux autres ». A la différence de son traducteur dans la Collection Budé (qui écrit « les syllogismes se fondent sur des vérités d'opinion, et beaucoup de vérités d'opinion se contredisent »), Aristote paraît prendre soin de ne pas répéter le mot d'ἔνδοξα lorsqu'il évoque les conflits d'opinions. Cette nuance a été justement observée par E. Berti, « L'utilité de la dialectique pour les sciences », dans *Aristotelica Secunda – Mélanges offerts à Christian Rutten*, A. Motte et J. Denooz éd., Liège, C.I.P.L., 1996, p. 114 ; mais je comprends mal son commentaire (« le fait que plusieurs opinions soient réciproquement contraires ne signifie pas que plusieurs *endoxa* le soient aussi, mais que, lorsque l'on veut opposer une contredéduction à une thèse tirée de certains *endoxa*, on peut trouver, parmi les opinions qui comprennent ces *endoxa*, quelque autre opinion qui soit contraire aux *endoxa* d'où la thèse en question a été tirée et qui soit, à son tour, un *endoxon* »).

2. Cette expression sert de titre, comme on le sait, au célèbre article de G.E.L. Owen, « *Tithenai ta phainomena* », dans *Aristote et les problèmes de méthode*, S. Mansion éd., Louvain, Publications Universitaires de Louvain, 1961, p. 83-103, plusieurs fois réédité (notamment dans G.E.L. Owen, *Logic, Science and Dialectic – Collected papers in Greek philosophy*, London, Duckworth, 1986, p. 239-251), qui établit que par φαινόμενα, Aristote n'entend pas seulement les apparences observables, mais aussi « ce que l'on dit (τὰ λεγόμενα) » au sujet du problème à discuter (*Eth. Nic.*, VII, 1, 1145 b 20). Sur ce passage de l'*Ethique à Nicomaque*, voir aussi J. Barnes, « Aristotle and the method of ethics », *Revue internationale de philosophie* 34, 1980, p. 490-511.

La méthode ici décrite ressemble beaucoup à celle qu'utilise Aristote dans de nombreuses occasions, non pas seulement dans ses *Éthiques,* mais aussi ailleurs. En particulier, elle paraît fort bien illustrée par les nombreuses introductions où il expose en détail les vues de ses devanciers sur le problème qu'il s'apprête à traiter ou sur la notion qu'il s'apprête à définir, comme par exemple le mouvement, le lieu ou le temps dans la *Physique*[1], introductions couramment qualifiées de « dialectiques ». S'agit-il pour autant de la méthode dialectique, à parler strictement? Le mot n'est pas prononcé, et je crois que ce n'est pas un hasard. En effet, la méthode ici décrite présente une différence fondamentale avec la dialectique des *Topiques*[2]. Elle accepte d'envisager qu'une partie des ἔνδοξα soit sacrifiée, même si c'est la plus petite possible et celle qui regroupe les moins importants (c'est-à-dire, sans doute, ceux qui sont situés le plus bas dans l'échelle des degrés d'autorité). En revanche, les syllogismes dialectiques des *Topiques* procèdent ἐξ ἐνδόξων, c'est-à-dire qu'ils prennent appui sur les ἔνδοξα ; ils ne les discutent pas, et ils n'éprouvent pas le besoin de le faire. Cette différence provient sans doute de ce que, à la différence des *Topiques* (si je ne me trompe), le texte de l'*Ethique* admet implicitement qu'il puisse exister des conflits entre ἔνδοξα ; ce sont ces conflits qui engendrent les apories dont il parle explicitement ; et c'est la résolution de ces apories, au prix éventuel de l'abandon de certains ἔνδοξα, qui permettra de rétablir une cohérence dans un système d'opinions au départ incohérent.

Certes, la notion d'aporie appartient au registre de la dialectique, et elle n'est pas absente des *Topiques* ; mais elle y occupe un site tout à fait différent. Aristote y distingue avec insistance les prémisses (προτάσεις) et les problèmes (προβλήματα) : les problèmes sont les questions au sujet desquelles (περὶ ὧν) s'effectuent les syllogismes, alors que les prémisses, c'est-à-dire les ἔνδοξα, sont les points de départ (ἐξ ὧν) de ces syllogismes (I, 4, 101 b 15-16; 13, 105 a 20). Ce qui fait qu'une question peut constituer un problème dialectique, c'est qu'elle soulève une aporie, qu'il existe à son sujet des conflits d'opinions, et même des arguments en un sens et en l'autre. Ce qui fait d'un énoncé une prémisse dialectique, c'est au contraire qu'elle est ἔνδοξον ; on peut donc prendre appui sur elle pour discuter un problème ; on peut argumenter à partir d'elle, soit pour, soit contre une solution possible de ce problème ; mais on ne la remet pas elle-même en

1. *Cf.* S. Mansion, « Le rôle de l'exposé et de la critique des philosophies antérieures chez Aristote », dans *Aristote et les problèmes de méthode*, S. Mansion éd., Louvain, Publications Universitaires de Louvain, 1961, p. 35-56, rééd. dans ses *Etudes aristotéliciennes*, Louvain-la Neuve, Editions de l'Institut Supérieur de Philosophie, 1984, p. 55-76.

2. Ce point a été établi succinctement, mais en toute netteté, par J. Barnes, « Philosophie et dialectique », dans *Penser avec Aristote*, M.A. Sinaceur éd., Toulouse, Editions Erès, 1991, p. 107-116.

question. Malgré les apparences, il ne suffit donc pas qu'une procédure utilise explicitement les ἔνδοξα, comme le fait celle que décrit le texte de l'*Ethique*, pour que cette procédure puisse être qualifiée automatiquement de « dialectique ». Tout dépend du rôle que cette procédure fait jouer à ces ἔνδοξα, selon qu'on les examine de façon critique ou que, au contraire, l'on prend appui sur eux sans les remettre en cause. Par suite, la mention ou l'usage des ἔνδοξα ne sont pas, eux non plus, un critère suffisant de dialecticité.

Il est temps maintenant d'examiner – je l'ai gardé en réserve, peut-être un peu artificiellement – ce qui paraît à beaucoup de commentateurs prouver de façon décisive que la dialectique est utile à la philosophie : c'est qu'Aristote le dit lui-même, semble-t-il bien, dans les *Topiques.*

Dans le chapitre 2 du Livre I, Aristote décrit les services que peut rendre son traité. Au début, il présente brièvement ces services, et il dit qu'ils sont trois : (1) la « gymnastique », l'entraînement intellectuel ; (2) les « rencontres », les conversations avec les gens ordinaires ; (3) « les sciences de caractère philosophique » (πρὸς τὰς κατὰ φιλοσοφίαν ἐπιστήμας). Cette dernière expression est assez vague ; compte tenu du pluriel, elle ne désigne certainement pas la philosophie, dans le sens où celle-ci s'opposerait à la science ou aux diverses sciences. Ces « sciences de caractère philosophique » sont bien plutôt, comme le dit E. Berti[1], « les sciences proprement dites, c'est-à-dire toutes les sciences en tant qu'elles produisent un véritable savoir (φιλοσοφία) ».

Lorsqu'il donne, dans la suite du chapitre 2, un contenu plus précis aux trois services annoncés au début, Aristote explique d'abord dans les termes suivants celui qui est relatif aux « sciences de caractère philosophique » (101 a 34-36) : « [Ce traité est utile] pour les sciences de caractère philosophique, parce que, une fois que nous aurons la capacité d'explorer les apories dans les deux sens (πρὸς ἀμφότερα διαπορῆσαι) [*sc.* de fournir à la fois des arguments pour et contre telle ou telle solution proposée pour un problème donné], nous discernerons (κατοψόμεθα) plus facilement le vrai et le faux dans chaque question ». Pour les besoins de la discussion, j'appellerai cette section (A).

Aristote, pourtant, ne s'en tient pas là. Il ajoute aussitôt ceci (101 a 36 – b 4), que j'appellerai la section (B) :

> En outre (ἔτι δέ), [ce traité est utile] à l'égard des premiers des principes qui concernent chaque science (πρὸς τὰ πρῶτα τῶν περὶ

1. *Art. cit.* (p. 121, n. 1), p. 104.

> ἑκάστην ἐπιστήμην ἀρχῶν)[1]. En effet, à partir des principes (ἀρχῶν) propres à la science considérée, il est impossible d'en dire quoi que ce soit (εἰπεῖν τι περὶ αὐτῶν), puisque les principes sont premiers par rapport à tout le reste; il est donc nécessaire d'en traiter (περὶ αὐτῶν διελθεῖν) à l'aide des ἔνδοξα qui existent sur chaque chose; or cela est propre à la dialectique, ou plus approprié à elle qu'à quoi que ce soit d'autre; car étant de nature examinatrice (ἐξεταστική), elle ouvre une voie (ὁδὸν ἔχει) vers les principes de toutes les disciplines (μεθόδων)[2].

Ce texte difficile a été souvent discuté; il va nous retenir à nouveau pendant quelque temps. Un premier sujet de controverse est le rapport entre (A) et (B). Plusieurs auteurs considèrent qu'il y a une solidarité étroite entre les deux utilités philosophiques de la dialectique qui y sont décrites[3]. Je

1. Le mot ἀρχῶν est présent, à la ligne 101 a 37, dans les manuscrits A, B (avant correction), et dans les éditions de Bekker et de Waitz; il est absent dans le commentaire d'Alexandre d'Aphrodise, dans d'autres manuscrits et dans les éditions plus récentes (Strache-Wallies, Ross), y compris la mienne (Paris, Belles-Lettres, C.U.F., 1967). R. Smith, *op. cit.*, p. 2, traduit comme s'il le conservait (« *it is useful in connection with the first of the starting-points about any individual science* »), mais ne signale pourtant pas ce passage dans la liste des endroits où il s'écarte du texte de son modèle, qui est l'édition Ross (p. 179, *cf.* p. xxxv). Je crois aujourd'hui fermement qu'il faut conserver ἀρχῶν. Sans ce mot, on pourrait imaginer qu'Aristote introduit implicitement une distinction entre les « choses premières » (τὰ πρῶτα), qui pourraient être les notions premières de chaque science, et les « principes » (αἱ ἀρχαί), qui seraient alors les propositions premières. Mais alors, on ne comprendrait plus bien l'argument des lignes 101 a 37 – b 1, puisque l'on pourrait imaginer qu'entre principes et notions premières, il existe une dénivellation qui permettrait de s'appuyer sur les premiers pour « dire quelque chose » des secondes. En gardant ἀρχῶν, au contraire, l'argument est satisfaisant : en partant des principes propres à une science donnée, on ne peut rien dire au sujet des principes de cette science, que ce soient les mêmes (parce qu'alors on « prouverait » une proposition par elle-même) ou que c'en soit d'autres (parce que tous les principes sont premiers au même degré absolu). L'expression « les premiers des principes qui concernent chaque science » n'introduit pas une distinction entre des principes qui seraient premiers et d'autres qui ne le seraient pas; elle se justifie par le fait qu'Aristote utilise souvent le mot ἀρχή, en un sens relatif, pour désigner les prémisses d'un argument ou d'un syllogisme particuliers (*cf. Top.*, I, 1, 100 b 28 ; nombreux exemples dans les *Analytiques*, *cf.* Bonitz, *Index aristotelicus*, 112 a 6-12).

2. R. Smith (*art. cit.*, p. 352-354 ; *op. cit.*, p. 3, 54-55, 179) propose une nouvelle construction syntaxique de cette phrase, qui aboutit à la traduction suivante : « *since its ability to examine applies to the starting-points of all studies, it has a way to proceed* ». Malgré les avantages exégétiques généraux de cette interprétation, et malgré les arguments que donne R. Smith à son appui, j'hésite à le suivre sur ce point : la construction absolue de ὁδὸν ἔχει paraît bien problématique (le rapprochement avec *Hist. Anim.*, IX, 40, 625 a 13 n'est pas pertinent, puisque ὁδὸν ἔχειν n'y est pas employé absolument).

3. *Cf.* T. Irwin, *op. cit.*, p. 40; E. Berti, *art. cit.*, p. 104.

pense pour ma part[1] que les sections (A) et (B) doivent être au contraire considérées comme largement indépendantes, pour les raisons suivantes :

(1) (A) illustre très exactement la brève description initiale de la troisième utilité du traité : l'expression πρὸς τὰς κατὰ φιλοσοφίαν ἐπιστήμας, qui figurait dans cette présentation initiale, y est reprise explicitement. En revanche, la présentation initiale ne soufflait mot de l'utilité du traité pour ce qui concerne le rapport aux principes premiers, objet de la section (B).

(2) (A) et (B) sont séparés par l'expression « en outre » (ἔτι δέ), qui signale l'adjonction d'un point nouveau; il ne paraît pas inconcevable, compte tenu de l'absence d'annonce de ce point nouveau dans la présentation initiale du chapitre, que (B) soit une adjonction postérieure, effectuée par Aristote lui-même.

(3) Le rôle que joue l'art dialectique dans le discours sur les principes premiers (B) est un rôle tout à fait spécial, alors que celui qu'il peut jouer dans le discernement du vrai et du faux (A) est tout à fait général, et peut concerner des propositions qui se situent à un tout autre niveau que celui des principes[2].

(4) Comme le remarque E. Berti, l'emploi de l'art dialectique en vue du « discernement du vrai et du faux » (A) n'est pas strictement indispensable, puisqu'il rend ce discernement simplement « plus facile ». En revanche, la dialectique semble indispensable pour réaliser la tâche décrite dans la section (B) : puisqu'il est « impossible » (ἀδύνατον, 101 a 38) de dire quoi que ce soit sur les principes propres d'une science à partir de ces principes eux-mêmes (c'est-à-dire de les démontrer), c'est une « nécessité » (ἀνάγκη, 101 b 1) d'en traiter à l'aide des ἔνδοξα pertinents.

Cette distinction faite entre les sections (A) et (B), je voudrais présenter d'abord quelques remarques supplémentaires sur la section (A). Il me semble que ce passage ne définit pas à proprement parler une *méthode*, dans la mesure où il y a une solution de continuité entre la capacité d'argumenter diaporétiquement dans les deux sens, c'est-à-dire pour et contre une proposition donnée, et le « discernement du vrai et du faux » qui est le fruit *ultérieur* (κατοψόμεθα) et *univoque* (ici le vrai, et là le faux) de cette préparation diaporétique. Le futur κατοψόμεθα marque non seulement l'écart temporel, mais aussi la différence épistémologique qui séparent les deux phases du processus : d'abord le labeur préliminaire de la diaporie, menée *pro et contra* à partir des ἔνδοξα; ensuite, l'illumination quasi-

1. Sur ce point, je suis en plein accord avec R. Smith, *art. cit.*, p. 352 et 358, n. 23 ; *op. cit.*, p. 52-54.

2. *Cf.* R. Smith, *op. cit.*, qui utilise le même argument pour différencier la section (A) et la section (B).

visuelle qui, dans le meilleur des cas, lui succède ou peut lui succéder. Il me semble probable qu'Aristote a ici en tête l'« illumination » instantanée que Platon décrit souvent comme la récompense inespérée du long travail de la dialectique (*Parménide* 135 d, 136 c; *Lettre VII*, 341 c-d, 344 b). Cette interprétation de la section (A), ainsi que ses résonances platoniciennes, sont pleinement confirmées par *Top*. VIII, 14, 163 b 9-16, où Aristote, revenant sur les avantages de l'entraînement dialectique « en vue de la connaissance et du savoir de caractère philosophique » (πρός τε γνῶσιν καὶ τὴν κατὰ φιλοσοφίαν φρόνησιν) dit que « pouvoir apercevoir et avoir déjà aperçu (συνορᾶν καὶ συνεωρακέναι) les conséquences qui résultent de chacune des hypothèses [opposées] n'est pas d'une mince utilité; car *il ne reste plus* (λοιπὸν γάρ) qu'à choisir correctement l'une des deux. *Mais pour cela* (δεῖ δὲ πρὸς τὸ τοιοῦτον), il faut être bien doué naturellement (εὐφυᾶ), et c'est justement en cela que consiste le véritable don naturel : pouvoir bien choisir le vrai et éviter le faux [1] ».

C'est pourquoi, malgré la présence commune du terme de « diaporie » dans la section (A) et dans le passage méthodologique de l'*Eth. Nic.*, il y a entre ces deux textes, me semble-t-il, une différence qui empêche de les superposer. Le texte de l'*Ethique* définit une véritable méthode : par un chemin sans discontinuité, cette méthode mène à un résultat qui n'outrepasse pas les limites imposées par son point de départ, et dont Aristote souligne lui-même la modestie épistémologique : « si les difficultés sont résolues et si les ἔνδοξα subsistent, on arriverait à une preuve *suffisante* (δεδειγμένον ἂν εἴη ἱκανῶς) ». Ce n'est pas vraiment là ce qu'on peut appeler un « discernement du vrai et du faux », phase où intervient le « don naturel ».

Passons maintenant au morceau de résistance, qui est la section (B), la plus souvent commentée (assez et trop souvent, d'ailleurs, la seule commentée) dans cette section. Peut-on fonder sur elle des conclusions aussi générales qu'on le fait parfois concernant le caractère dialectique de la philosophie aristotélicienne ?

Tout d'abord, il faut remarquer que cette section (B) ne concerne, selon toute apparence, que la voie qu'ouvre la dialectique en direction des principes des sciences *particulières* ; les expressions qui l'indiquent y foisonnent (περὶ ἑκάστην ἐπιστήμην, ἐκ τῶν οἰκείων τῶν κατὰ τὴν προτεθεῖσαν ἐπιστήμην, διὰ τῶν περὶ ἕκαστα ἐνδόξων, πρὸς τὰς ἁπασῶν τῶν μεθόδων ἀρχάς). Si je ne me trompe, Aristote confie ici à l'art dialectique, et non à

1. Le rapprochement entre ce passage du Livre VIII et celui du Livre I a été déjà proposé par J. Barnes, art. cit., p. 111, ainsi que la principale leçon qu'il convient d'en tirer (« ce n'est pas l'entraînement dialectique en lui-même qui nous rend plus apte à choisir le vrai et à rejeter le faux »).

quelque science universelle de l'être en sa totalité, le soin de « dire quelque chose » des principes de ces sciences particulières ; ce qui est parfaitement cohérent avec ce qu'il dit souvent ailleurs (dans des textes généralement tenus pour relativement précoces), à savoir qu'il ne peut y avoir une telle science, universelle et absolument première, qui pourrait démontrer les principes des sciences particulières ; à plus forte raison ne dit-il rien ici de l'accès à la connaissance des principes d'une telle science universelle, puisque à son avis, au moins dans cette période de son évolution intellectuelle, elle n'existe pas et ne peut pas exister. On peut donc bien reconnaître à la dialectique un rôle spécifique dans l'épistémologie des sciences particulières ; mais le passage qui nous occupe ne saurait lui confier la tâche de nous conduire vers la connaissance des principes communs et absolument premiers de ce qui s'appellera, probablement plus tard, la science de l'être en tant qu'être [1].

Ensuite, on peut s'interroger sur le sens exact dans lequel la dialectique « possède une voie d'accès vers les principes de toutes les disciplines ». Cela signifie-t-il qu'elle les *découvre,* qu'elle les *justifie,* qu'elle les *établit*, ou autre chose encore ? Les expressions utilisées par Aristote (« dire quelque chose sur ces choses premières », « en traiter ») sont vagues, et, me semble-t-il, volontairement vagues [2]. Beaucoup de commentateurs croient cependant légitime de préciser que la dialectique permet de *découvrir* les principes ; T. Irwin, par exemple, introduit expressément le mot « *finding* » dans sa traduction du passage (*op. cit.*, p. 37 : « *it is also useful for <finding> the first principles of each science* ») ; mais cette insertion me paraît imprudente. En effet, la raison que donne Aristote de l'impossibilité de « dire quelque chose » au sujet des principes à partir des principes, c'est qu'ils sont premiers par rapport à tout le reste [3]. Le discours qu'il est *impossible* de tenir sur les principes à partir des principes ne saurait donc consister à les *découvrir,* puisque par hypothèse c'est sur eux qu'il devrait

1. C'est pourquoi les partisans d'une interprétation dialectique de la métaphysique d'Aristote ont été souvent conduits à suggérer que, dans sa *Métaphysique*, Aristote revient sur sa conception primitive, surtout négative, de la dialectique, et qu'il met en œuvre, dans la construction d'une science de l'être en tant qu'être, une méthode qui reste dialectique, mais qui est d'un autre type. Une des formulations les plus nettes et les plus argumentées de cette suggestion est la distinction proposée par T. Irwin (*op. cit.*) entre « dialectique faible » (ou « pure ») et « dialectique forte ». Resterait à savoir si cette distinction ne revient pas à baptiser le problème, plutôt qu'à le résoudre. La place me manque évidemment ici pour soumettre cette distinction à un examen critique moins ridiculement superficiel.

2. R. Smith (*op. cit.*, p. 54) observe avec bon sens : « *Aristotle does not say merely that the starting-points cannot be demonstrated, but that by means of demonstration we cannot say anything about them (adunaton eipein ti peri autôn). The alternative to having nothing to say is having something to say, and that could fall far short of establishing.* »

3. Sur cet argument, *cf. supra*, p. 124, n. 1.

porter : ils sont ce au sujet de quoi on chercherait en vain à « dire quelque chose ». Tout ce qu'un tel discours pourrait se proposer de faire (toujours en vain, naturellement), c'est donc, me semble-t-il, de les *justifier,* et de les justifier « à partir de principes », c'est-à-dire de les démontrer. Symétriquement, on doit donc dire sans doute que la tâche qui est impossible pour la démonstration, mais possible pour la dialectique, ce n'est pas non plus de *découvrir* les principes, c'est de les *justifier* à sa manière propre, c'est-à-dire avec l'aide des ἔνδοξα.

Cette interprétation s'accorde bien avec la conception générale des syllogismes dialectiques dans les *Topiques.* En effet, les conclusions de ces syllogismes ne sont jamais *découvertes* : on se propose d'abord de discuter un énoncé donné à l'avance, celui du problème dialectique ; puis, à partir de cet énoncé, le questionneur détermine rétroactivement des ἔνδοξα capables d'entrer, à titre de prémisses, dans un syllogisme dont la conclusion sera (en fonction du choix effectué par le répondant) soit l'affirmation, soit la négation de l'énoncé soumis à la discussion. Comme l'a bien vu E. Berti [1], il doit en aller de même dans le cas particulier des principes : la discussion dialectique ne permettra pas de *découvrir* des principes antérieurement inconnus ; elle *examinera* des énoncés déjà donnés qui, à un titre ou à un autre, sont *candidats* au statut de principes. Il est clair, en outre, que cet examen des candidatures au poste de principe peut aboutir non seulement à attribuer le poste aux candidats méritants, mais aussi (et plus souvent qu'à leur tour) à écarter des candidats insuffisants. C'est probablement ce qui est impliqué dans le mot employé par Aristote pour désigner la nature « examinatrice » (ἐξεταστικὴ – mot qui fait presque sûrement référence à son emploi socratique dans un passage célèbre de l'*Apologie*, 38 a) de la dialectique. Il faut donc se représenter la « voie dialectique vers les principes » comme jonchée de cadavres.

Si l'on peut donner ainsi à la section (B) un sens acceptable, en n'y voyant que l'expression d'une ambition épistémologique assez limitée, il faut reconnaître aussi que ce texte est passablement isolé dans l'œuvre d'Aristote. Dans l'exposé le plus célèbre et le plus circonstancié – non certes le plus clair – qu'il ait consacré à la connaissance des principes scientifiques, le fameux chapitre final des *Seconds Analytiques* (II, 19), on ne voit mentionnés ni la dialectique, ni les ἔνδοξα, ni quoi que ce soit d'autre qui rappelle la section (B) de notre passage des *Topiques.*

En dehors des *Topiques,* il existe cependant un texte célèbre entre tous, qui, aux yeux de beaucoup de commentateurs, est un exemple éclatant de la manière dont la dialectique « possède une voie d'accès vers les principes » :

1. Art. cit., p. 106.

il s'agit du chapitre Γ 4 de la *Métaphysique,* où se trouve justifié, d'une manière généralement considérée comme dialectique, le principe de non-contradiction. En tout état de cause, cette justification n'illustre pas exactement la section (B) de notre passage des *Topiques,* s'il est vrai que ce dernier porte sur les principes propres aux sciences particulières; car le principe de non-contradiction, « principe le plus ferme de tous », « nécessairement le mieux connu de tous les principes », principe « anhypothétique » (*Metaph.,* Γ 3, 1005 b 11-14), est l'exemple même des « principes communs », et il relève évidemment de la science de l'être en tant qu'être.

Je me bornerai à deux séries de remarques sur ce texte illustre :

(1) Admettons, à titre préalable et provisoirement, que la justification qui y est présentée du principe de non-contradiction soit effectivement de caractère dialectique. Cela ne suffirait pas pour que l'on puisse dire : qui peut le plus peut le moins; si la dialectique peut justifier un principe absolument universel, à plus forte raison est-elle bien placée pour justifier les principes des sciences particulières, comme Aristote dit qu'elle le fait dans la section (B). En effet, l'un des traits essentiels de la dialectique est qu'elle ne porte sur aucun genre particulier. Il se pourrait donc qu'elle puisse faire, à l'égard d'un principe commun, comme le principe de non-contradiction, quelque chose qu'elle ne peut pas faire à l'égard des principes propres à chaque science. L'articulation entre la section (B) et le Livre Γ de la *Métaphysique* serait alors loin d'être facile.

(2) Mais est-il strictement vrai que la justification du principe de non-contradiction soit de caractère dialectique? Force est de constater qu'Aristote ne dit expressément rien de tel. Ce qu'il dit (1006 a10-25), c'est qu'on ne saurait évidemment démontrer ce principe absolument premier, mais qu'on peut tout de même le « démontrer élenctiquement » (ἀποδεῖξαι ἐλεγκτικῶς, 1006 a 11-12), c'est-à-dire « réfutativement » – mais je préfère une traduction littérale. Certes, cette démonstration élenctique met en place une sorte de dialogue imaginaire qui oppose le défenseur du principe à celui qui le conteste; pourvu seulement que ce dernier « dise quelque chose » (1006 a 12-13, 22), il sera nécessairement conduit à concéder le principe. Il paraît donc clair, à première vue, que cet argument fameux est l'exemple même de « la voie dialectique vers les principes ». Tout y est, semble-t-il : la situation de dialogue, et la notion même d'ἔλεγχος, typiquement liée à la pratique socratique de la dialectique.

Et pourtant, Aristote dit ἐλεγκτικῶς, il ne dit pas διαλεκτικῶς. Est-ce par hasard ? Le terme d'ἔλεγχος apparaît évidemment à toutes les pages des *Réfutations sophistiques* ; mais il est absent des *Topiques* proprement dits : ceux-ci, pour dire « réfuter », emploient le verbe ἀνασκευάζειν. Par ailleurs, les *Topiques,* dès leurs premières lignes, établissent une distinction radicale entre la démonstration et le syllogisme dialectique (I, 1, 100 a 27 – b 23). Si Aristote avait parlé d'une « démonstration dialectique », une telle expression aurait représenté un véritable séisme lexical et conceptuel par rapport à cette distinction. En parlant de « démonstration élenctique », Aristote paraît vouloir substituer un oxymore inédit à ce qui aurait été la violation flagrante d'une structure conceptuelle qu'il avait déjà mise en place. Observons d'ailleurs que cet oxymore, s'il est moins offensant, soulève encore des remous visibles dans le vocabulaire de l'ensemble du chapitre Γ 4, remous sur lesquels on ferme trop souvent les yeux. Aristote dit étrangement qu'« il y a une différence entre « démontrer élenctiquement » et « démontrer » » (1006 a 15-16), comme si faire une chose d'une certaine manière équivalait à ne pas la faire[1] ; plus loin, il dit que, sous certaines conditions qui sont celles qu'il faut remplir pour que la réfutation réussisse, « on aurait un ἔλεγχος, *et non une démonstration* » (1006 a 18); plus loin encore, il dit au contraire que si le négateur du principe accorde ce qu'on lui demande, c'est-à-dire s'il dit quelque chose de signifiant, « *on aura une démonstration* » (1006 a 24). On peut considérer ces oscillations lexicales, me semble-t-il, comme les effets secondaires des difficultés qu'Aristote éprouve pour caractériser son argumentation sur ce point précis, sans violer pour autant de manière patente les structures conceptuelles de sa théorie générale de l'argumentation. Ces oscillations souligneraient une fois de plus, s'il en était besoin, le caractère unique du principe de non-contradiction : un principe à nul autre pareil réclame un type de traitement à nul autre pareil. Il ne s'agit donc aucunement ici d'une application parmi d'autres de la « voie d'accès vers les principes » que possède la dialectique; même si la notion d'ἔλεγχος appartient évidemment au registre de la dialectique, son emploi dans ce contexte, loin d'être un indice de la dialecticité ordinaire de la démarche, paraît bien plutôt motivé par le souci de *ne pas* prononcer le mot de « dialectique ».

Pour finir, je voudrais revenir aux *Topiques,* et me poser la question suivante : nous apprennent-ils, eux-mêmes, quelque chose de précis qui

1. Le cas est assez proche, me semble-t-il, de celui où les termes d'ἀπόδειξις et de συλλογισμός sont qualifiés par τις pour caractériser le raisonnement rhétorique. M.F. Burnyeat (« Enthymeme : Aristotle on the logic of persuasion », dans *Aristotle's Rhetoric – Philosophical Essays*, D.J. Furley and A. Nehamas éd., Princeton, Princeton University Press, p. 3-55, *cf.* p. 13-15) a distingué avec acuité les cas où ἀπόδειξίς τις signifie « une espèce de la démonstration » (« *a kind of demonstration* ») et ceux où cette même expression constitue une « qualification aliénante » (« *a demonstration of a kind* », « *not something from which you can expect everything that you would normally expect from an* apodeixis »). Selon ce dernier modèle, l'expression de « démonstration élenctique » constituerait aussi une « qualification aliénante ».

soit capable d'illustrer de façon concrète le programme théorique de justification dialectique des principes, tel qu'il est tracé dans la section (B)?

La première chose à dire à ce sujet est que, des divers types de principes indémontrables qu'Aristote distingue dans les *Seconds Analytiques* (I, 2 et 10), à savoir les axiomes, les hypothèses et les définitions, le seul sur lequel on pourrait espérer trouver des lumières dans les *Topiques* est celui des définitions. En effet, les termes d'axiome et d'hypothèse sont rarement utilisés dans les *Topiques,* et ils n'y sont pas pris dans le même sens que dans les *Seconds Analytiques.* En revanche, les *Topiques* consacrent deux livres entiers aux définitions, le livre VI, qui parle longuement des moyens de les réfuter, et le livre VII, qui parle beaucoup plus brièvement des moyens de les établir. En outre, les types de problèmes étudiés dans les autres livres (ceux qui concernent l'accident, le genre et le propre) sont, d'après Aristote lui-même, « définitionnels en quelque sorte » (I, 6, 102 b 34); de sorte que l'on a pu, à juste titre, considérer l'ensemble des *Topiques* comme une « méthodologie de la définition »[1].

Cependant, ce qu'Aristote dit de la définition, dans les *Topiques*, concerne les définitions des notions ordinaires, et non celles des notions premières[2]. Or la définition des notions premières pose des problèmes tout à fait particuliers, dans la mesure où précisément elles sont premières. En principe, la définition a une finalité cognitive; elle est donnée τοῦ γνωρίσαι χάριν, « en vue de la connaissance » (VI, 4, 141 a 27-28). C'est pourquoi, en règle absolue, les termes qui figurent dans la définition doivent être antérieurs et mieux connus que la chose définie (141 a 26-27). Cependant, « mieux connu » se dit en deux sens : « absolument » ou « pour nous » (141 b 3-14); c'est pourquoi, lorsqu'il s'agit de définir une notion ordinaire, on peut proposer, sans transgresser la règle générale, soit une définition en termes mieux connus absolument, soit une définition en termes mieux connus pour nous. Mais la première espèce de définition est préférable et, dit Aristote, « plus scientifique » (141 b 16); la seconde ne montre pas l'essence de la chose définie, ce qui veut dire qu'elle n'est pas

1. Cette expression constitue le sous-titre de l'ouvrage de W.A. De Pater, *Les* Topiques *d'Aristote et la dialectique platonicienne*, Fribourg, Editions St. Paul, 1965.

2. A l'exception possible d'un passage difficile du livre VIII (3, 158 a 31 – b 4, *cf.* 158 b 29 – 159 a 1, et les commentaires de R. Smith, *op. cit.*, p. 123-125). Aristote signale ici qu'il y a deux catégories de propositions qu'il est difficile d'attaquer et facile de défendre; l'une d'entre elles est celle des propositions « premières par nature », qui ne peuvent être prouvées par des propositions antérieures, et qu'il est facile de prouver en définissant les termes qui y figurent, et qui sont normalement des termes de base de la science concernée (par exemple les contraires, 158 b 25-28; la ligne et le cercle, 158 b 36). En revanche, si les définitions (proposées par le questionneur, 158 a 38-39) sont rejetées ou négligées par le répondant (158 a 39, 158 b 38 – 159 a 1), la tâche du questionneur devient difficile, voire impossible.

une définition au sens strict du terme. Les définitions usuelles par genre et différence sont du premier type, parce que le genre et les différences sont mieux connus absolument que l'espèce qu'ils servent à définir (141 b 29-34). Or, c'est seulement à de telles définitions qu'Aristote pense lorsqu'il explique, d'une façon absolument générale, pourquoi et comment il est possible de construire un συλλογισμὸς ὅρου, un syllogisme dialectique de la définition (VII, 3, 153 a 14-22); en effet, il précise dans ce texte (153 a 17-18) que ce sont les genres et les différences qui se prédiquent essentiellement de la chose à définir. Les notions dont il envisage ainsi les définitions sont incluses dans un genre, et ne sont donc pas des notions premières absolument.

En ce qui concerne les notions premières, ces notions ne sauraient être définies en termes mieux connus absolument, puisque par hypothèse elles sont absolument premières. Ce n'est sans doute pas par hasard si Aristote cite (VI, 4, 141 b 19-22) des définitions des termes de base de la géométrie (point, ligne, surface) qui expliquent les termes antérieurs absolument par des termes postérieurs absolument (le point comme limite de la ligne, la ligne comme limite de la surface, etc.), alors qu'il se borne à signaler, dans le même contexte (141 b 5-7), que selon l'ordre de ce qui est plus connu absolument, le point précède la ligne, la ligne la surface, etc.; mais il s'abstient d'indiquer comment on pourrait définir ces notions par référence à des termes plus connus absolument[1]. Tout ce que l'on peut espérer de mieux, semble-t-il, c'est donc de définir les notions premières en termes mieux connus pour nous, et de justifier cette définition dialectiquement, c'est-à-dire à partir de propositions ἔνδοξα.

Il n'est pas certain, cependant, qu'Aristote, dans les *Topiques*, se désintéresse complètement du problème de la définition des notions premières en termes mieux connus absolument. Considérons en effet la déclaration assez étrange qui ouvre, au début du chapitre VII 3, la section consacrée à l'établissement dialectique des définitions (153 a 7-11) : « Si nous voulons établir une définition, il faut d'abord savoir qu'aucun de ceux qui pratiquent la discussion dialoguée (τῶν διαλεγομένων [2]), ou très peu d'entre eux, ne déduisent une définition (ὅρον συλλογίζονται) : tous

1. La définition du point comme « unité ayant une position », par exemple, qui figure souvent ailleurs, est absente des *Topiques*. On corrigera sur ce point l'*Index aristotelicus* de Bonitz, 701 b 29, qui cite *Top.*, I, 18, 108 b 26 à côté de passages tirés d'autres œuvres, et qui définissent le point en termes mieux connus absolument. Le passage cité des *Topiques* dit seulement que le point est principe de la ligne comme l'unité est principe du nombre; or ces définitions (si ce sont bien des définitions), tout comme celle du point comme limite de la ligne, définissent l'antérieur par le postérieur (absolument).

2. Et non des « dialecticiens », qui sont en possession de l'art dialectique au sens propre. Le mot n'est sans doute pas choisi au hasard.

assument (λαμβάνουσιν) quelque chose de tel comme principe, ainsi que le font les géomètres, les arithméticiens et les autres mathématiciens ». Ainsi, dans leur pratique effective, les partenaires d'une discussion dialoguée [1] ne cherchent généralement pas à *aboutir* à une définition : ils ont plutôt l'habitude de l'assumer sans la justifier, et d'*en partir,* pour en déduire sans doute les propriétés de la chose définie. La comparaison avec les mathématiciens, qui évoque ce que dit Platon dans la Ligne de la *République* (VI, 510 c-d), suggère que cette pratique concerne de façon privilégiée, sinon exclusive, la définition des notions premières, celles précisément qu'il est le plus normal d'assumer sans les justifier.

Ce passage paraît d'abord difficile à concilier avec la section (B) du texte cité plus haut (*Top.* I, 2, 101 a 36 – b 4), où nous voyons la dialectique capable d'ouvrir une voie vers les principes, et donc, vraisemblablement, d'*aboutir* (entre autres) à des définitions des notions premières de chaque science. La solution la plus plausible serait de penser que, dans ce passage du Livre I, Aristote décrit une procédure qui n'était pas dans les habitudes des praticiens de la discussion dialoguée, et qu'il se considérait comme le premier à pouvoir assigner à la dialectique, maintenant qu'il avait ouvert à celle-ci la voie sûre d'une discipline technique. Souvenons-nous en effet qu'à la fin des *Réfutations sophistiques,* qui sont l'appendice des *Topiques,* il se présente (34, 183 b 34-36, 184 b 1-3) comme un pionnier en matière de réflexion περὶ τοῦ συλλογίζεσθαι, au sujet du « syllogisme » (dialectique), sans pour autant nier, bien entendu, que l'on ait pratiqué la dialectique avant lui. L'un des aspects des innovations qu'il s'attribuait pourrait donc être d'avoir pensé que la dialectique pouvait, non seulement réfuter des définitions (Livre VI) et justifier des définitions de notions ordinaires (Livre VII, en particulier 3, 153 a 14-22), mais aussi justifier les définitions de notions premières au lieu de se contenter de les assumer.

Concluons donc sur ce point que les *Topiques* contiennent fort peu de chose, sinon absolument rien, qui permette d'illustrer de façon précise et concrète en quoi la dialectique « possède une voie d'accès vers les principes de toutes les disciplines ». Cette conclusion pourrait constituer un argument supplémentaire pour estimer que les lignes 101 a 36 – b 4, dans la section (B) du texte que nous avons souvent cité, sont une adjonction postérieure, relativement plaquée sur l'édifice des *Topiques* tel qu'Aristote l'avait initialement conçu. Elle invite aussi à ne pas faire un sort excessif à

1. Qui sont-ils ? Il est bien difficile de le dire, compte tenu du fait, en particulier, que le modèle socratique est, au contraire, celui d'une enquête dialectique qui se propose expressément de répondre à une question définitionnelle. Mais Aristote a dû être sensible au fait qu'en règle générale, cette enquête ne parvient pas à son but.

ces lignes, et à ne pas les considérer comme l'expression significative d'une confiance considérable dans les pouvoirs de la dialectique [1].

En guise de conclusion plus générale, je dirai, avec H. Baltussen [2], que, lorsque nous voulons caractériser les méthodes décrites ou appliquées par Aristote, « nous devrions user du terme "dialectique" avec une certaine précaution (*care*), en disant clairement, en particulier, auquel de ses différents aspects nous pensons ». Il est indéniable que ces méthodes font souvent appel à des notions et à des procédures qui relèvent du registre dialectique ; mais nous avons vu, je pense, que ces emprunts ne constituent pas nécessairement des critères suffisants de dialecticité au sens strict. Dans chaque cas particulier, donc, il serait bon de préciser en quoi les méthodes en question se rapprochent de la méthode dialectique proprement dite, et en quoi éventuellement elles s'en écartent. En ce sens, ma conclusion serait peut-être moins négative qu'elle n'en a l'air, car elle dessine un programme de travail, et un programme de travail n'est jamais quelque chose de négatif.

1. Voir dans le même sens R. Smith, *op. cit.*, p. 54 : « *All that the present passage says is that such critical examinations* [*sc.* les examens de type peirastique] *are « useful » in « discussing » scientific starting-points, and that falls far short of claiming that dialectic either establishes or discovers those starting-points* ».

2. Art. cit., p. 343.

TEMPS ET ACTION DANS L'*ETHIQUE À NICOMAQUE*

Lambros COULOUBARITSIS

1. DESTINÉE DE L'ÂME

Comme on le sait, chez Platon, le thème du souci de soi est au centre de l'analyse de l'âme et de sa destinée. Il l'articule principalement dans le *Phédon*, qui s'achève par un mythe eschatologique, introduit peu avant le récit de la mort de Socrate[1]. Lié au danger de la justice du plus fort, traitée selon ses diverses formes dans le *Gorgias* et dans les livres I et II de la *République I-II*, ce thème intègre un débat majeur de l'époque, qui atteint un point culminant dans le mythe de l'anneau de Gygès. Simulant la possibilité de l'invisibilité pour l'homme, ce mythe révèle que le pouvoir fondé sur l'invisible est pour ainsi dire absolu, car il permet à l'agent de l'action de combler ses désirs. Ce pouvoir garantirait le bonheur à l'individu particulier ou au tyran, indépendamment de la valeur morale de ses actions, c'est-à-dire sans qu'il se soucie vraiment de sa qualité morale et de la destinée de son âme.

Platon s'applique bien sûr à ébranler ce type d'injustice tant dans l'ordre politique, grâce à une constitution convenable, à des lois et une action éducative adéquate, que dans l'ordre individuel, grâce au principe suivant lequel l'âme sera jugée après la mort. A ses yeux, sans ces principes, seule la violence règnerait dans la cité et aucun véritable bonheur ne serait possible pour les hommes. Le souci de soi devient ainsi une condition du bonheur dans cette vie et dans une autre vie. L'action conforme aux vertus,

1. Pour ce qui suit, concernant la question de l'immortalité chez Platon et Aristote, voir mon étude « Deux modèles antiques d'individualisme », dans *L'Individualisme*, Bruxelles, 1986, *La pensée et les hommes*, p. 26-37. L'apport nouveau de mon analyse ici concerne l'introduction dans cette problématique de la dimension temporelle.

avec comme vertu ultime la sagesse théorique, assurerait à la temporalité humaine une constance et une stabilité indépendamment du lieu de séjour, que ce lieu soit sur la terre ferme, dans le ciel ou dans l'Hadès souterrain, voire en un non-lieu dans l'au-delà. Les différents mythes eschatologiques composés par Platon révèlent les différentes faces d'une activité où le souci de soi s'enracine dans la connaissance de soi selon une double temporalité (un temps plus court dans cette vie et un temps plus long dans l'autre vie). Comme une science stricte ne s'avère jamais concluante dans le domaine de l'action, Platon admet, dans ce domaine, l'opinion vraie (δόξα ἀληθής), tout en dessinant l'horizon de ce qui assure à l'homme une immortalité digne d'une âme régie par les lois de la réincarnation, c'est-à-dire par une éternité (propre à l'âme) conforme à des temps de vie variables, selon que l'âme est liée au corps ou se déploie d'une façon autonome.

Cette double temporalité qui empêche l'âme humaine d'atteindre un temps-de-vie (αἰών) stable et sans fin, comme les dieux ou même comme les démons, met en relief, dans le *Timée*, un temps sensible (χρόνος) comme image mobile de l'éternité (αἰών) immobile. Dans ce dialogue, l'âme humaine est associée à une Ame cosmique automotrice et capable de mouvements réguliers. Aussi entre temps « physique » et temps « psychique » se noue-t-il un lien inextricable qui empêche la fondation d'un temps physique et d'un temps psychique autonomes, susceptibles d'assurer à l'homme un autre rapport au monde que celui que lui prescrit la nécessité naturelle de cycles irréguliers, offerts par les lois de la réincarnation ou de la transmigration de l'âme. Cette distorsion conduit Platon, dans la troisième hypothèse du *Parménide*, à réfléchir également le moment du passage dans ce qui change, entre ce qui n'est pas encore et ce qui n'est déjà plus, pour faire voir ce qui arrive soudainement (ἐξαίφνης). Cet instant privilégié, sorte d'éternité dans le temps, trouvera une destinée dans le néoplatonisme, à travers sa réflexion sur l'âme, issue la plus souvent de la transformation de la troisième hypothèse en hypostase. Mais nous verrons que ces diverses ébauches d'une théorie du temps n'épuisent pas la conception platonicienne du temps, dans la mesure où il arrive à Platon de faire état d'un autre type de temps, le temps propice (καιρός), dont l'importance pour l'action est incommensurable[1].

Quant à Aristote, il est plus prudent que son maître et les futurs adeptes du platonisme. Peu d'indices témoignent chez lui en faveur d'une éventuelle immortalité de l'âme. Deux passages y font allusion : l'un concerne

1. Il est utile d'indiquer ici que, dans la plupart des études qui traitent du *kairos* chez Platon, on peut observer une confusion entre « soudain » et « temps-propice » qui enlève de sa force à l'originalité de ce dernier concept et à son lien avec le « bien ».

l'Intellect agent[1], l'autre l'immortalisation par la contemplation[2]. Mais, d'autre part, Dans l'*Eth. Nic.*, III, 2, il observe qu'on peut souhaiter des choses impossibles, comme par exemple l'immortalité[3]. Enfin, plus nuancé au livre I, il fait voir que le problème de l'action ne doit pas être posé relativement à ce qui préexiste à la naissance ni à ce qui survit à la mort mais relativement à la vie présente, car l'action correspond à une activité et à son actualisation (ἐνέργεια). Cela signifie qu'indépendamment d'une éventuelle immortalité de l'âme, qu'on ne saurait prouver, la science pratique montre la visée de l'homme dans cette vie par l'analyse des actions qu'il accomplit. L'observation permet de constater que, par ses aspirations (quête du plaisir, de l'argent, des honneurs, etc.), l'homme recherche le bonheur. Or, comme les plaisirs sont éphémères et l'argent ne peut constituer qu'un moyen en vue du bonheur et que, d'autre part, les honneurs sont accordés non par l'agent lui-même mais par ceux qui l'honorent, Aristote refuse l'identification du bonheur à ces activités. Constatant que la recherche d'une reconnaissance, est valorisée lorsqu'elle concerne des personnes reconnues par leur vertu, il conclut que ce sont les vertus qui forment le critère essentiel pour définir le bonheur. D'où sa thèse célèbre selon laquelle le bonheur concerne l'activité conforme à la vertu.

Face à cette problématique qui unifie la temporalité au profit du présent, en mettant entre parenthèses l'au-delà constitutif à la fois d'un avant au sens de préexistence de l'âme et d'un après au sens de survie, la question du temps peut désormais être posée d'une nouvelle façon. En écartant les ambiguïtés platoniciennes, il établit une science des étants en devenir, ce qui entraîne aussi une théorie scientifique du temps physique[4]. Mais cela ne l'empêche pas de chercher, pour l'action de l'homme, une temporalité d'un autre ordre, mieux adaptée à sa complexité. Pour bien discerner le sens et la portée d'un temps qui ne se réduit pas au temps physique (χρόνος), il faut commencer par rappeler sa théorie du temps physique, puis discerner l'ouverture qu'il autorise vers d'autres dimensions du temps, afin de circonscrire cet autre temps pour l'action.

1. *De anima*, III, 5.

2. *Eth. Nic.*, X.

3. *Eth. Nic.*, III, 2,1111b22-23.

4. Sur cette question, voir mon livre *La* Physique *d'Aristote*, Bruxelles, Ousia, 1997[2] (1980).

2. Temps physique et temps créateur

Pour déterminer le temps physique, Aristote l'associe au mouvement, en le saisissant à partir des concepts de nombre et d'antérieur et postérieur. Cela signifie que sans le mouvement aucun temps ne serait perceptible, bien que ce soit une activité de l'âme humaine qui nombre le mouvement. Toutefois, le temps n'est pas de l'ordre du nombrant mais du nombré, car dans le nombrable c'est l'antérieur et le postérieur propres au mouvement qui rendent possible un nombré. Il y a ainsi *passage* dans le temps parce qu'il y a détermination d'un antérieur et d'un postérieur propres au mouvement. D'où la définition : « le temps et le nombre du mouvement selon l'antérieur et le postérieur ». A quoi il ajoute plus loin : « et il est continu, car il appartient à un continu »[1]. Par suite, dans l'entre-deux, s'impose le « maintenant » (νῦν) – ou, comme on dit généralement, l'« instant » – comme mode fondamental du temps, qui lie un antérieur (avant) et un postérieur (après). Par suite, le temps suppose une altérité fondamentale, bien que pris dans son ensemble comme « continu », il manifeste le « maintenant » (l'« instant ») comme variant tout le long du mouvement (continu). Il n'empêche que c'est l'antérieur et le postérieur qui garantissent la possibilité de ce qui est numérable. Aussi Aristote se permet-il d'affirmer que « le temps est continu par le maintenant (l'instant) et est divisé selon le maintenant (l'instant) »[2]. Il est certain que ce type d'approche s'accorde au mouvement continu, plus spécialement au mouvement selon le lieu (translation ou transport), voire au transport circulaire, qualifié de « premier mouvement », qui devient, en fin de compte, la mesure de tout mouvement, donc aussi du temps[3]. C'est dans ce contexte que se manifeste également, mais d'une façon nouvelle, le temps comme perpétuité ou même comme éternité (αἰών), qui caractérise le temps du monde supralunaire. On peut néanmoins se demander ce qui se passe pour le vivant, comme l'homme par exemple, lorsqu'il fait intervenir d'autres mouvements, comme l'altération et la croissance (et décroissance), ainsi qu'un processus plus essentiel, propre à l'étance (*ousia*), c'est-à-dire la génération et le périssement. Dans ces cas, une forme de discontinuité se fait jour dans le changement, dont la continuité n'est réalisable que par l'expérience du temps[4]. Cependant, dans les trois derniers livres de sa *Physique*, Aristote s'efforce de donner une solution de continuité par sa théorie du contact et par l'existence d'un Premier mouvant immobile

1. Cf. *Phys.*, IV, 11, 219b1-2 et 220a24-26.
2. *Ibid.*, IV, 11, 220a4-5.
3. Cf. *La* Physique *d'Aristote*, *op. cit.*, p. 318 *sq.*
4. Cf. *op. cit.*, p. 318 *sq.*

(Dieu). C'est dire que ce n'est pas dans l'ordre du temps physique (χρόνος) que se produit l'émergence d'un temps plus adéquat à penser l'action. Aristote doit donc aller plus loin.

Après avoir constaté qu'il existe une correspondance entre l'existence d'une chose dans le temps et le fait qu'il existe un certain temps, tout comme il y a correspondance entre l'existence du mouvement dans un lieu et l'existence du lieu, il ajoute que « les choses subissent [1] (πάσχειν) quelque chose sous l'action du temps, et c'est pourquoi nous avons pris l'habitude de dire que le temps consume, que tout vieilli sous l'action du temps, que tout s'oublie avec le temps, et non que nous apprenons, ni que nous sommes devenus jeune ou beau », car le temps est en soi plutôt une cause de dépérissement, du fait que le mouvement défait ce qui subsiste. Il s'ensuit que les étants éternels en tant qu'éternels ne sont pas dans le temps, car « le temps ne les enveloppe pas et leur être ne se mesure pas par le temps » [2].

Cette analyse qui met en évidence à la fois le caractère extatique du temps et un autre (ou l'absence d'un) temps pour les étants célestes, amorce un débordement vers le domaine biologique où la mort confirme l'existence d'une temporalité extatique. Il est curieux qu'Aristote ne dit rien en cet endroit de la capacité créatrice du temps, alors qu'il rappelle, au livre II qui précède, que lorsqu'on parle de fin (τέλος) relativement à un mouvement continu, on ne peut se limiter au sens ordinaire du terme, comme le fait le poète (Euripide) lorsqu'il écrit qu'« il atteint le terme pour lequel il était né » ; il faut aussi, dit-il, tenir compte d'une finalité plus essentielle, celle qui correspond à une situation ultime, constitutive de ce en vue de quoi il y a mouvement, de « la meilleure » fin (τὸ βέλτιστον τέλος) [3]. Dans ses traités de biologie, la nature apparaît vraiment comme créatrice. Ainsi, dans le *De gen. anim.,* I, 23, où il pose comme thèse qu'il est meilleur d'être plutôt que ne pas être, de vivre plutôt que ne pas vivre, Aristote déclare que « la nature crée de la façon dont il convient (δημιουργεῖ εὐλόγως) ». À telle enseigne qu'en comparant les différents niveaux de vie et les diverses facultés, il soutient que le sens du toucher, par lequel pourtant est définie la vie pour les étants animés, n'est presque rien si on le compare à la prudence (φρόνησις), tandis qu'il s'affirme comme ce qui est meilleur si on le compare à l'insensibilité des étants inanimés. « On devrait être heureux, conclut-il, d'avoir ne serait-ce que cette connaissance plutôt que d'être mort ou de ne pas exister [4] ».

1. Ou « pâtissent ».
2. *Phys.*, IV, 221a26-b7.
3. *Ibid.*, II, 2, 194a27 *sq.*
4. *De gen anim.*, I, 23, 731a24-b4.

Le propos est clair et montre qu'au-delà de l'éternité propre au mouvement supralunaire et de la définition du temps lié au transport, il faut distinguer deux temporalités opposées, l'une *extatique*, correspondant au dépérissement, à l'effacement et à l'oubli, l'autre *créatrice*, relative à la genèse, à la progression et à la mémoire. C'est en partant de cette constatation qu'Aristote soutient dans son traité *De l'âme*, II, 5, qu'il existe deux formes du « pâtir » (πάσχειν), un pâtir qui concerne le dépérissement par l'action du contraire, et un autre qui implique une « sauvegarde », un « salut » (σωτηρία), et qui se traduit par une progression (ἐπίδοσις), comme dans la connaissance ou dans l'action[1]. C'est dire que si la première forme du pâtir concerne le rapport entre changement et dispositions privatives, la seconde renvoie aux dispositions acquises et à la nature (ἐπὶ τὰς ἕξεις καὶ τὴν φύσιν).

Les quelques références au temps créateur dans l'*Éthique à Nicomaque* confirment cette perspective. Ainsi, quand il trace au livre I, 7 les grandes lignes de son projet éthique, Aristote indique qu'il faut d'abord esquisser ce qui est recherché, et puis seulement appuyer sur les traits pour faire apparaître le sujet traité comme il convient. L'on peut penser, dit-il, que « n'importe qui est capable de promouvoir et d'articuler ce qui a déjà été esquissé convenablement, et le *temps* (χρόνος) en ce genre de travail est un facteur de découverte et contribue à la synérgie. C'est, ajoute-t-il, grâce à de telles activités que les arts eux-mêmes ont réalisé leurs progressions (ἐπιδόσεις), puisque tout homme peut ajouter quelque chose à ce qui demeure lacunaire »[2]. Ailleurs, dans un passage souvent répété par les commentateurs, Aristote fait état de l'inexpérience des jeunes gens dans le domaine de la vie, c'est-à-dire dans l'action et la politique, du fait qu'il faut du temps pour acquérir cette expérience. Or, cela n'est pas dû à l'âge, mais à l'absence de maturité et de caractère[3].

Dans une première approximation donc, il apparaît que la temporalité qui atteste une progression se lie à une visée, à la fin comme ce qui est meilleur. Nous verrons que l'opposition entre ce qui détruit et ce qui produit permet à Aristote d'aller plus loin dans l'*Éthique*, et de mettre en évidence ce qui sauve et qui réalise une progression permanente, surtout lorsqu'il est question de la vertu. Dès lors, il n'est pas difficile de voir en quoi il cherche à dépasser le temps physique, plus apte à expliquer le temps extatique qui conduit à la mort. C'est en élevant au premier plan un autre type de temps associé au bien à travers la contingence, comme s'il souhaitait compenser les vicissitudes de l'âme dans l'au-delà contées par Platon,

1. *De anima*, II, 5, 417b2 *sq*.
2. *Eth. Nic.*, I, 7, 1098a20-26.
3. Par exemple, *Eth. Nic.*, I, 3, 1095a2 *sq*.

par une meilleure prise sur le présent. Ce présent s'ouvre à un avenir grâce à la délibération et à ce qu'elle vise en dernière instance, à savoir le bien propre de l'homme, le bonheur. Cela nous conduit à l'analyse d'Aristote concernant le statut du bonheur face à la mort.

3. Solon et la question de l'ouverture du temps

Pour élucider ce point, Aristote se réfère aux infortunes de Priam victime de la guerre de Troie. À cette occasion, il recourt au célèbre épisode de la visite de Solon auprès de Crésus qui lui demandait s'il existait quelqu'un de plus heureux que lui ; à quoi Solon répondit, qu'il ne fallait jamais se féliciter avant la fin. Le thème paraît redoutable à Aristote, car il semble impossible de *féliciter* (μακαρίζειν) quelqu'un avant sa mort, ne serait-ce que parce que l'avenir est toujours obscur et non-manifeste (ἄδηλον). Il peut toujours arriver un événement qui bouleverse la vie, comme cela s'est passé avec Priam. Du reste, s'il faut attendre le terme de la vie pour qualifier quelqu'un d'heureux, on devrait tenir compte, là encore, du temps antérieur pour juger de son bonheur; or le bonheur concerne l'*activité* même. Sans entrer dans les détails de l'analyse d'Aristote, rappelons que cette dernière précision oriente la solution qu'il propose, c'est-à-dire que le bonheur est une activité *conforme à la vertu*. Un homme qui vit selon la qualité vertueuse de son « caractère » (ἦθος), se donne les conditions optimales pour affronter les aléas de la vie et les infortunes qui pourraient surgir au cours de son existence[1].

Pour étayer son argumentation, Aristote utilise une analogie avec l'activité du *bon* général qui, pour gagner une guerre, fait usage de la meilleure façon possible des forces à sa disposition, ou encore avec celle du *bon* cordonnier qui se sert d'une matière et d'un travail qui conviennent pour produire les meilleures chaussures possibles. Grâce à cette analogie qu'il considère valable « pour tous les autres corps de métier », il déduit que l'homme *bon* et *sensé* est capable de supporter « toutes les vicissitudes du sort avec sérénité » et sait tirer parti « des circonstances pour agir toujours avec le plus de noblesse possible ». Étant tel, l'homme heureux ne peut devenir misérable quand il est affronté aux vicissitudes, même s'il est vrai qu'il ne saurait atteindre la pleine félicité, s'il a la malchance de tomber dans des malheurs comme ceux de Priam. Sa force réside dans sa capacité de résister aux changements et de les maîtriser au mieux possible. Aussi ne sera-t-il pas ébranlé dans son bonheur par les premières infortunes venues ;

1. Pour ce qui suit, voir l'ensemble du chapitre 10 du livre I de l'*Éthique à Nicomaque*.

il y faudra pour cela des échecs multiples et graves, bien que des désastres d'une grande ampleur puissent l'empêcher de recouvrer son bonheur en un jour, mais aura besoin d'une période de temps, « au cours de laquelle il aura obtenu de grandes et belles satisfactions ». Partant de là, Aristote peut donner une formulation plus précise du bonheur : on peut appeler heureux, l'homme dont l'activité est conforme à une parfaite vertu[1], à condition qu'il soit aussi suffisamment pourvu de biens extérieurs[2]. Mais cet état n'a de sens, dit-il, que s'il est vécu non pas pendant un laps de temps quelconque, mais pendant une vie longue et complète, c'est-à-dire qui se poursuit dans les mêmes conditions et qui atteint un terme en rapport avec le reste de l'existence[3].

D'une façon presque paradoxale, Aristote cherche donc à réaliser, à travers le temps d'une vie, une continuité qui, entre la naissance et la mort, puisse sauvegarder des conditions semblables, comme s'il fallait que l'agent de l'action imite le mouvement continu des sphères célestes. Bref, dans son incapacité de reproduire un temps de vie divin qui ne se limite jamais (αἰών), l'homme doit tenter de réaliser, dans le temps (χρόνος), une continuité qui y ressemble. Cependant, cette image ne doit pas nous tromper, car, on l'a vu, ce qui est éternel (en l'occurrence les astres) n'est pas dans le temps et, d'autre part, la continuité physique s'accomplit à travers le contact qui relie les différents changements (conformes aux quatre premières catégories : étance, qualité, quantité et lieu) indépendamment de la singularité de l'action et de la dimension axiologique de l'activité. Tout au plus cette forme spéciale d'immortalité sera atteinte par l'activité de l'intellect, qui constitue la partie divine en l'homme et qui s'accomplit grâce à l'étude des choses nécessaires, objets stables de la science et de l'intellection[4]. C'est en ce sens que, dans *Métaph.*, Λ, Dieu est qualifié de pensée de la pensée alors même que son activité s'accomplit en dehors du temps. Dans le cas de l'homme, incapable de réaliser une pensée aussi

1. Sur cette question, voir H.R. Richardson, « Degrees of Finality and the Highest Good in Aristotle », *Journal of the History of Philosophy* 30, 1992, p. 327-352.

2. Sur l'importance des biens extérieurs, voir J.M. Cooper, « Aristotle on the Goods of Fortune », *The Philosophical Review* 94, 1985, p. 173-196. Voir aussi D. Keyt, « The Meaning of βίος in Aristotle's Ethics and Politics », *Ancient Philosophy* 9, 1989, p. 15-21.

3. *Ibid.*, I, 11, 1100b35-1101a19.

4. Ici encore le problème se pose de savoir quelle est la différence entre ce type de continuité et le fait que l'intellect appartient au « bien », comme nous l'apprend l'*Eth. Nic.* I, 6, 1096a24-25. Mais c'est là un point que je laisse entre parenthèses, car il déborde mon propos et concerne principalement la problématique métaphysique dans son sens hénologique et agathologique. Pour le lien entre hénologie et noologie, voir R. Brandner, « Aristotele e la fondazione henologica dell'ontologia », *Rivista di Filosofia neo-scolastica* 87 (2), 1996, p. 184-202 et « Hénologie et noologie : à l'intersection de la pensée antique », *Revue de philosophie ancienne* 15 (1), 1997, p. 35-64.

continue, la continuité dans son existence sera atteinte uniquement en des moments fugitifs, incompatibles avec l'éternité propre aux dieux ou à Dieu. C'est par son action régie par la sagesse pratique (ou prudence) (φρόνησις), que l'homme intégré dans le monde de la contingence comme étant social, peut ménager cette continuité avec la discontinuité qui marque ses multiples actions singulières et variées, et dont la loi est celle de l'unicité. Pour comprendre donc la spécificité du rapport entre action et temps chez Aristote, il convient de se libérer du schéma physique du temps et d'appréhender un autre type de temps, lié aux actions variables et singulières, mieux, aux actions régies par les diverses formes de bien. Bref, au-delà du temps physique ou ontologique, il convient de scruter chez Aristote la pratique d'un temps hénologique, voire d'un temps agathologique[1].

4. Temporalité liée au bien : *aiôn* et *kairos*

Pour situer plus clairement cette question, il faut commencer par constater la double finalité qu'il pose : celle qui concerne la *mort* réglée par le temps ontologique, c'est-à-dire extatique, qui pousse l'étant dans le non-être, et celle qui concerne la recherche du *meilleur*, c'est-à-dire de l'entéléchie propre à chaque étant, qui fait en sorte que l'étant se-possède-dans-sa-finalité propre. Cette différence produit une importante bifurcation dans le déroulement du mouvement, qui révèle que ce qui subsiste et réalise un *telos*, une entéléchie, manifeste des conditions très différentes de celles qui sont exprimées dans la définition du temps physique. Ce qui est en jeu ici, c'est l'existence de deux métrétiques différentes, l'une qui mesure le mouvement selon le nombre, l'autre qui le mesure selon le bien, c'est-à-dire selon la juste mesure. Sur ce point Aristote est tributaire de Platon qui, dans le *Politique* et le *Philèbe*, réussit à dégager l'existence de ces deux métrétiques.

C'est en effet dans le *Politique,* 284e, que Platon divise la métrique en deux parties. Il y a des arts qui mesurent selon les contraires dans le champ dominé par l'ordre mathématique et des arts qui se réfèrent à la juste mesure (τὸ μέτριον), à ce qui se doit (τὸ πρέπον), à ce qui arrive au temps propice (τὸν καιρόν) et à ce qui convient (τὸ δέον). Dans le *Philèbe,* 28d, il refuse le hasard comme facteur de la création de l'univers et, en 66a, il porte au

1. Pour cette question, voir mes études « Le temps hénologique » dans *Les Figures du temps*, éd. L. Couloubaritsis et J.-J. Wunenburger, Strasbourg, Presses universitaires de Strasbourg, 1997, p. 89-107.

premier rang, dans la hiérarchie des biens, la mesure (τὸ μέτρον), la juste mesure (τὸ μέτριον) et le moment opportun ou propice (τὸ καίριον) [1]. D'autre part, toujours dans le *Politique,* 305c-d, il dit que la science politique ne requiert pas une activité pratique mais commande aux puissances qui doivent agir, car elle connaît quels sont les moments favorables (ἐγκαιρίαι) ou défavorables (ἀκαιρίαι) aux cités pour commencer et s'élancer dans des grands projets, alors que les autres puissances exécutent les ordres reçus.

Ces précisions, aussi fugitives qu'elles apparaissent, révèlent en fait une problématique de fond qui était, chez les Grecs, plus consistante qu'on le suppose généralement. Cette problématique concerne la dimension temporelle dans le domaine de ce qui convient de réaliser en fonction du bien, bref la question du temps propice (*kairos*). Or, à l'origine, ce terme ne concernait pas seulement le temps mais aussi l'espace, le lieu-propice, attestant une construction de l'espace-temps fort différente de celle de la physique, qu'elle soit aristotélicienne ou newtonienne. Pour illustrer cette perspective, on peut se rapporter à l'exemple de l'archer qui, pour tuer un oiseau en vol, doit viser, par un acte singulier, un lieu propice au moment propice. Or, Aristote se souvient de cet exemple lorsqu'il fait état au début de l'*Éthique à Nicomaque* de nos diverses activités en les rapportant à la finalité et en montrant qu'il existe une fin ultime des activités, le Souverain Bien. Il constate que, pour la conduite de la vie, la connaissance de ce bien et de ce qui est parfait est essentiel, et qu'il faut agir comme les archers qui visent une cible, pour atteindre plus aisément le but qui convient (τοῦ δεόντος) [2]. L'expression « ce qui convient », qui s'accorde à la terminologie de Platon, est importante et ouvre à la problématique de l'action. Mais il y a plus, car ce « bien » n'a cependant plus rien à voir avec le Bien transcendant de Platon, qu'Aristote écarte dans la suite, en montrant qu'il ne saurait constituer une essence commune, mais qu'il est de l'ordre de l'immanence et concerne des activités en elles-mêmes [3]. C'est à l'occasion de cette critique qu'il met en évidence la notion de *kairos*. L'intérêt de son analyse tient dans le fait qu'elle rapproche les différents sens du bien aux différentes catégories de l'être, ce qui bouleverse radicalement les données du platonisme. Voyons de plus près ce texte fondateur.

1. Cf. *Lois*, IV, 709b.

2. *Eth. Nic.*, I, 2, 1094a18 *sq.*

3. On a beaucoup écrit et dans des sens divers sur cette critique d'Aristote à l'adresse de Platon. Cette question déborde l'objectif de ce travail. Voir à ce sujet, A. M. Armtrong, « Aristotle Conception of Human Good », *The Philosophical Quarterly* 8, 1958, p. 259-260 ; B. Williams, « Aristotle on the Good : A Formal Sketch », *The Philosophical Quarterly* 12, 1962, p. 289-296 ; H. Hair, « Le bien selon l'éthique d'Aristote », *Les Études philosophiques* 58, 1988, p. 181-193.

> Puisque le Bien se dit d'autant de façon que l'étant, car il se dit dans l'étance, par exemple Dieu ou l'Intellect, dans la qualité, comme les vertus, dans la quantité, comme la juste mesure, dans la relation, comme l'utile, dans le temps (χρόνος), comme le temps propice (καιρός), dans le lieu, comme l'habitat, et ainsi de suite, il est clair qu'il ne saurait être quelque chose de commun, de général et d'un : s'il l'était, il ne se dirait pas de toutes les catégories, mais d'une seule. De plus, puisqu'il y a (chez Platon) une seule science pour les choses tombant sous une seule Idée, il y aurait aussi une science de tous les biens. Or, en fait, les biens sont l'objet d'une multiplicité de sciences, même ceux qui tombent sous une seule catégorie, comme le temps propice (*kairos*). En effet, dans la guerre, il y a la stratégie, dans la maladie, la médecine, et dans les exercices fatigants, la gymnastique [1].

De ce texte dont la densité et la richesse requièrent une longue analyse, je ne retiendrai que quelques points qui ouvrent plus directement au rapport entre action et temporalité. Il fait voir tout d'abord que, rapporté au bien, le temps n'est autre que le temps propice (καιρός), c'est-à-dire ce temps unique, singulier, qui se produit dans les meilleures conditions. Ce temps s'accorde en fait à la seconde métrétique, celle de la juste mesure. Cette perspective, déjà entrevue par Platon, est prolongée dans les différentes activités comportant la contingence, comme celles qui sont régies par une forme d'art, par exemple la stratégie, la médecine, la gymnastique, le pilotage, etc. C'est dire qu'on peut constituer un art susceptible de nous apprendre à maîtriser le temps propice, comme le fait le stratège qui doit agir au moment propice pour gagner une bataille ou le médecin pour guérir son malade, etc. Si l'on suit la méthode analogique appliquée par Aristote pour circonscrire, on l'a vu, le sens à accorder au bonheur, on peut découvrir un domaine pour l'action aussi (tant pour l'action individuelle que pour l'action politique) où le temps propice se manifeste pleinement. Si en effet l'on admet que dans les arts en question, le savoir est secondé par la délibération (βούλευσις) et le choix (προαίρεσις), on peut supposer pour l'action aussi que ce domaine est celui où la délibération accomplit au mieux sa tâche, c'est-à-dire celui de la bonne délibération (εὐβουλεία) et de la sagesse pratique (φρόνησις). Pour illustrer cette présence du temps-propice dans l'action, il convient de commencer par prendre en considération l'activité délibérative.

1. *Eth. Nic.*, I, 6, 1096a23-34.

5. Présence du *kairos* dans l'action

Dans son analyse sur la délibération, Aristote insiste sur le fait qu'elle n'est pas une opinion (δόξα), car celle-ci entraîne une décision, alors que la délibération, parce qu'elle concerne le contingent et porte sur l'avenir, met en jeu la recherche des meilleures conditions pour réaliser une action. Par suite, si du seul fait qu'elle constitue une ouverture vers un avenir incertain mais en fonction d'une fin, la délibération intègre l'agent de l'action dans le temps (χρόνος), la recherche des meilleures conditions pour accomplir une action singulière, met en œuvre un temps propice (καιρός). Cette recherche du temps propice est tributaire du type d'activité où la délibération est appliquée, y compris donc dans les choses de l'art. Mais entre production ou activité conforme à un art et action éthique il existe une différence importante qui circonscrit d'une façon plus adéquate le rapport entre temps et action [1].

En effet, la délibération technique est fondée sur une forme de savoir et recherche les moyens les plus efficaces pour réaliser des activités : stratégie, médecine, pilotage, etc. Cette efficacité s'accorde néanmoins au contexte déterminé dans lequel elles s'accomplissent. Chacune d'entre elles suppose un savoir spécifique auquel s'accorde la délibération qui doit, pour parvenir à sa réalisation, tenir compte également du moment propice (*kairos*). En revanche, la délibération éthique n'est pas tributaire d'un savoir mais du caractère de l'agent et requiert un processus délibératif marqué par le bien (εὐβουλεία) sous l'égide de la sagesse pratique (φρόνησις). Autrement dit, cette orientation de l'analyse conduit à la thématique de la vertu, aussi bien de la vertu éthique que de la vertu dianoétique particulière qu'est la *phronèsis*.

Toutefois si, pour Aristote, cette approche suppose une instance (la sagesse pratique) qui assure l'adaptation de la délibération à ce qui est objet d'action (τὸ πρακτόν), elle s'oppose néanmoins à la tradition socratique, en accordant une importance au vice et à la possibilité d'accomplir de mauvaises actions par une délibération réussie et en fonction d'un temps

1. Cette différence a été interprétée de diverses façons. P. Aubenque insiste sur le sens d'habileté (cf. *La Prudence chez Aristote*, Paris, P.U.F., 1963). Même si je me suis permis de critiquer son point de vue (dans « Le problème de la *proairésis* chez Aristote », *Annales de l'Institut de Philosophie de l'U.L.B.*, 1970, p. 7-50), je tiens à souligner, à l'occasion de ce volume d'hommage, ma dette à l'égard de son travail. Mon interprétation du choix (proche de celle de R.-A. Gauthier) comme tributaire de la qualité morale de l'agent et de la *phronèsis* au sens de sagesse pratique (et non de prudence) où la bonne délibération (εὐβουλεία) domine, pourrait rencontrer celle de P. Aubenque à travers la problématique du temps propice, qu'il faudra préciser un jour par une étude plus circonstanciée, qui tenterait de concilier « habileté » et « qualité éthique » de l'agent.

propice. Ainsi, un crime parfait et prémédité suppose une bonne délibération réalisée dans les meilleures conditions et au moment propice. Mais cet acte se réalise en fonction d'une fin mauvaise et d'un caractère (ἦθος) défaillant. Cette observation fait voir l'ampleur du rapport entre action et temps chez Aristote, qui assure au *kairos* un rôle ambivalent, tant dans des arts qui supposent une délibération et des choix que dans l'action éthique. Par conséquent, il faut aller plus loin pour mieux cerner le caractère créateur de ce type de temps, plus précisément pour circonscrire les conditions qui assurent au temps propice un rôle pour ainsi dire bienfaiteur qui subvertit l'habileté éventuelle de l'agent animé par d'autres considérations que celle de la sagesse pratique.

Au livre II, Aristote applique à nouveau une analogie et montre que les vertus éthiques (comme moyen terme, médiété) sont sujettes à périr par l'excès ou par le manque, comme nous le voyons dans le cas de la vigueur corporelle et de la santé. En effet, dit-il, « l'excès et l'insuffisance d'exercice font perdre également la vigueur; pareillement dans le boire et le manger, une trop forte ou une trop faible quantité détruit la santé, tandis que la juste mesure *la produit, l'accroît et la conserve* ». Nous constatons ici l'importance d'une progression et d'un progrès pour analyser l'activité. Cela implique, on se souvient, un temps créateur et non plus seulement un temps extatique.

En effet, Aristote prolonge ses réflexions et fait voir que cette activité créatrice est tributaire de la juste mesure. Il en est ainsi, dit-il, également pour la modération, le courage et les autres vertus, car « celui qui fuit devant les périls, qui a peur de tout et qui ne sait rien supporter est lâche, tout comme celui qui n'a peur de rien et va devant n'importe quel danger, devient téméraire, etc. »[1]. En tant que médiété et juste mesure entre la lâcheté (défaut) et la témérité (excès), le courage manifeste ainsi un progrès. Cela illustre bien la « vertu » comme médiété dans l'ordre de son essence exprimée par la définition, mais *aussi* comme une extrémité dans l'ordre du bien[2]. A cette occasion, Aristote observe d'ailleurs que l'excès et le manque transgressent ce qui convient (τὸ δέον) dans les affections et les actions[3], ce qui nous situe d'emblée dans cette juste mesure – ce qui ouvre effectivement (par ce type de métrétique) à une autre temporalité, celle du temps propice.

En d'autres termes, rapportée à la problématique des affections et des actions, matières en lesquelles il y a excès, défaut et moyen, la vertu éthique met en œuvre une progression qui se lie, par sa nature même, à une

1. *Eth. Nic.*, II, 2, 1104a1 *sq.*
2. *Ibid.*, II, 6, 1107a7-8.
3. *Ibid.*, II, 6, 1107a4-5.

temporalité qui suit la métrétique du bien. Dans la crainte, l'audace, l'appétit, la colère, la pitié, et en général dans tous les sentiments de plaisir et de peine, on rencontre, dit Aristote, du trop et du trop peu, lesquels ne sont bons ni l'un ni l'autre, alors que le fait de « ressentir ces émotions au moment propice (ὅτε δεῖ), dans les cas (ἐφ'οἷς) et à l'égard des personnes qui conviennent (πρὸς οὓς), pour les raisons (οὗ ἕνεκα) et de la façon qu'il faut (ὡς δεῖ), c'est à la fois atteindre le milieu et être dans l'excellence, caractères qui appartiennent à la vertu »[1]. Par ces précisions, qui révèlent l'ampleur de la problématique de « ce qui convient » (δεῖ) qui concerne tantôt la façon dont s'accomplit l'action (ὡς δεῖ), la fin (οὗ δεῖ) et le temps (ὅτε δεῖ), Aristote révèle la complexité de l'action qui doit tenir compte, non pas seulement de règles, mais également du contexte réel dans lequel elle s'accomplit. Mais cette approche risque de rester insuffisante si la délibération, plus spécialement le bonne délibération n'est pas assumée, en pratiquant la *phronèsis* pour conforter l'action vertueuse[2].

C'est dans ce contexte que le temps propice prend tout son sens. Car si la bonne délibération est une certaine *rectitude* (ὀρθότης), cependant elle n'est pas n'importe quelle rectitude, puisque, on l'a vu, je peux bien délibérer en vue d'une mauvaise fin et agir au moment propice. On peut, dit Aristote, atteindre le bien par des mauvais raisonnements et des moyens erronés, et on peut l'atteindre en beaucoup de temps, tandis que d'autres réussissent à l'atteindre en un temps court. On ne saurait donc, dans le domaine de l'action, se contenter d'une réussite détournée; il convient plutôt de réaliser l'action dans les meilleures conditions, selon des données qui conviennent. La rectitude visée est ainsi tout autre, puisqu'il s'agit de celle qui cherche à atteindre le bien (ἀγαθοῦ τευτική). Par conséquent, la voie, par laquelle on atteint ce qui convient (καθ'ἣν οὗ δεῖ), doit être une voie où la bonne délibération conduit à une rectitude utile. Elle est utile (ὠφέλιμον), parce qu'elle contribue à réaliser la fin (ὀρθότης ἡ κατὰ τὸ συμφέρον πρὸς τὸ τέλος), parce qu'elle porte sur ce qui convient, c'est-à-dire sur la fin requise (οὗ δεῖ), selon la manière qu'il convient (ὡς δεῖ) et au moment qu'il convient (ὅτε δεῖ)[3], c'est-à-dire au moment propice (καιρός).

En somme, lorsqu'on tient compte de tous ces éléments, on comprend que la *phronèsis* doit régler l'action selon les meilleures conditions possibles dans un contexte déterminé et selon un temps propice. Elle s'impose et ordonne (ἐπιτακτική) l'action en tenant compte, dit Aristote, de la fin propre de l'homme et ce qu'il convient de faire ou de ne pas faire (τί δεῖ πράττειν ἢ μή) pour réaliser cette fin, le bonheur. C'est pourquoi il la

1. *Ibid.*, II, 5, 1106b18 *sq.*
2. Cf. *ibid.*, VI, 9-10.
3. *Ibid.*, VI, 9, 1142b17-33.

distingue de la *sunèsis*, qui signifie plus proprement « le bon sens », voire « l'intelligence pratique » au sens de la capacité d'appréhender quelque chose dans le domaine où il y a opinion possible et délibération. L'intelligence ainsi comprise suppose la capacité de juger (κριτική) et concerne principalement le fait d'apprendre dans les choses de l'action. Cette forme de métrétique ne doit pas être confondue avec celle que met en jeu la sagesse pratique (φρόνησις). C'est à ce titre que la temporalité mise en œuvre par la sagesse pratique est différente de la la temporalité physique, à laquelle s'accorderait encore la *sunèsis*. Elle suit bien une tout autre métrétique qui confère à l'action une dimension qui lui est propre et qui est irréductible à la temporalité physique, laquelle se contente d'expliquer surtout la finalité selon le terme de la vie (la mort), sans référence à la finalité propre de l'homme, le bonheur.

Une fois cette perspective établie, il n'est pas difficile de trouver d'autres domaines d'application du temps propice dans l'action. Le plus spectaculaire me paraît être celui de l'amitié et de l'amour. L'origine de l'amitié s'accomplit soudainement (ἐκ προσπαίου) par la « bienveillance » (εὔνοια)[1], tandis que l'amour se réalise à partir du visage, grâce au plaisir qu'on ressent en regardant l'autre[2]. Cette distinction entre amitié et amour ne modifie cependant pas les références au temps propice, car Aristote associe à ces deux notions la vertu. Toutefois, pour ce qui concerne la temporalité qui se rapporte à l'avenir et le temps qui s'écoule dans ces deux types de relation, il introduit une différence importante : l'amitié suppose une temporalité suscitée par la présence quasi permanente de l'autre, alors que l'amour peut s'amplifier avec l'absence. Mais qu'il s'agisse d'amitié ou d'amour, ces relations supposent bien des rencontres entre des personnes qui n'aboutissent pas toujours à réaliser les conditions propices pour fructifier une amitié. Aussi tout se passe-t-il comme si ces rapports émergeaient dès lors que se réalisent des rapports privilégiées. Ce sont ces rapports singuliers et pour ainsi dire insolites qui réalisent une véritable amitié et un véritable amour. En effet, ce privilège, Aristote le circonscrit à partir de sa théorie de la vertu, car seule l'amitié fondée sur la vertu réalise une temporalité stable, tandis que les autres formes d'amitié, comme celles qui sont basées sur le plaisir ou sur l'intérêt, sont éphémères. Mais quel que soit le mode de l'amitié ou d'amour, il faut reconnaître que l'origine se fonde sur un temps particulier, sans doute associé à ce qui advient soudainement (ἐξαίφνης), mais qui n'est vraiment réalisable que s'il

1. Cf. *ibid.*, IX, 5, 1166b30-1167a1. Sur cette question, voir mon étude « La *philia* à l'origine d'une mise en question du bonheur aristotélicien comme seule fin ultime de l'Éthique », *Annales de l'Institut de philosophie de l'U.L.B.*, 1970, p. 25-78.

2. *Ibid.*, IX, 5, 1167a3 *sq.*

appartient au temps qui convient, au temps propice (ὅτε δεῖ, καιρός). Mais que l'amitié et l'amour naissent grâce au temps propice alors qu'ils ne s'épuisent pas dans ce temps, puisqu'ils mettent également en jeu un temps qui se lie au « soudain » et un temps qui ouvre à l'avenir et qui devient condition de stabilité ou d'instabilité de l'amitié, manifeste la complexité du rapport entre action et temps chez Aristote.

Maintenant, si l'on tient compte en plus de l'importance de ces relations dans la réalisation du bonheur, on comprend qu'Aristote tiennne compte, pour la complexité de l'activité humaine, d'une temporalité qui ne se limite pas au temps physique mais qui concerne davantage le temps-propice (καιρός), le plus souvent associé au temps physique (χρόνος). Cette temporalité complexe où s'associent le temps physique et le temps propice, n'en demeure pas moins dominée par un temps créateur qui permet à l'agent de l'action d'accomplir une progression (ἐπίδοσις) et une sauvegarde (σωτηρία), voire un salut (σωτηρία). Par suite, la connivence entre bonheur et félicité qui surgit lors de l'analyse du jugement de Solon à propos de Crésus, prend toute son ampleur, assurant au temps propre à l'action sa spécificité et sa fécondité [1].

6. Conclusion

La temporalité complexe qui concerne l'action selon Aristote, mais plus généralement aussi celle qui se déploie dans la pensée grecque, demande encore à être explorée. Si elle révèle la richesse toujours à découvrir de la pensée du Stagirite, elle fait voir aussi la fécondité de la question du temps chez les Grecs. Cette fécondité pourrait éclairer des problèmes qui demeurent encore en retrait dans nos analyses actuelles, comme le temps dans l'histoire [2] ou même le temps dans les phénomènes complexes de la physique contemporaine [3].

En tout cas, ce type de temps, qui relève davantage du temps hénologique (et agathologique), se tient au cœur du courant néoplatoncien, qui se réfère directement à Platon. Mais contrairement à Aristote qui, profitant des analyses fugitives de Platon, distingue temps physique et temps hénologique et limite le *kairos* à l'activité humaine en laissant le domaine

1. *Cf.* mon étude « La philia à l'origine d'une mise en question du bonheur… », citée ci-dessus, qui ne tient pas compte cependant de la question de la temporalité.

2. Pour une première approche dans ce sens, voir mon *Histoire de la philosophie ancienne et médiévale*, Paris, Grasset, 1998.

3. *Cf.* mon étude « Can Aristotle Contribute to the Contemporary Debate on the Question of Time ? », *Aristotle and Contemporary Science*, éd. D. Sfendoni-Mentzou, à paraître.

de l'étant à l'ordre du *chronos*, Plotin, le fondateur du néoplatonisme, étend sa présence en tout, au nom de la primauté de l'Un sur l'Être et l'Étant. C'est pourquoi, en guise de conclusion, je me permets de rappeler le position métaphysique de Plotin [1], pour mieux faire voir la portée de ce que je crois avoir établi dans ce travail.

En effet, au chap. 18 de la VIe *Ennéade*, Plotin reprend sa thèse de l'émanation selon laquelle l'Un produit (l'hypostase de) l'Intelligence et rappelle qu'Il produit, non pas par hasard, mais comme Lui-même l'a voulu. Cette précision indique que l'émanation ne s'accomplit pas davantage par une nécessité mécanique, mais requiert l'activité pour ainsi dire libre (du fait qu'elle est antérieure à tout) de l'Un au sens de Bien. Par conséquent, l'Un produit l'Intelligence, non pas selon un acte arbitraire ou accidentel, « puisque là-bas rien n'est arbitraire », mais « comme il convient » (ὡς ἔδει). Nous voilà au seuil de la terminologie qui nous a suivi jusqu'ici à travers l'*Éthique* d'Aristote. Du reste, Plotin se réfère expressément à Platon, et précise que :

> c'est à cause de cela que Platon parle de "ce qui convient et du moment propice" (καὶ δέον καὶ καιρόν), comme s'il désirait faire comprendre par là que l'Un se trouve loin de ce qui arrive par hasard, mais que ce qu'il est, c'est ce qu'il doit être. Or, s'Il est ce qu'il doit être, Il n'est pas sans raison (οὐκ ἀλόγως); et s'il est le moment propice (καὶ εἰ καιρός), c'est qu'Il est ce qu'il y a de plus souverain (τὸ μάλιστα κυριώτατον) dans les choses qui adviennent *après* Lui (ἐν τοῖς μετ'αὐτὸ) et avant tout pour Lui-même, puisqu'Il n'est pas comme s'Il était par hasard. Il est cela comme il a voulu être Lui-même, dans la mesure où Il veut les choses qui conviennent (τὰ δέοντα), et ce qui convient et l'activité de ce qui convient sont une seule chose (καὶ ἓν τὸ δέον καί ἡ τοῦ δέοντος ἐνέργεια). De plus, ce qui convient ne l'est pas en tant que sujet (οὐχ ὡς ὑποκείμενον), mais en tant qu'activité première qui se manifeste par elle-même comme étant ce qu'elle convient d'être (ἀλλ'ὡς ἐνέργεια πρώτη τοῦτο ἑαυτὴν ἐκφήνασα, ὅπερ ἔδει) [2].

Cette manifestation de l'Un activité – cet Un qui est, dit Plotin, à la fois partout et nulle part parce qu'il est absolument transcendant – produit en fait la multiplicité de choses singulières. Du fait qu'il est actif, la singularité n'émerge et ne persiste dans la présence que parce qu'elle se produit selon les meilleures conditions, comme et quand cela convient.

1. D'autant plus que l'étude que j'ai proposée à ce sujet en octobre 1994 au Colloque d'Aix-en-Provence, organisé par A. Tordesillas sous le titre « Kairos et logos dans l'Antiquité », n'est pas encore parue.

2. *Ennéades*, VI, 8 [39] 18, 40-54.

C'est dire que le temps propice joue un rôle prépondérant dans la genèse des choses singulières, réglant le possible surgissement. Le glissement relativement à la position d'Aristote, qui se contentait de promouvoir le temps propice dans le domaine de l'action, est impressionnant. En soumettant le temps physique (χρόνος) à la fois à l'éternité (αἰών) de l'Intelligence et au temps propice (καιρός) de l'Un[1], Plotin résorbe l'action humaine dans la métaphysique, en suprimant l'autonomie que lui avait assuré Aristote, lorsqu'il fondait une science du temps dans sa *Physique*.

1. Sur ce triple temps, voir Proclus, *Comm. sur le Parménide*, 1216, 15 *sq. Cf.* mon étude « Kairos et logos hénologique chez Plotin (*Enn.*, VI, 8) », à paraître dans les Actes du colloque *Kairos et logos dans l'Antiquité* (Aix-en-Provence, octobre 1994), éd. A. Tordesillas, ainsi que l'article de M. Kerkhoff, « Kairos como primer principio (El testimonio de Proclo) », *Dialogos* 60, 1992, p. 81-100 et J. Lacrosse, « Cronos, Aiôn et Kairos chez Plotin », dans *Figures du temps*, *op. cit.*, p. 75-87.

ÉQUITÉ ET KAÏRONOMIE CHEZ ARISTOTE *

Alonso TORDESILLAS

L'étude de Pierre Aubenque sur *La Prudence chez Aristote* en mettant l'accent sur la philosophie pratique d'Aristote indique en quelques pages remarquables[1] l'importance que prend la notion d'ἐπιείκεια dans cette investigation lorsque, analysée dans son rapport à la justice et à la loi, elle est associée à la recherche d'une règle pour les cas qui tombent sous le coup de l'indétermination, cas qui ne peuvent relever que d'une règle elle-même indéterminée[2]. Dans les textes d'Aristote qui traitent de ces questions, le portrait qu'il donne de l'équitable présente une forme dans laquelle se détermine une recherche pour trouver dans l'étude circonstanciée des cas une règle capable de régir les exceptions. Dans cette perspective, Aristote se situe dans le sillage de Platon, lequel s'était également essayé à cette investigation dans le *Politique*, sans pour autant la mener à terme sur le plan de la mise en application de la règle en question où lui-même plaçait sa recherche sinon en renvoyant l'ensemble de la question d'une part à une

* Les linéaments de cette étude ont été présentés à Paris au *Centre de recherches sur la pensée antique « Léon-Robin »* (C.N.R.S. – Paris IV-Sorbonne) le 25 avril 1997, sous le titre : « Le prudent, le magnanime, l'équitable ». Je tiens à remercier tout particulièrement ici Monsieur Pierre Aubenque pour ses observations sur l'interprétation des difficiles lignes de l'*Éthique à Nicomaque*, V, 14, 1137 b 34 – 1138 a 1, et Monsieur Michel Narcy, pour ses remarques sur ἐπιεικές et σπουδαῖος, qui m'ont permis de préciser certains points relatifs à ces questions.

1. P. Aubenque, *La Prudence chez Aristote*, Paris, 1963, p. 41-46, 150-152.

2. Voir P. Aubenque, *ibid.*, p. 44, et Aristote, *Eth. Nic.*, V, 14, 1137 b 29.

perspective exclusivement éïdétique, d'autre part, à un examen ultérieur[1]. Aristote en reprenant à nouveaux frais les analyses traditionnelles de l'ἐπιείκεια dans un cadre qui se situe à la frontière de l'éthique et du juridique semble être en mesure de mettre en place les éléments de ce que nous proposons de nommer kaïronomie[2].

Deux séries de textes balisent les propos d'Aristote sur l'équité et sur l'équitable : d'une part, les textes que l'on trouve dans le chapitre 14 du livre V de l'*Éthique à Nicomaque*, d'autre part, ceux qui se trouvent dans le chapitre 13 du livre premier de la *Rhétorique*. Ces notions que l'on porte au crédit d'Aristote comme étant leur inventeur quant à la portée philosophique, socio-juridique et politique oscillent, du point de vue de l'exégèse, entre deux extrêmes qu'Aristote stigmatise par ailleurs : l'excès et le défaut. Les interprétations divergent entre une position minimaliste et une position maximaliste. Dans sa version optimiste, la notion d'équité apparaît comme supérieure à la justice; dans sa version pessimiste, la notion d'équité apparaît comme une béquille pour une justice boiteuse et une loi défaillante. Il peut même se trouver que les deux interprétations se complètent pour voir dans l'ἐπιείκεια le palliatif d'une justice défectueuse et, à ce titre, supérieure à celle-ci.

La première interprétation est soutenue par René Antoine Gauthier et Jean Yves Jolif. Dans le commentaire qu'ils proposent de l'*Éthique à Nicomaque*, ces auteurs, en s'appuyant sur les textes qui font mention des actes pardonnables et impardonnables[3], considèrent l'équité comme quelque chose de fort proche d'un sentiment d'indulgence qui s'inscrit dans l'homme comme une loi de sa nature[4]. Dans cette perspective, si l'équité améliore l'application de la loi dans les affaires de la cité, c'est en raison de sa portée morale qui la conduit à être toujours indulgente dans les cas où l'action, bien que défaillante vis-à-vis de la loi, n'est pas d'inspiration vicieuse. En effet, un acte ne peut être réputé effectivement injuste que s'il a

1. Sur l'échec de la tentative éïdétique platonicienne pour fonder une kaïronomie, nous nous permettons de renvoyer à : A. Tordesillas, « Le point culminant de la métrétique », dans Chr. J. Rowe (ed.), *Reading the Statesman*. Proceedings of the III Symposium Platonicum, Sankt Augustin, 1995, p. 102-111.

2. Sur l'importance de la notion de καιρός dans ces domaines, voir P. Aubenque, *La Prudence chez Aristote*, p. 95-105; et sur l'utilisation de la notion par Aristote dans son rapport à Platon d'une part et aux sophistes d'autre part, voir P. Rodrigo-A. Tordesillas, « Politique, ontologie, rhétorique : éléments d'une kaïrologie aristotélicienne ? », dans A. Tordesillas (ed.), *Aristote politique. Études sur la* Politique *d'Aristote sous la direction de Pierre Aubenque*, Paris, 1993, p. 399-419.

3. Arist., *Eth. Nic.*, V, 11, 1136 a 5-9; voir également VI, 11, 1143 a 19-24 et VII, 6, 1148 b 15-1149 a 20.

4. Aristote, *L'Éthique à Nicomaque*, introduction, traduction et commentaire par René Antoine Gauthier et Jean Yves Jolif, II-1, Louvain-Paris, 1970[2], p. 431-433.

été accompli de manière mûrement délibérée et en pleine connaissance de cause[1], par où il se distingue des méprises, des fautes et des actes commis par l'effet de quelque conséquence de l'humaine nature (colère ou une autre passion, faim ou toute autre nécessité), cas où l'acte est injuste eu égard à la loi sans que celui qui l'a commis le soit. C'est dans un contexte similaire que, examinant le problème du pardon, *Rhétorique,* I, 13, amorce l'examen de l'équité. Il convient de distinguer la malchance, l'erreur et le délit[2]. Dans le premier cas, l'auteur de l'acte n'ayant pas suffisamment réfléchi à son action n'a pas prévu un fait qui se produit dès lors par hasard. Dans le second cas, l'action est suffisamment préméditée, mais celui qui agit ignore l'un des facteurs qui constituent la connaissance de l'acte. Malgré le préjudice porté, l'équitable peut pardonner ces fautes, tout en redressant le tort ou en compensant le dommage, car ces actes ne relèvent pas du vice. En revanche, le délit, accompli délibérément et en pleine connaissance de cause, vicieux dans son inspiration même, ne saurait être pardonné par l'homme équitable.

Si, dans l'*Éthique à Nicomaque*, Aristote gardait en mémoire ou avait sous les yeux les textes de la *Rhétorique* lorsqu'il examine le problème des actes impardonnables, il n'y aurait pas lieu de s'étonner qu'il passât, pour ainsi dire naturellement, de l'idée de pardon et d'indulgence à l'analyse de la notion d'équité dans le chapitre 14 qui apparaîtrait alors comme une conclusion du livre V, où, après avoir traité de la justice, le Stagirite en viendrait à parler de cette forme supérieure de la justice qu'est l'équité, car, « s'il est beau d'être juste, il est encore plus beau d'être équitable ». L'équité, de ce point de vue, serait une loi inscrite dans la nature de l'homme, une norme de cette nature qui s'oppose à la loi écrite, s'inscrivant, ce faisant, dans une investigation sur l'opposition de la nature et de la loi, d'où le recours en *Rhétorique,* I, 13, à l'*Antigone* de Sophocle et à Alcidamas. Contre la justice d'airain, contre l'arrogance du droit positif, il est fait appel à une forme de justice plus compréhensive et plus indulgente, à *dikè* s'oppose *epieikeia*, justice supérieure et naturelle qui s'identifierait avec l'indulgence *(suggnômè)*[3]. L'équité serait alors, concluent René Antoine Gauthier et Jean Yves Jolif, « comme un idéal supérieur », soit « hors du domaine du droit » et se ramenant à une loi non écrite, « source d'indulgence »[4], soit « expression d'une loi inscrite dans la nature des hommes », norme d'un « droit naturel », et donc dans la sphère du droit,

1. Arist., *Eth. Nic.*, V, 10, 1135 a 24.

2. Arist., *Rhet.*, I, 13, 1374 b 2-8.

3. Voir par exemple Soph., fr. 427 Ahrens; Eurip., fr. 1030 Nauck[2]; et Arist., *Eth. Nic.*, VI, 11, 1143 a 19-24.

4. Arist., *Rhet.*, I, 13, 1374 a 26.

mais d'un droit naturel où elle s'opposerait simplement à la loi écrite[1]. Ainsi, l'*Éthique à Nicomaque*, tout en marquant la proximité traditionnelle de l'équité à l'indulgence et à la douceur opposées à la rigueur de la loi et à l'arrogance du droit, n'exclut cependant pas l'équité de la sphère du droit, en fait même sa source en tant que forme supérieure de la justice inscrite dans la nature[2].

À cette interprétation de l'équité comme supérieure même à la justice, par laquelle Aristote justifierait Platon en donnant une justification théorique aux moyens d'éviter les imperfections des lois écrites[3], s'oppose une deuxième interprétation, minimaliste, relevant non de l'excès, mais du défaut. Dans cette perspective, l'équité vient corriger ce que les lois ont de

1. Arist., *Rhet.*, I, 15, 1375 a 27 : « si la loi écrite est défavorable à notre cause, il faut avoir recours à la loi commune et à des raisons plus équitables et plus justes, et s'en servir "dans le meilleur esprit" [γνώμῃ τῇ ἀρίστῃ] signifie ne pas s'en tenir rigoureusement aux lois écrites. Et l'équitable demeure toujours et ne change jamais, non plus que la loi commune (laquelle est selon la nature), tandis que les lois écrites changent souvent », loi qui, comme le dit la citation que donne Aristote, n'est ni d'aujourd'hui ni d'hier, mais éternelle.

2. Pour l'interprétation classique de l'équité comme douceur ou mansuétude, voir M. Untersteiner, *I sofisti*, Milano, 1967, p. 275-288 (trad. fr. : *Les Sophistes*, I, Paris, 1993, chapitre VII : « Gorgias : l'éthique », p. 253-265) ; F. D'Agostino, *Epieikeia. Il tema dell'equità nell'antichità greca*, Milano, 1973, p. 1-22 ; J. de Romilly, *La Douceur dans la pensée grecque*, 1979 (spécialement p. 53-63). Dans un article auquel je n'ai eu accès que trop tardivement, J. Brunschwig, « Rule and Exception. On the Aristotelian Theory of Equity », *in* M. Frede-G. Striker (ed.), *Rationality in Greek Thought*, Oxford, 1996, p. 115-155, revient sur l'usage aristotélicien du sens traditionnel d'*epieikeia* (p. 117-126) et montre comment ce « sens large » d'*epieikeia* converge avec le sens strict et juridique de l'équité dans l'analyse qu'en donne Aristote qui se déploie sur fond d'un héritage platonicien. Dans cet article, J. Brunschwig montre la cohérence des textes de l'*Éthique à Nicomaque* et de ceux de la *Rhétorique* sur l'*epieikeia* dans la perspective aristotélicienne d'une résolution théorique d'un problème d'ordre juridique et judiciaire.

3. Dans de nombreux textes (*Politique*, 294 a ; *Lois*, IX, 875 a-d ; *Lois*, VI, 757 d-e) Platon constate ces imperfections. La cité idéale n'existant pas, l'équité vient sauver d'une soumission à la nécessité et à la contrainte de réglementations et de lois imparfaites (voir P. Aubenque, *La Prudence chez Aristote*, Paris, 1963, p. 44). Toutefois, même si on trouve parfois les termes ἐπιείκεια et ἐπιεικής (p. ex. *Apologie*, 22 a 5 ; *Protagoras*, 346 e 5 ; *République*, III, 404 b 7 ; *Lois*, V, 735 a 2, *cf.* 736 d 7 ; *Lettre VII*, 325 b 5 ; etc.), les passages du *Politique* et des *Lois* où Platon examine les défaillances d'une loi nécessairement imparfaite en raison de sa généralité ne mettent pas en valeur la notion d'équité, de sorte que celle-ci ne joue pas à proprement parler un rôle dans l'analyse platonicienne qui considère essentiellement le rôle du législateur dans la perspective d'une construction théorique. En un sens, Platon, dans ses analyses de la loi – analyses dans le sillage desquelles Aristote inscrit son analyse de l'équité –, fait place nette pour l'émergence de l'ἐπιείκεια telle que la décrit et l'interprète Aristote : voir J. Brunschwig, art. cit., p. 126-135 ; voir aussi P. Aubenque, « La loi selon Aristote », *Archives de la philosophie du droit* 25, 1980, p. 147-157.

trop absolu. L'un des derniers tenants de cette thèse est Chaïm Perelman[1]. Pour Chaïm Perelman, comme pour Lambros Couloubaritsis, l'intérêt des analyses aristotéliciennes est qu'elles débordent le cadre strictement juridique et font de l'équité une notion qui concerne « un ensemble d'actions et de règles pour une société donnée ». La référence à l'équité permet d'équilibrer les injustices sociales. Cette vision suppose que « l'horizon ultime des actions et la confrontation des intérêts » qu'elles impliquent « doivent se rapporter à une certaine idée d'égalité qui permette dans l'application des règles d'égaliser les inégalités et d'équilibrer les déséquilibres »[2]. L'équité intervient lorsque la justice se heurte à sa concrétisation, et par justice ces auteurs entendent « un principe d'action selon lequel les êtres d'une même catégorie essentielle doivent être traités de la même façon »[3], mais cette formulation ne dit ni *quand* deux êtres appartiennent à une même catégorie, ni *comment* il faut les traiter, sinon qu'il faut les traiter de manière égale en sorte que l'un ne soit pas défavorisé par rapport à l'autre[4]. Et cela est encore plus précaire lorsqu'interviennent des variables dont la présence simultanée dans une situation donnée conduit à des antinomies. C'est surtout dans ces cas où l'application de la justice est contrainte d'excéder, voire de transgresser la justice formelle, qu'on recourt à l'équité. La rigueur des lois écrites se soutient de ce que, contrairement aux arts, où l'homme de métier exerce son savoir-faire en vue de ce qui est le meilleur pour celui à l'égard duquel il l'exerce, dans le cadre des magistratures, l'emprise de la passion est telle que les hommes sont tentés de poursuivre davantage leur propre intérêt que celui des citoyens[5], en sorte que les lois sont nécessaires pour que les gouvernés aient une norme à l'aide de laquelle ils puissent veiller à ce que les gouvernants exercent correctement leur charge. Mais dans la mesure où la loi ne peut pas tout définir, il demeure des cas qui doivent être jugés par des hommes qualifiés[6]. L'équité apparaît alors comme la béquille de la justice et le complément indispensable de celle-ci chaque fois que l'application de cette

1. Ch. Perelman, *Justice et Raison*, Bruxelles, 1963, p. 9-80, notamment, p. 42-51 et 52-60. De façon plus modérée, dans une moindre mesure, et dans une perspective différente, Lambros Couloubaritsis s'inscrit dans cette lignée, voir : L. Couloubaritsis, « La fondation aristotélicienne de la notion de justice », dans *Mélanges offerts à Robert Legros*, Bruxelles, 1985, p. 79-101, et « La modernité face à la notion aristotélicienne d'équité », dans K. Boudouris (ed), *On Justice*, Athens, 1989, p. 129-137.

2. Voir L. Couloubaritsis, « La modernité face à la notion aristotélicienne d'équité », art. cit., p. 130.

3. Ch. Perelman, *Justice et Raison*, *op. cit.*, 1963, p. 26.

4. Ch. Perelman, *ibid.*, p. 45-46.

5. Arist., *Pol.*, III, 16, 1287 a 36.

6. Arist., *Pol.*, III, 16, 1287 a 25.

dernière se révèle impossible en raison de la co-présence de plusieurs caractéristiques essentielles qui viennent se heurter dans certains cas d'application[1]. L'équité est donc comme un soutien ou un support de la justice qui permet à celle-ci de tenir debout et sans lequel elle s'écroulerait : « Pour que la justice ne soit pas boiteuse, pour pouvoir se dispenser de l'équité, il faut que l'on ne désire appliquer qu'une seule formule de la justice concrète sans que l'on doive tenir compte des changements qui sont susceptibles de déterminer des modifications imprévues de la situation »[2]. Comme cela n'est possible que si la justice est tout à fait étroitement définie et strictement limitative ou si, au contraire, elle est si large et si extensive qu'elle peut tenir compte de toutes les caractéristiques, il suit de là que l'équité est à la fois une béquille et un complément indispensable. Si la justice pouvait être guérie (idéalement) de ces apories, la béquille de l'équité deviendrait inutile. Mais cette extrapolation ne peut être acceptée car ce à quoi s'applique la justice est trop complexe pour que cela soit réalisable. Refuser cette extrapolation s'effectue donc au détriment de l'équité qui doit, elle aussi, être limitée. La conclusion que tire Chaïm Perelman de sa réflexion sur le droit selon le Stagirite éclaire cette position : le principe d'équité ne saurait être étendu de manière illimitée au-dessus de la justice car un excès d'équité détruit la sécurité juridique en diluant en quelque sorte la pertinence de la loi pour accorder au juge, et à travers lui, au pouvoir politique, « un pouvoir de décision effréné ». En somme, tandis qu'une justice trop formelle conduit à une législation sans juges, une justice trop concrète, qui, au nom de l'équité, attribue à la délibération du juge le plein pouvoir, ne peut aboutir qu'à une sorte de justice sans législation, en sorte qu'un pouvoir de décision sans limitation est aussi dangereux qu'une justice absolument réglée et excluant toute décision du juge.

Si donc l'équité est une béquille d'une justice elle-même boiteuse, elle est inférieure à celle-ci, c'est pourquoi, dans la mesure où elle est un artefact pour la soutenir, elle doit être à son tour limitée. En revanche, si l'équité est l'indulgence, la clémence ou la norme inscrite dans la nature de l'homme, ou si elle s'oppose à la loi écrite, elle est supérieure à la justice. Or, si on regarde de près les textes d'Aristote concernant l'équité et l'équitable, on s'aperçoit que, faute d'une lecture contextuelle, ces deux interprétations pêchent par les extrêmes stigmatisés par Aristote, l'excès et le défaut.

Comme l'a montré Pierre Aubenque[3], dans l'*Éthique à Nicomaque*, la position d'Aristote concernant l'équité s'enracine dans sa doctrine de

1. Ch. Perelman, *Justice et Raison*, p. 45-46.
2. Ch. Perelman, *Justice et Raison*, p. 50.
3. P. Aubenque, *La Prudence chez Aristote*, *op. cit.*, p. 41-46, 150-152.

l'ἀρετή et, à ce titre, l'éthique s'appuie sur la φρόνησις, « cette recherche souple qui s'exerce dans le contingent »[1]. Lorsqu'il traite des vertus dianoétiques, Aristote expose le point de départ de sa recherche : « Tout ce qui rentre dans le cadre de l'action concerne les cas particuliers et les termes de la délibération, car l'homme prudent doit connaître les faits particuliers, et la σύνεσις et la faculté de discernement (γνώμη) roulent sur les actions à accomplir, lesquelles sont les termes ultimes. L'intellect s'applique en effet à ceux-là dans les deux sens à la fois, puisque les termes premiers aussi bien que les derniers sont du domaine de l'intellect et non de la discussion : d'un côté, dans les démonstrations, l'intellect appréhende les termes immobiles et premiers; d'un autre côté, dans les raisonnements d'ordre pratique, il appréhende le terme dernier, le contingent et ladite prémisse mineure, puisque ces faits-là sont les principes de la fin, les cas particuliers servant de point de départ pour les universels »[2]. Mais l'individuel ne relevant pas d'un absolu, les trois vertus dianoétiques sont l'expression d'une dialectique pratique qui conduit l'homme à l'excellence parce qu'il n'abandonne pas les choses qui sont à un inatteignable et à la multiplicité irrationnelle des événements mais les modèle en leur donnant une empreinte emprise d'humanité. D'emblée, l'investigation sur l'équité et sur l'équitable s'inscrit dans le contingent et dans l'intervention humaine en s'éloignant de toute tentative d'idéalisation du champ des πρακτά comme de tout opportunisme situationniste.

Le cinquième livre de l'*Éthique à Nicomaque* offre à cet égard la meilleure illustration de ce propos : le savoir éthique, à la différence du savoir technique, ne relève pas à proprement parler d'une connaissance, il n'est pas non plus pour autant imposé d'ailleurs, et on ne peut pas non plus s'en dispenser car l'homme est toujours « en situation d'agir »[3]. Les décisions qui relèvent du champ de la pratique s'imposent par le fait même que, pour l'homme, vivre c'est décider. La perplexité qui naît de ces propos est levée par l'analyse de l'ἐπιείκεια. À première vue, la justice devrait apparaître, chez Aristote, comme le résultat de l'application de la loi aux cas d'espèce, et donc comme résultant d'une τέχνη et non d'une φρόνησις. Mais l'intervention de l'ἐπιείκεια montre qu'Aristote ne se fait aucune illusion sur la possibilité d'une application mécanique de la loi, et est l'indice que, avant même d'être une éventuelle technique corrective de la loi quand celle-ci n'est pas adéquate au cas singulier, l'ἐπιείκεια permet à

1. M. Villey, « Abrégé du droit éthique », *Archives de philosophie du droit*, n.s. 5, 1961, p. 54.

2. Arist., *Eth. Nic.*, VI, 12, 1143 a 32 – b 5.

3. H. Gadamer, *Warheit und Method. Grundzüge einer philosophischen Hermeneutik*, Tübingen, 1965², p. 301-302.

l'action humaine, dans le monde changeant qui est le nôtre, de persister comme ἦθος, de ne pas se ramener à la φύσις, et de lui conserver ainsi une marge irréductible qui lui permet d'échapper à une détermination absolue [1]. Ce point est encore plus clair si nous prenons en compte le fait qu'ἐπιείκεια se voit attribuer le caractère d'ἀρετή. C'est à ce niveau qu'intervient l'apport des sophistes et leur usage du καιρός. Malgré la rareté des textes des sophistes qui nous sont parvenus, le lien entre ἐπιείκεια et καιρός semble clairement établi pour ce qui est du moins du domaine éthique, mais également, quoique moins fermement, pour le domaine judiciaire [2], et chez Aristote lui-même, ἀρετή et καιρός demeurent intimement mêlés, au point que la juste mesure vertueuse a même un sens de détermination du καιρός [3], en sorte que le discours éthique (notamment dans le domaine de la justice), qui se centre sur le discernement des vertus humaines, implique, bien plus qu'une technique du discours moral, l'idée que la conduite humaine se mesure à l'aune des singularités et que ce sont ces singularités qui en déterminent les modalités [4].

Dans l'*Éthique à Nicomaque*, le Stagirite, après avoir souligné qu'ἐπιείκεια et δικαιοσύνη ne sont ni identiques ni hétérogènes, résout l'aporie en disant que l'ἐπιεικές est un δίκαιον, non au sens de la conformité à la loi, mais au sens d'un « correctif (ἐπανόρθωμα) du juste légal » : « Donc le juste et l'équitable sont identiques et tous deux bons (σπουδαίοιν) bien que l'équitable soit meilleur. Ce qui fait l'aporie, c'est que l'équitable est juste, non κατὰ νόμον, mais comme un correctif (ἐπανόρθωμα) du juste légal. La raison en est que la loi énonce toujours en universel (πᾶς καθόλου) et qu'il y a des cas pour lesquels il n'est possible

1. Ce point a été particulièrement souligné par H. Gadamer, *loc. cit.*

2. Voir M. Untersteiner, *I sofisti*, p. 275-288 (trad. fr. : *Les Sophistes*, I, chapitre VII : « Gorgias : l'éthique », p. 253-265), et surtout F. D'Agostino, *Epieikeia. Il tema dell'equità nell'antichità greca*, Milano, 1973, p. 23-49 (chapitre II : *Kairos ed epieikeia*). Les commentateurs rapprochent le thème de l'ἐπιείκεια tel qu'il apparaît chez les sophistes (notamment dans l'interprétation du fragment de l'*Epitaphios* de Gorgias [82 B 6 D.-K.]) de la perspective développée par les Tragiques sur cette question, y compris lorsque la notion apparaît dans un cadre d'ordre juridique. Mais le rapprochement des notions d'ἐπιείκεια et de καιρός, et la manière dont Aristote utilise les sophistes dans son rapport aux auteurs qui l'ont précédé dans l'analyse de la notion de καιρός (voir P. Rodrigo-A. Tordesillas, « Politique, ontologie, rhétorique : éléments d'une kaïrologie aristotélicienne ? », art. cit., p. 399-419) permettent de repérer l'importance des sophistes dans l'interprétation aristotélicienne de l'ἐπιείκεια. Cela paraît d'autant plus probable que dans les exemples qu'Aristote exploite en *Rhétorique*, I, 13, il recourt, et ce n'est peut-être pas un hasard, au sophiste Alcidamas, lequel était élève de Gorgias.

3. Voir P. Aubenque, *La Prudence chez Aristote*, *op. cit.*, p. 95-105.

4. Voir F. D'Agostino, *Epieikeia. Il tema dell'equità nell'antichità greca*, art. cit, p. 65-100, en l'occurrence p. 69.

de se prononcer (εἰπεῖν) correctement (ὀρθῶς) en général (καθόλου) » [1]. Si c'était tout ce qui était dit, il n'y aurait pas là grande nouveauté par rapport à ce qu'en disait Platon dans le *Politique*, en 294 a-b, ni même par rapport à ce qu'Aristote lui même énonçait en *Politique*, III, 15, 1286 a 9. Mais la proposition d'Aristote vise à démontrer que la légalité ne peut être toute la justice, bien qu'elle soit justice complète. Et, dans ce contexte, l'énoncé aristotélicien s'inscrit dans le cadre de l'établissement d'un lien de l'ἐπιείκεια, non seulement avec la συγγνώμη, dans une perspective d'indulgence ou de compréhension par rapport à la rigueur de la loi, et donc, en un sens, dans une perspective morale, mais directement avec la δικαιοσύνη et avec le droit [2].

Le passage du cinquième livre de l'*Éthique à Nicomaque* consacré à l'ἐπιείκεια s'ouvre sur une comparaison entre le δίκαιον et l'ἐπιεικές [3], où ἐπιεικές apparaît comme un équivalent de σπουδαῖον. Ce rapprochement sert à Aristote à rappeler la conception populaire de l'ἐπιείκεια, les paradoxes auxquels elle conduit et le caractère dialectique de sa recherche. Les passages d'Aristote où ἐπιεικές est utilisé comme simple synonyme d'ἀγαθός sont très nombreux [4], et il se pourrait bien que dans le domaine de l'ἀρετή, faute de paronyme [5], on emploie σπουδαῖος. L'étymologie [6] rapproche ἐπιείκεια et εἰκός, sous la forme du participe neutre de la forme verbale ἔοικα, non par rapprochement avec l'idée de ressemblance, mais avec celle de convenable [7], où le parfait ἐπέοικε utilisé comme présent, reçoit, chez les classiques, un sens normatif de « convenable, modéré,

1. Arist., *Eth. Nic.*, 1137 b 9-15.

2. Voir J. Brunschwig, « Rule and Exception. On the Aristotelian Theory of Equity », art. cit., p. 135-137.

3. Arist., *Eth. Nic.*, 1137 a 31 – b 5 : « Il reste à traiter de l'équité et de l'équitable et des rapports qu'ils entretiennent respectivement avec la justice et le juste. En effet, à y regarder avec attention, il apparaît que la justice et l'équité ne sont ni absolument identiques, ni génériquement différentes ; tantôt nous louons ce qui est équitable et l'homme équitable lui-même, au point que, en louant ainsi, nous transférons le terme équitable et en faisons un équivalent de bon (ἀγαθόν), indiquant par plus équitable quelque chose de meilleur (βέλτιον) ; tantôt, en poursuivant ce raisonnement, il nous paraît étrange que l'équitable, s'il est quelque chose qui s'écarte du juste, soit loué ; en effet, s'ils sont différents, ou bien le juste n'est pas bon (σπουδαῖον), ou bien l'équitable n'est pas juste, ou si tous les deux sont bons, c'est qu'ils sont identiques ».

4. Pour nous en tenir à l'*Éthique à Nicomaque*, bornons-nous à signaler les suivants : I, 1102 a 10 ; IV, 1120 b, 1121 b, 1126 b ; IX, 1167 b, 1168 a 33, 1169 a 16, 1170 a 3 ; X, 1172 b, 1175 b, etc.

5. Comme me l'a fait remarquer à juste titre Michel Narcy (cf. *supra*, note astérisquée).

6. Voir P. Chantraine, *Dictionnaire étymologique de la langue grecque. Histoire des mots*, I, Paris, 1968 *sq.*, p. 355, col. 1, *s.v.* ἔοικα 3.

7. D'où, par exemple, la traduction par Armando Plebe d'ἐπιεικές par « *conveniente* ».

équitable »[1] par opposition à δίκαιος qui désigne l'application stricte de la loi. L'étymologie renforce le sens de concession traditionnellement reconnu à la notion d'équité. Ἐπιεικές est à cette époque souvent utilisé pour désigner ceux dont les qualités sont appropriées aux situations et qui, à ce titre, présentent des qualités positives (par opposition à des références honteuses ou outrageuses), même si les textes ne spécifient pas nécessairement ces qualités, en sorte que par transfert du terme ἀγαθός on trouve une substantification οἱ ἐπιεικεῖς pour désigner ceux qui sont excellents, avec l'intervention nette de la notion d'individu, et dans le cadre de la responsabilité pénale, le principe de l'égalité sociale devant la justice, sans perte du caractère individuel de celui qui se présente devant elle[2]. On retrouve ces points chez Aristote en *Éthique à Nicomaque*, V, 7, où l'ἐπιεικές, l'homme de bien, est opposé au méchant, à l'homme de rien (φαῦλος), bien que tous les deux soient considérés à égalité devant la loi[3]. Il y a là manifestement un héritage sophistique où ἐπιεικές se trouve à la conjonction de l'éthique et du judiciaire, à travers le rapprochement, dont nous avons déjà fait état, avec la notion de καιρός [4]. L'analyse linguistique viendrait corroborer cette lecture[5]. Cependant Aristote ne s'en tient pas,

1. La modération correspond alors, d'un point de vue technique à l'équité, et d'un point de vue moral à l'indulgence.

2. Voir M. Untersteiner, *Les Sophistes*, II, trad. fr. de A. Tordesillas, Appendice : « Les origines sociales de la sophistique », p. 222-223.

3. Arist., *Eth. Nic.*, V, 7, 1132 a 2-7 : « En effet, il n'y a aucune différence que ce soit un ἐπιεικές qui dépouille un φαῦλος, ou une fripouille qui dépouille un homme de bien, ou qu'un adultère soit commis par un ἐπιεικές ou par un φαῦλος ; la seule différence à laquelle a égard la loi est celle qui porte sur le dommage et elle traite les parties à égalité, se demandant seulement si l'une a commis et l'autre subi une injustice, ou si l'une a été l'auteur et l'autre la victime d'un dommage ». La difficulté réside dans l'interprétation de διαφοράν : la différence concerne-t-elle la nature propre du dommage, la différence spécifique, ou bien la différence de la gravité de l'injustice résulte-t-elle du rang occupé par les hommes qui sont en cause, dans la mesure où si l'homme de bien et l'homme de rien sont égaux en tant que citoyens, l'injustice n'est pas la même selon qu'elle s'applique à un magistrat dans l'exercice de ses fonctions ou à quelqu'autre individu dont la charge serait différente ?

4. Voir M. Untersteiner, *Les Sophistes*, I, trad. fr. de A. Tordesillas, chapitre VII : « Gorgias : l'éthique », p. 253-265, où l'auteur analyse ce passage de la sphère morale à la sphère judiciaire, notamment le passage du « convenable », du « modéré » à l'« approprié » et à l'« opportun » pour la constitution d'une catégorie d'ἀγάθοι ; voir également, pour le passage au judiciaire, L. Gernet, « Les institutions des arbitres publics à Athènes », *Revue d'études grecques* 52, 1939, p. 389-414.

5. É. Moutsopoulos, « Tolérance et équité », *in* É. Moutsopoulos, *Philosophie de la culture grecque*, Troisième partie : *L'aristotélisme*, Athènes, 1998, p. 195-198, rappelle que si l'on trouve la notion d'*epieikeia*, comme synonyme de vertu, opposée à *phaulotès*, chez Aristote (voir p. 196, n. 4), à côté de l'adjectif « *épieikès*, attribué à une personne jugée de sévérité amoindrie, et de *to epieikes*, entendu, lui, en tant qu'adjectif substantivé désignant la "réparation d'un droit légal" [...], la relation entre le thème *weik-* et le latin *vic-em* (d'un

dans le rappel de la conception populaire de l'ἐπιείκεια, à une perspective exclusivement dialectique. Il veut dépasser la difficulté, ce qu'il tente de faire en soulignant que l'ἐπιείκεια est justice, et qu'elle n'est nullement autre chose que justice, même si elle est supérieure, ou plutôt meilleure, qu'un certain type de justice, la justice légale [1].

Le juste et l'équitable sont donc bien identiques quant au genre et la supériorité ou l'infériorité doivent se comprendre dans une autre perspective. La supériorité de l'équitable ou son infériorité en tant que correction ne peuvent être des contraventions au juste dans la mesure où la loi elle-même, en un sens, incarne le juste. Dès lors, la correction que l'équitable effectue sur la loi ne saurait exprimer un dépassement de ce que celle-ci édicte, mais la reconduction à un niveau qui est, non pas supérieur, mais meilleur, comme le dit le texte (βέλτιον), et qui, par lui-même, est absent de la loi, et est celui du concret ou du contingent. Ce niveau se dégage à partir d'une triple connexion dans laquelle il apparaît que la loi (commune) résulte d'une législation *(nomothesia)*, que l'équité suppose la justice et le droit, et que le but des jugements équitables en fait apparemment des moyens techniques de remédier aux défaillances d'une loi et d'une justice exprimées en termes trop généraux.

On peut d'abord remarquer que, en *Éthique à Nicomaque*, il s'agit de définir celui qui juge en tant qu'équitable [2]. Le texte montre que le portrait, pour ainsi dire, de celui qui est qualifié pour tenir le rôle du juge dépend des liens qui s'établissent entre équitable et juste. Il s'agit d'abord de répondre à la question : qu'est-ce qu'un juge juste ? puisque le juge « tend à être, pour ainsi dire, le juste vivant » (ὁ γὰρ δικαστὴς βούλεται εἶναι οἷον δίκαιον ἔμψυχον) [3]. Le juge (δικαστής), donc, qui est comme le juste incarné

nominatif *vix* inusité ; *cf. vic-arius*, remplaçant), signifiant : "à la place de", montre combien est juste l'interprétation [...] aux termes de laquelle l'équité consiste à se mettre "à la place de celui qu'on juge" pour le mieux comprendre » (p. 197). Le rapprochement d'*epieikeia* et d'*eikôn*, y compris dans le sens de la ressemblance, indique « le sens d'alternance entre l'objet véritable et son image » dans la perspective d'un renversement de rôles. Le lien avec le *kairos* s'effectue à partir de la qualité de *flexibilité*. « Loin de désigner une mollesse toute de défection », l'indulgence, et par delà ce sens, l'*epieikeia* en général désigne « un dégré d'adaptabilité aux circonstances, une puissance qui [lui] est inhérente et qui permet [...] d'agir dans un esprit de respect des êtres humains » (p. 198 ; *cf.* C. Bees, « Quelques réflexions sur l'*epieikeia* aristotélicienne », *Dikè* 26, 1995, p. 117-126).

1. Arist., *Eth. Nic.*, V, 14, 1137 b 23-25.

2. Ce point est fermement établi par J. Brunschwig, « Rule and Exception. On the Aristotelian Theory of Equity », art. cit., p. 137. Nous verrons plus loin que cette interprétation n'est pas restrictive et qu'elle s'accorde avec une vision politique où l'*epieikeia* du juge est le répondant de l'*epieikeia* de tout citoyen dans une *politeia* digne de ce nom.

3. Arist., *Eth. Nic.*, V, 7, 1132 a 21-22 ; voir l'ensemble du passage 1132 a 14-23.

(ἔμψυχον), n'est un bon juge que s'il est juste (δίκαιον) et équitable (ἐπιεικές) et que si la justice et l'équité ne diffèrent pas quant au genre, à ceci près que l'équité est une rectification, une correction, une restauration, un redressement, voire une orientation du juste légal (ἐπανόρθωμα νομίνου δικαίου). Le sens d'ἐπανόρθωμα est affaibli par la traduction par « correctif » ; il ne s'agit pas tant de corriger une erreur ou un défaut qui se trouverait dans la loi, mais de diriger ou d'orienter droitement celle-ci vers le cas concret, pour qu'elle s'y applique justement. Peut-être est-ce pour cela que dans la première traduction latine de Robert Grosseteste, celui-ci rendait ἐπανόρθωμα par *directio*. Le problème se complique encore quelque peu si l'on se souvient que le contexte dans lequel intervient la notion d'ἐπιεικές relève d'une terminologie relative au droit particulier et que l'équitable est envisagé comme une coutume ou un trait qui appartient à la famille des vertus et des vices. Le problème se pose donc sur le fond de l'acceptation et de l'obéissance à la loi pour la promotion d'une justice qui a égard à la conformité des lois d'une cité particulière et aux possibilités de leur violation.

La personne qui possède la qualité de l'ἐπιείκεια est donc probe, décente et équitable. Comme telle, elle est également bonne, bien que le terme ἐπιεικές n'ait pas la même précision qu'ἀγαθός ou que σπουδαῖος. La raison en est que l'équitable fait montre de cette qualité par l'exhibition de sa capacité d'adéquation à une multitude de situations indéterminées, c'est-à-dire de situations qui ne peuvent être déterminées et résolues par l'examen strict de leur conformité au juste légal. Dans ces cas, il faut recourir à un jugement qui soit équitable. On remarquera que dans ces passages il n'est pas fait mention comme semblent le croire René Antoine Gauthier et Jean Yves Jolif au κοινόν, il n'est donc pas fait appel à la communauté d'une norme, à un droit qui serait valable pour toutes les cités et pour tous les hommes, à une sorte de droit naturel. Cette question n'apparaît que dans les textes de la *Rhétorique*[1]. Dans l'*Éthique à Nicomaque*, il est toujours question des cités particulières, et le législateur prend toujours en considération les situations dans lesquelles il travaille. Mais, si, quand nous jugeons, nous voulons toujours la prévalence du juste, dans la mesure où la justice est conformité à la loi et que la loi a toujours la forme d'un énoncé général, le fait qu'il y ait des cas qui ne sont pas prévus par la loi exige le recours à la justice en tant qu'équité. Et c'est pourquoi l'action de juger prend la forme d'une rectification ou d'un

1. Mais il s'agit là d'un autre contexte, et le problème est posé dans des termes différents : voir J. Brunschwig, « Rule and Exception. On the Aristotelian Theory of Equity », art. cit., p. 141-150.

redressement de la loi, sans pour autant qu'elle porte atteinte à son universalité. Cela ne signifie donc pas que la loi est défaillante, puisque la généralité de la loi peut toujours s'appliquer si tous les cas sont prévus par elle, ou, du moins, quand la majorité des cas le sont. Mais puisque ces deux projets ne peuvent pas toujours être atteints, il faut bien recourir à un autre moyen, qui puisse considérer la relation du droit au fait d'espèce comme l'aurait fait le législateur s'il avait été présent [1]. Ce n'est donc pas en raison d'une déficience intrinsèque à la justice qu'il faut recourir à l'équité, mais en raison du moment ou de la situation dans laquelle elle s'applique : « la faute (ἁμάρτημα) n'en est pas à la loi ni au législateur, mais à la nature de la situation (ἀλλ' ἐν τῇ φύσει τοῦ πράγματος) ». Quel est ce *pragma* et quelle en est la nature ? La phrase suivante dit que l'ἁμάρτημα qui affecte l'obtention de l'absolue universalité dans la rédaction des lois et dont le résultat est de compromettre son absoluité tient au fait que « la matière des actions [humaines] εὐθύς est telle [*scil.* irrégulière] ». Les législateurs n'ont d'autre choix que la recherche de la régularité, sinon universelle, au moins dans l'ordre du plus fréquemment (ὡς ἐπὶ τὸ πλεόν, 1137 b 15), sans méconnaître les erreurs qui peuvent en découler. Dans ces cas, il ne peut chercher qu'à régulariser l'irrégulier à l'aide du *nomos*. Restent les cas où le *nomos*, bien qu'énoncé *katholou*, est concrètement elliptique dans sa généralité et donc incapable de couvrir tout le champ des déviations. Dans ces cas, il apparaît que les règles générales manquent de précision ou de complétude. C'est alors qu'intervient l'équité et que le juge redresse la règle du législateur, ou plutôt l'oriente. Aristote ne produit pas d'exemples spécifiques de cas où il y a opposition de la loi dans sa généralité et du cas singulier considéré, probablement parce qu'il ne considérait pas l'équité comme une affaire d'exception mais bien comme la vie même de la justice dans son application. De même, il ne se réfère pas à un droit naturel qui servirait de norme à l'équité, mais recourt à cette notion de rectitude (ὀρθῶς) ou de redressement et d'orientation (ἐπανόρθωμα). L'équitable redresse le manquement de la loi en faisant appel à la manière dont le législateur aurait compris le cas s'il avait eu à le connaître. L'équitable dira ce que le législateur aurait probablement dit s'il avait été lui-même présent, il décidera ce que le législateur aurait lui-même probablement décidé s'il avait été présent pour décider, il dira ce que le législateur aurait probablement dit s'il avait eu connaissance de ce cas. Les décisions de

1. Arist., *Eth. Nic.*, V, 14, 1137 b 13-24. Voir J. Brunschwig, « Rule and Exception. On the Aristotelian Theory of Equity », art. cit., p. 150-154.

l'équitable sont conformes à « l'intention du législateur » [1] de maintenir des régularités et des constances là où la loi ne peut englober la totalité des faits. Les actions de rectification, pour être justes, doivent prendre la forme de décisions qui étendent la généralité de la loi aux cas particuliers, interprétant les lois dans l'esprit du législateur dans le cadre des lois existantes pour combler les lacunes ou prendre en considération les exceptions qui se présentent maintenant ou qui pourraient se présenter dans le futur. Ce que faisant, en effet, on peut dire qu'il y a une correction par la prise en considération de l'intention légale dans sa généralité, dans sa fonction régulatrice ou normative et de la situation particulière qui doit être réglée. Mais cette correction ou ce redressement est plutôt une orientation ou l'indication d'une direction dans l'application de la loi, comme le montre la conclusion de l'argumentation en prenant l'exemple de la règle de plomb dont on usait à Lesbos et en le confrontant à la question du décret (ψήφισμα) pris à l'assemblée : « la règle épouse les contours de la pierre et n'est pas rigide ; et il en va de même pour le décret par rapport aux faits » [2]. L'équité apparaît dans ce sens comme une « justice du cas concret » et un « droit du cas particulier » [3]. Le décret, présent et à durée déterminée, qui ne se substitue pas à la loi, mais intervient dans les interstices de celle-ci, s'en distingue cependant ; le *nomos*, quant à lui, ne se réduit pas non plus au décret ni ne découle d'un recueil ou d'un inventaire de décrets.

Ainsi, au terme du chapitre 14 du livre V de l'*Éthique à Nicomaque*, Aristote aurait montré que, bien que l'ἐπιεικές ne se situe pas dans l'ordre de l'épistémique et qu'il ne soit pas non plus, à strictement parler, le nomothète, il n'en demeure pas moins excellent et, étant avant tout homme vertueux, il n'accomplit rien contre la loi, et que l'équité s'applique aux événements qui se soustraient à première vue à la règle en raison de l'impossibilité d'appliquer la généralité à toutes les exceptions. L'équitable intervient là où la loi n'a pu statuer en raison de sa généralité. Pour accomplir ces actes équitables, le juge équitable n'a pas besoin de s'en tenir à la lettre de la loi, qui, en certains cas, conduit à agir de manière pire, et il doit parfois décider exactement le contraire de ce que la loi, dans sa littéralité, demande. Ce qui implique que l'accomplissement constant d'actes équitables s'accompagne, chez celui qui la possède, de la vertu du même nom. D'où le fait que le chapitre consacré à l'ἐπιείκεια dans

1. C'est là, d'après Jacques Brunschwig, le point essentiel de l'analyse aristotélicienne de l'ἐπιείκεια. Voir la discussion qu'il fait de cette expression dans : J. Brunschwig, « Rule and Exception. On the Aristotelian Theory of Equity », art. cit., p. 151-152.

2. Arist., *Eth. Nic.*, V, 14, 1137 b 31-32.

3. F. D'Agostino, *Epieikeia. Il tema dell'equità nell'antichità greca*, art. cit., p. 79 et n. 27.

l'*Éthique à Nicomaque* se clôt en portant l'accent sur la vertu de l'homme équitable et sur le portrait de celui qui peut être dit tel, car ce « sont les hommes de valeur qui sont juges de la valeur elle-même »[1]. D'où le rapprochement de l'ἐπιεικές et du σπουδαῖος, dont la force se mesure à la qualité du jugement, étant « lui-même mesure de la valeur »[2], et qui, faute d'aucune norme qui puisse surplomber sa décision, « critère dernier », est « à lui-même son propre critère »[3]. On comprend dès lors pourquoi dans le contexte où est écrit ce chapitre, celui-ci semble s'adresser à ceux qui appliquent les lois : les magistrats et les juges, ou, à tout le moins, à ceux des citoyens qui ont cette charge à ce moment et dont on attend qu'ils assument pleinement l'obligation d'équité, mais il est clair que ces textes dépassent le cadre strictement juridique et qu'une société ne peut être juste que si tous les membres manifestent leur respect à l'égard de la loi et font montre de la possession de l'excellence de l'équité comme de celle de la justice. C'est probablement là l'un des traits qui définissent, pour Aristote, une « *politeia* digne de ce nom »[4]. La caractéristique de l'ἐπιεικές, sur le plan du droit, tient à ce qu'« il ne s'en tient pas rigoureusement à ses droits dans le sens du pire, mais a tendance à prendre moins que son dû, bien qu'il ait la loi de son côté, celui-là est un homme équitable »[5]. Ce passage a suscité de tout temps une grande perplexité. Dans sa traduction, Jules Tricot, comme d'ailleurs René Antoine Gauthier et Jean Yves Jolif dans la leur[6], comprend que l'homme équitable est celui qui a tendance à défendre ses propres intérêts, mais qui est capable, dans certains cas, alors qu'il a la loi pour lui, de prendre moins que ce qu'il pourrait faire[7]. Ces interprétations semblent pouvoir s'appuyer sur d'autres textes d'Aristote. Dans les *Topiques*, VI, 3, 141 a 16, Aristote rappelle cette position qui définit l'ἐπιείκεια comme le fait de ne pas faire valoir pleinement (ἐλάττωσιν) ses droits par rapport à l'utile (τῶν συνφερόντων) et au juste (τῶν δικαίων), en effet, poursuit le texte, ce qui est juste est un aspect de ce qui est utile et est donc contenu dans ce dernier. Mais ce texte des *Topiques* s'inscrit

1. P. Aubenque, *La Prudence chez Aristote*, *op. cit.*, p. 46.

2. P. Aubenque, *ibid.*, p. 45.

3. P. Aubenque, *ibid.*, p. 44.

4. *Cf.* Arist., *Pol.*, IV, 1292 a 32 et P. Aubenque, « La loi selon Aristote », art. cit., p. 148.

5. Arist., *Eth. Nic.*, V, 14, 1137 b 34 – 1138 a 1 (traduction J. Tricot).

6. « Cela nous fait voir aussi ce que c'est qu'un homme équitable. C'est l'homme ainsi fait qu'il a l'intention de faire et fait effectivement les choses équitables, l'homme qui ne s'attache pas avec mesquinerie aux dispositions de la justice, mais qui se contente de la plus mauvaise part alors qu'il a la loi de son côté ».

7. On trouve encore l'idée de l'ἐπιεικές comme ἀκριβοδίκαιος dans le lexique anonyme *Etymologium Gudianum*, où l'ἐπιεικές est présenté comme celui qui est disposé à céder ses droits.

précisément dans une critique de Platon, qui soutient cette position : « Équité : disposition à céder ses droits et ses intérêts »[1]. Il n'est donc pas possible de s'appuyer sur ces textes pour justifier cette interprétation. Et il en va de même pour les textes de la *Grande Morale* qui développent une conception, en quelque sorte privée et individuelle, de l'ἐπιείκεια[2] : « l'équité et l'homme équitable sont l'inclination à prendre moins que ce qui est juste selon la loi » (ὁ ἐλαττωτικὸς τῶν δικαίων κατὰ νόμον). Les commentateurs modernes comprennent généralement ces passages comme se rapportant exclusivement à l'individu qui serait équitable en tant qu'il renonce à réclamer ce qui pourrait lui être octroyé par l'application stricte de la loi en vertu de ses droits[3]. Dans le contexte de l'*Éthique à Nicomaque*, où il s'agit d'une pratique judiciaire, « prendre moins que son dû » ne semble pas pouvoir s'interpréter de cette façon, en termes d'intérêt et l'interprétation des commentateurs anciens[4], selon laquelle ἐλαττωτικός doit s'entendre dans le sens d'une atténuation de la peine, semble préférable[5]. Aristote est à la recherche d'un critère qui puisse s'appliquer aux exceptions, d'une règle qui régisse les exceptions, et dans le cas présent, l'expression ne signifie donc pas prendre moins que son dû à titre personnel, mais énonce plutôt un principe d'atténuation de la justice ou de la règle légale. Cela s'inscrit donc dans la perspective de l'illustration de l'ἐπανόρθωμα νομίνου δικαίου. L'équité atténue la loi, et le juge peut toujours faire moins que ce que la loi impose ou que ce qu'elle autorise, mais il ne peut outrepasser la loi en imposant par exemple des peines supérieures à celles prévues par la loi pour tel ou tel délit. Il s'agit de la prise en considération des circonstances, que nous appelons nous aussi des circonstances atténuantes. Quel principe, se demande Aristote, préside à une telle atténuation, à un tel « faire moins » ? S'agit-il de laxisme ? S'agit-il de la latitude laissée au juge de ne pas appliquer la peine maximale prévue par la loi ? Il semblerait que l'on puisse parler, dans ce cas, d'un principe

1. Plat., *Déf.*, 412 b 8.

2. Arist., *Magn. Mor.*, II, 1198 b – 1199 a.

3. Voir par exemple J. Stewart, *Notes on the* Nichomachean Ethics *of Aristotle*, I, Oxford, 1892, p. 526.

4. Voir par exemple Michel d'Éphèse, 68, 29-30 (M. Hayduck, *Michaelis Ephesii in librum quintum Ethicorum Nichomacheorum commentaria*, Berlin, 1901).

5. Jacques Brunschwig, qui revient, lui aussi, à cette interprétation (« Rule and Exception. On the Aristotelian Theory of Equity », art. cit., p. 135-141), selon laquelle l'équitable dont il s'agit dans le passage de l'*Éthique à Nicomaque* ne peut être que le juge qui sait faire correspondre les prescriptions de la loi aux faits, montre que seule cette interprétation rend l'ensemble du chapitre cohérent. Voir maintenant dans le même sens : C. Natali, *Aristotele. Etica Nicomachea*, traduzione, introduzione et note, Roma-Bari, 1999, p. 500, n. 547.

d'humanité, ou de *philanthropia*[1]. En tout état de cause, ces textes doivent être reliés à ceux du livre suivant[2] et à ceux de la *Grande Morale* auxquels nous avons déjà renvoyé, qui traitent des rapports de la σύνεσις, de la γνώμη et de l'εὐγνωμοσύνη[3], et où le bon discernement n'est pas séparable de l'équité ni l'intelligence de l'équitable et réside dans la sagacité à « dénouer les situations concrètes »[4] qui « sont occasion d'embarras ou matière à délibération »[5]. Σύνεσις et γνώμη sont des instances critiques qui se mesurent à la réalité pratique[6]. Aristote déclare : « Ladite faculté de discernement (γνώμη), d'après laquelle nous disons des gens qu'ils ont un *bon jugement* (εὐγνώμονας) et qu'ils ont la faculté de discernement (ἔχειν γνώμην) est la détermination correcte (κρίσις ὀρθή) de ce qui est équitable. La preuve en est que nous appelons équitable celui qui est compréhensif (συγγνωμονικόν) et l'équité n'est rien d'autre que d'avoir de la compréhension pour certaines choses. Et la compréhension est une droite faculté de discernement critique (γνώμη ἐστὶ κριτική) de ce qui est équitable. Droite, c'est-à-dire conforme à la vérité »[7]. L'ἐπιείκεια, appréhendée à la lumière de l'εὐγνωμοσύνη, n'est pas seulement une recherche de la justice dans une application non rigoureuse de la loi en tant qu'exercice d'humanité[8], mais également l'utilisation dans le cadre des faits singuliers d'un instrument moins rigoureux, moins « scientifique » que l'intellect lui-même, qui permet, comme le dit Pierre Aubenque de « pénétrer d'une raison plus "raisonnable" que "rationnelle" le sensible et le singulier »[9].

Cette perspective s'accorde avec ce qui est dit de l'ἐπιείκεια et de la γνώμη dans le livre I de la *Rhétorique* : « si la loi écrite est défavorable à

1. Dans le sens où on trouve ce terme chez Isocrate (*Antidosis*, 276) dans un contexte gorgien, où l'auteur affirme que quiconque veut écrire des discours de valeur, doit choisir des arguments (ὑποθέσεις), μεγάλας καὶ καλὰς καὶ φιλανθρώπους καὶ περὶ τῶν κοινῶν πραγμάτων· μὴ γὰρ τοιαύτας εὑρίσκων οὐδὲν διαπράξεται τῶν δεόντων. W. Süss, *Ethos. Studien zur älteren grieschischen Rhetorik*, Leipzig-Berlin, 1910, p. 96-97, en déduit qu'il est possible d'attribuer à Gorgias τὸ φιλάνθρωπον (voir M. Untersteiner, *Les sophistes*, I, trad. fr. A. Tordesillas, Paris, 1993, p. 189, n. 58). Pierre Aubenque, dans la discussion dont il a été fait état plus haut (voir *supra*, note astériquée), propose de renvoyer à la notion de charité.

2. Arist., *Eth. Nic.*, VI, 11, 1143 a 19-24.

3. Voir les analyses de P. Aubenque, *La Prudence chez Aristote*, *op. cit.*, p. 150-152.

4. P. Aubenque, *ibid.*, p. 151.

5. Arist., *Eth. Nic.*, VI, 11, 1143 a 4-6.

6. Il en va de même de la prudence. Voir Villey, *La formation de la pensée juridique moderne*, Paris, 1968, p. 54-55 : « La prudence est « nomothétique » ou « dikastique » – législatrice ou judiciaire ; pourquoi les Romains parleront de *jurisprudence* ».

7. Arist., *Eth. Nic.*, VI, 11, 1143 a 21-24.

8. Comme on peut le voir encore chez Isocrate, *Aer.*, 83.

9. P. Aubenque, *La Prudence chez Aristote*, *op. cit.*, p. 152.

notre cause, il faut avoir recours à la loi commune et à des raisons plus équitables et plus justes. Et s'en servir dans le meilleur esprit (γνώμη τῇ ἀρίστῃ) signifie ne pas s'en tenir à la rigueur des lois écrites; et l'équitable demeure toujours et ne change jamais et non plus la loi commune (laquelle est selon la nature), tandis que les lois écrites changent souvent »[1]. Il ne faut pas oublier, comme le souligne à très juste titre Pierre Aubenque[2], que la *Rhétorique* examine les arguments utilisables dans la technique judiciaire. Il n'y a donc pas lieu de s'attarder particulièrement sur la question de savoir si la loi commune est la loi non écrite. Le recours à la loi non écrite par Antigone dans l'*Antigone* de Sophocle, dans l'exemple cité par Aristote, est à comprendre dans cette perspective : dans le cas où la loi écrite est défavorable à notre cause, il faut recourir à la loi non écrite, et il en va de même du cas de la tuerie des animaux (Empédocle) ou de celui de l'esclavage (Alcidamas)[3]. Le recours à Alcidamas replace le contexte dans la perspective d'un usage sophistique des antilogies dans lequel Aristote voit un procédé rhétorique utile pour les défenses devant les tribunaux comme le confirment les *Réfutations sophistiques*[4]. Sur le fond, il y a un parallélisme entre les textes de la *Rhétorique* et ceux de l'*Éthique à Nicomaque*. Aristote précise que les défaillances de la loi peuvent se produire ou à l'insu du législateur parce que quelque chose lui aurait échappé ou de manière délibérée parce qu'il considère que l'expression de la loi dans son universalité interdit de faire autrement que selon elle, mais, comme dans l'*Éthique à Nicomaque*, il déclare que toute loi est formulée de manière générale car le législateur ne peut prévoir tous les cas, et que la recherche doit s'orienter vers une régularité qui se produise sinon dans tous les cas, du moins dans la plupart d'entre eux (ὡς ἐπὶ τὸ πολύ). Si ce qu'il s'agit de définir et de décider est indéterminé, alors qu'il faut légiférer, on

1. Arist., *Rhet.*, I, 13, 1375 a 27-33. Voir J. Brunschwig, « Du mouvement et de l'immobilité de la loi », *Revue internationale de philosophie* 133-134, 1980, p. 512-540.

2. P. Aubenque, « La loi selon Aristote », art. cit., 1980, p. 152. Dans le même sens, voir désormais, J. Brunschwig, « Rule and Exception. On the Aristotelian Theory of Equity », art. cit., p. 141-150.

3. Arist., *Rhet.*, I, 13, 1373 b 9-18.

4. Arist., *Réf. soph.*, 13, 173 a 7-18 : « Un *topos* répandu est celui qui a pour effet d'amener les hommes à énoncer des paradoxes par l'application de la règle : selon la nature et selon la loi, comme le *Gorgias* dépeint Calliclès s'y livrant, et à l'efficacité duquel *tous les anciens* ont cru. En effet, selon eux, nature et loi sont contraires, et la justice, selon la loi, est une bonne chose, mais non selon la nature. Ainsi, à qui parle selon la nature, on doit répondre selon la loi ; et s'il parle selon la loi, on doit argumenter selon la nature ; en effet, dans les deux cas, le résultat sera qu'il en viendra à énoncer des paradoxes ; de l'avis de ces gens, ce qui est selon la nature était la vérité, ce qui est selon la loi, ce que la multitude approuvait. Il est par conséquent clair que ceux-là aussi, comme les hommes d'aujourd'hui, se proposaient de réfuter leur interlocuteur ou de l'amener à énoncer des paradoxes ».

est contraint de parler de manière absolue, en supposant seulement l'adaptation de la loi aux cas particuliers, ce qu'Aristote illustre par l'exemple célèbre du fer : si la loi interdit de blesser quelqu'un avec du fer, comme la loi ne peut prendre en compte tous les cas particuliers, dans le cas où la blessure est faite alors qu'on porte un anneau de fer, on est coupable selon la loi, mais non selon la vérité. Tenir compte de cette vérité de l'action concrète, c'est être équitable, en sorte qu'être équitable c'est être attentif à la fois aux faiblesses humaines (*Rhétorique*, I, 13, 1374 b 2-11) et à la nature des situations (*Rhétorique*, I, 13, 1374 a 30 et *Éthique à Nicomaque*, V, 14, 1137 b 14-19). Et c'est parce qu'il tient compte de la situation que le juge devient une sorte de « justice vivante », si bien que l'équitable auquel se réfère le juge peut bien apparaître comme un juste qui dépasse la loi écrite et qui comble ses lacunes (*Rhétorique*, I, 13, 1374 a 26-28). L'équité apparaît donc comme une sorte de vérité et de vie de la justice elle-même en tant qu'elle redresse la justice dans sa forme la plus générale. C'est en quoi elle peut procéder par décret. Le décret n'est pas le palliatif d'une justice défaillante absolument, mais la révélation que grâce à la conceptualisation de l'équité, il faut renoncer à voir une infirmité dans la justice dont l'équité serait le support et la béquille. C'est pourquoi, si l'équité doit redresser la loi dans l'ordre juridique, comme nous l'avons vu, elle doit tout autant le faire pour ce qui est des coutumes ou des institutions, lesquelles sont, comme le rappelle *Rhétorique,* I, 13, des lois particulières, et non communes, mais n'en sont pas pour autant des lois écrites. Cela ne veut pas dire que l'équité comble les lacunes de la loi particulière écrite en versant du côté de la loi non écrite particulière et en tombant du côté de la coutume, mais qu'elle permet également le redressement de celles-ci quand ces dernières manquent le but visé dans l'ordre social et politique. L'équité est la vie même de la justice parce que vivre c'est d'abord « fonctionner » (si on peut accorder une telle traduction d'*energeia*) et que l'équité est ce qui permet à la cité non seulement de fonctionner mais même de s'améliorer en fonction des cas concrets dont la multiplicité permet l'exercice et l'apprentissage du bon discernement. Elle constitue ainsi la condition de fonctionnement de toute bonne constitution qui, tout en se référant, par exemple, au principe d'égalité, s'autorise à promouvoir le pluriel, c'est-à-dire des opinions et des activités multiples qui produisent nécessairement des antinomies. Dans la caractéristique de l'équitable, il ne s'agit pas seulement de concourir à l'établissement d'un ordre légal redressé, mais à l'amélioration de cet ordre grâce au redressement incessant de la justice légale[1]. Le cas singulier, même si on peut le subsumer sous des dispositions légales, ne penche pas par lui-même de façon décisive dans le sens de la loi en raison de son imprévisible nouveauté et de la tournure particulière des circonstances qu'il manifeste. Cela implique qu'une norme est nécessaire qui prescrive l'orientation dans laquelle la loi devra se déployer, sans que celle-ci apparaisse comme un carcan. Pour cela, la justice ne suffit pas, car la loi pour conquérir son universalité doit s'exprimer comme « faire ce qui convient au moment qui convient ». Dans le καιρός du cas, il faut recourir à l'équité et à l'équitable, au « vrai juste », lequel se substitue au juste absolu qui n'envisage que les catégories universelles de l'action, ou ce qui vaut dans la plupart des cas (*Rhétorique*), ou le plus fréquemment (*Éthique à Nicomaque*), et n'envisage pas, comme dans l'équité, les « circonstances », c'est-à-dire l'élément individuel en matière de droit, où la délibération, le *logos*, persuadent que le fait singulier, tel qu'il se manifeste, est équitable. La justice de l'équitable relève de l'instauration d'un « droit du cas singulier », où l'on « tranche par la parole plutôt que par l'action »[2]. C'est une justice occasionnelle où la loi écrite est récitation cependant que la loi non écrite, quand elle prend la forme de l'équité, est celle qui est improvisée par le juge. On voit la dette d'Aristote à l'égard des sophistes et le caractère innovant de ses analyses. L'équité est ce qui permet la vie et la vie dans la cité. En tant que telle, elle est pensée par Aristote comme cette règle que cherchaient les sophistes pour régir les exceptions, cette kaïronomie qui, avec Aristote, prend le nom d'équité, terme déjà utilisé en ce sens par Gorgias dans l'*Epitaphios*, mais qu'Aristote étend à tous les domaines, tant au domaine juridique qu'au domaine éthique ou politique.

L'équité est cette pointe non connue et non représentée avant l'accomplissement de l'acte équitable qui la manifeste comme vertu. Le comment faire va de pair avec le moment. C'est dans la pratique même de l'équité que se développe et s'acquiert la règle, grâce à l'exercice de la faculté de discerner, grâce à la maîtrise progressive de situations de plus en plus complexes où sera appliquée dans les situations particulières la justice générale selon les circonstances[3], grâce à l'exercice du raisonnement qui examine les raisons avancées, par où le jugement se forme moins par l'action que par la délibération et par la parole, comme le dit la *Rhétorique*,

1. Voir à ce sujet l'analyse de L. Couloubaritsis, « La modernité face à la notion aristotélicienne d'équité », *in* K. Boudouris (ed.), *On Justice*, Athens, 1989, p. 136.

2. Arist., *Rhet.*, I, 13, 1374 b 19.

3. Voir P. Aubenque, « Politique et éthique chez Aristote », *Ktema* 5, 1980, p. 211-221, voir notamment p. 218.

y compris dans le domaine politique[1]. L'excellence de l'équité se décline selon les situations. Bien légiférer, c'est donc mettre avec discernement en œuvre une constitution excellente pour conduire les citoyens vers le meilleur possible[2]. Et c'est en quoi consiste la compréhension de la situation : jugement critique aiguisé, et manifestation au moment présent de la règle droite ou redressée qui manifeste ici et maintenant l'action équitable. La loi, dans cette perspective, apparaît comme l'expression dans sa généralité de la forme de la contrainte ou de la coercition à laquelle peut se mesurer le jugement du juge avisé, sagace, équitable, et qui, en retour, par sa généralité, induit des constances et des habitudes permettant à cette équité de s'exercer et au citoyen de vivre le mieux possible dans une cité pour laquelle le nomothète a produit les lois qui conviennent au mieux à la constitution de la cité et où le juge équitable est celui qui juge au mieux dans telle ou telle situation pour le bien des citoyens comme de la cité. Dans l'exercice même de cette équité se manifeste la compréhension des circonstances et l'intelligence de la situation, en dégageant des lignes de constance (dans la plupart des cas, le plus fréquemment) dans cette pluralité de singularités, c'est pourquoi, comme nous l'avons vu, l'équité va de pair avec le discernement et le καιρός. La convergence de tous ces points ne se produit que dans des situations d'exception, et en un sens toutes les situations sont d'exception, dans des occasions, dont la forme judiciaire se donne comme « justice occasionnelle » ou équité, dans des jugements qui requièrent d'être improvisés avec constance et régularité à chaque occasion. Situation, constance, occasion, discernement, jugement, opportunité, contingence, délibération, les éléments d'une kaïronomie sont désormais mis en place.

1. Voir les analyses de R. Bodéüs, *Politique et philosophie chez Aristote*, Namur, 1991, p. 75-76.

2. Voir P. Rodrigo, « D'une excellente constitution », *Revue de philosophie ancienne*, V-1, 1987, p. 71-93.

EMPORTEMENT ET COLÈRE : *THUMOS* ET *ORGÈ* SELON ARISTOTE

Jean FRÈRE

Dans un pénétrant article portant sur la définition de la colère (*orgè*) selon la *Rhétorique* d'Aristote[1], P. Aubenque s'interrogeait sur les difficultés rencontrées par le Stagirite à faire s'harmoniser en son étude de la colère l'explication par la forme et l'explication par la matière. La *Rhétorique* en définitive en reste à une définition de dialecticien, non à celle du bon physicien qui définirait à la fois par la forme et par la matière. Une telle démarche a certes suscité l'admiration de certains penseurs, tel Heidegger, pour lequel le deuxième livre de la *Rhétorique* était « la première entreprise systématique pour interpréter dans sa quotidienneté l'être des hommes entre eux »[2]. Mais si Aristote dans la *Rhétorique* ne nous a laissé qu'une « eidétique » de la colère, il reste qu'Aristote quant à lui considérait comme possible en droit une définition scientifique de la colère, c'est-à-dire une définition où nous verrions la matière expliquée par la forme, « un mouvement de tel corps ou de telle partie du corps produit par telle cause pour telle fin »[3].

Les aperçus du livre II de la *Rhétorique* sont essentiels. Toutefois, qu'en est-il de la colère (*orgè*) mais aussi de l'emportement coléreux (*thumos*) dans l'ensemble des œuvres d'Aristote ?

Dans une morale de la vertu, du bonheur et de la raison comme celle d'Aristote, ce qui est fondamentalement à dominer, ce sont les passions, les *pathè* en leur aspect désordonné et hybristique. Or, parmi les *pathè* essentielles, se trouve la colère. Le Grec a une nature, une *phusis*, et un

1. *Revue Philosophique* CXLVII, 1957, p. 300-301.
2. *Sein und Zeit*, p. 138, cité par P. Aubenque, *op. cit.*, p. 316-317.
3. *De anima*, I, 1, 403 a 26, cité par P. Aubenque, *op. cit.*, p. 316.

caractère, un *èthos*, tout particulièrement disposés à éprouver la colère. Toutes les grandes œuvres littéraires en témoignent : épopée, tragédies, discours des orateurs attiques, et les récits des historiens sont jalonnés par l'évocation de fréquentes et redoutables colères. L'*Iliade* repose sur la double colère des deux chefs : Agamemnon et Achille. Les tragédies d'Eschyle tournent autour des colères de Clytemnestre, d'Electre, d'Oreste, des Sept contre Thèbes. Les tragédies de Sophocle tournent autour des colères d'Œdipe et Tirésias, d'Antigone, de Polynice et d'Étéocle. L'éthique d'Aristote se trouve tout naturellement faire une place importante, à côté du pathos de l'intempérance des plaisirs, à l'intempérance de ce pathos qu'est la colère.

Pour cerner où se trouve l'originalité de la théorie aristotélicienne de la « colère » et de « l'emportement » (*orgè* et *thumos*), il convient de replacer cette théorie par rapport aux conceptions antérieures, celles de l'épopée et de la tragédie, celles de Platon, et par rapport à des conceptions postérieures, celles du Stoïcisme d'un Sénèque écrivant tout un traité sur la Colère, le *De ira*, ou celle d'un philosophe éclectique platonisant et stoïcisant comme Plutarque dans son traité *Du contrôle de la colère*, Περὶ ἀοργησίας.

Avant Aristote, deux thèses s'affrontent : selon les poètes tragiques, la colère est le moteur par excellence des actions excessives, de l'hybris destructrice et souvent meurtrière de l'Autre : colère haïssable et blâmable. Chez Platon, la conception de la colère se module. Il peut y avoir la noble colère comme il y a la colère criminelle. La *République* et les *Lois* n'envisagent point un type unique de colère, mais deux types opposés de colère.

C'est ainsi que chez Sophocle dans la scène essentielle de l'*Œdipe Roi* opposant Œdipe au prêtre Tirésias qui sait la vérité mais refuse de la faire connaître, les deux personnages se présentent comme deux figures caractéristiques du pouvoir de la colère (*orgè* ou *thumos*).

> Œdipe – Comment ? tu sais et tu ne veux rien dire ! Ne comprends tu pas que tu nous trahis et perds ton pays ?... Ainsi, ô le plus méchant des méchants – car vraiment tu mettrais en colère un roc – ainsi tu ne veux rien dire ?
> Tiresias – Tu me reproches ma furieuse colère (*orgè*), alors que tu ne sais pas voir celle qui loge chez toi, et c'est moi qu'ensuite tu blâmes.
> Œdipe – Et qui ne serait en colère (*orgizoito*) à entendre de ta bouche des mots qui sont autant d'affronts pour cette ville ?
> Tiresias – Je n'en dirai pas plus. Après quoi, à ta guise ! Laisse ton dépit déployer la colère de ton âme emportée (*thumou orgè*).

> Œdipe – Eh bien soit, dans la colère (*orgè*) où je suis, je ne cèlerai rien de ce que j'entrevois. Sache donc qu'à mes yeux c'est toi qui as tramé le crime [1].

Chez Platon la question *orgè-thumos* se complique. *Thumos*, avant de s'envisager comme passion de l'âme est à envisager comme partie de l'âme : « partie » noble, combattante, courageuse, « intermédiaire » entre désir et logos, telle est « l'ardeur du cœur ». C'est de façon dérivée que *thumos* est envisagé par Platon comme passion, comme « ardeur coléreuse » comme « ardeur emportée : ardeur ici blâmable. Quant à *orgè*, la « colère » proprement dite, qui est passion, elle comporte aussi deux plans antithétiques : 1. colère noble de qui se gourmande pour ses propres faiblesses ; 2. colère meurtrière ou destructrice, et par suite blâmable. Donc existe chez Platon un dualisme de « l'ardeur emportée » et de la « colère » proprement dite. On trouve tantôt une admiration certaine mais restreinte face à la colère mesurée, tantôt le blâme à l'égard de la colère sans mesure.

Au livre IV de la *République* est symptomatique l'anecdote fameuse concernant le trouble de Léontios fils d'Aglaion remontant du Pirée et apercevant des cadavres étendus dans les lieux de supplices. Ici Platon envisage la noble colère de qui se gourmande face à l'attirance de l'horrible : *orgè*, mais, aussi bien, *thumos*. C'est d'abord *orgè* ; mais quelques lignes plus loin, Platon passe d'*orgè* à *thumos*.

> Léontios, fils d'Aglaion, s'étant aperçu qu'il y avait des cadavres étendus, sentit à la fois le désir de les voir et un mouvement de répugnance qui l'en détournait. Pendant quelques instants il lutta contre lui-même ; mais à la fin, vaincu par le désir, il ouvrit les yeux tout grands et courant vers les morts il s'écria : « Tenez, malheureux, jouissez de ce beau spectacle. » Cette anecdote montre que la colère (*orgè*) est parfois en guerre avec le désir… Ne remarquons-nous pas de même que, lorsqu'un homme est entraîné par ses passions malgré la raison, il se gourmande lui-même, s'emporte (*thumoumenos*) contre cette partie de lui-même qui lui fait violence et que, dans cette sorte de duel l'emportement (*thumos*) se range dans un tel homme du côté de la raison ? [2]

Si Platon admet l'existence d'une saine et noble colère (*orgè, thumos*), en revanche il blâme implacablement toute forme de colère débouchant sur quelque acte violent et meurtrier. Le témoignage du livre IX des *Lois* est ici caractéristique d'une critique radicale contre l'*orgè* et le *thumos* sanguinaires.

1. Sophocle, *Œdipe Roi*, vv. 330-347.
2. *République*, IV, 439 e – 440 b.

> Un homme qui par colère (*orgè*) tuerait sa femme légitime, une femme qui de la même façon infligerait à son mari le même sort, auront à subir des purifications et à rester en exil pendant trois ans… Un frère qui tue par emportement (*thumos*) son frère ou sa sœur, une sœur qui tue par emportement son frère ou sa sœur, devront eux aussi se soumettre aux mêmes purifications et aux mêmes durées d'exil… Si quelqu'un se laisse dominer par l'emportement (*thumos*) envers ses parents au point d'oser, dans la folie de sa colère (*mania orgès*), tuer l'un d'entre eux, et si la victime avant de mourir absout volontairement de son acte le meurtrier, celui-ci n'aura qu'à se purifier comme les auteurs d'un meurtre involontaire. Mais si la victime ne l'absout pas, l'auteur d'un tel crime sera justiciable de multiples lois. Il encourrait en effet pour outrage les peines les plus sévères ; tout autant pour impiété et pour vol sacrilège, puisqu'il aurait volé la vie à qui la lui donna ; de sorte que s'il était possible au même homme de mourir plusieurs fois, le meurtrier de son père et de sa mère, meurtrier par emportement (*thumos*), mériterait plus que personne de subir plusieurs morts. Pour qui tue par emportement (*thumos*) son père ou sa mère, portons donc comme peine la mort[1].

Au livre XI des *Lois* Platon évoque ce « méchant ami qu'est l'emportement (*thumos*) »[2].

Donc avant Aristote, pour les poètes tragiques la colère est toujours haïssable. Quant à Platon, il distingue deux plans : s'il y a une colère haïssable, il existe aussi une saine colère, une colère noble. Mais après Aristote, la colère ne sera plus éthiquement acceptée sous son versant de « noble colère ». C'est ainsi que le Stoïcisme est radicalement opposé à toute forme de colère. Aucune forme d'emportement ou de colère n'a valeur ni selon les textes de Sénèque ni selon les textes de Plutarque.

Qu'en est-il chez Aristote, dans la postérité d'un certain platonisme ? Chez Aristote, la passion de la colère est loin d'être toujours blâmable. Il y a plus. La colère se trouve souvent intégrée au comportement de l'homme raisonnable et vertueux. Il y a pour Aristote un bon usage des passions. La colère, ressentie à bon escient, constitue non plus un obstacle à la vertu, mais, d'excessive, peut devenir utile, voire un auxiliaire de la vertu.

Les deux termes différents retenus par la tradition constituent à leur tour chez Aristote le domaine de la colère : 1. *orgè*, la colère proprement dite, caractérisant l'homme ; 2. *thumos*, l'ardeur emportée, caractérisant l'animal aussi bien que l'homme. Les textes essentiels se trouvent dans l'*Ethique à*

1. *Lois*, IX, 868 d – 869 c.
2. *Lois*, XI, 935 c.

Nicomaque, dans l'*Ethique Eudémienne* et dans la *Rhétorique* (surtout au livre II). *Orgè* et *thumos* possèdent assurément certains caractères assez comparables, mais ils ont des caractères qui les distinguent et qu'il est important de dégager.

Les passages essentiels où l'*Ethique à Nicomaque* aborde la colère sous ses deux formes *orgè* et *thumos* constituent des groupes de textes bien différenciés, qu'il convient de comparer et d'étudier tour à tour.

Commençons par *thumos* ou « l'ardeur emportée ». *Thumos* se trouve abordé essentiellement dans l'*Ethique à Nicomaque* en deux passages fondamentaux du livre III. Le livre III, on le sait, se divise en deux grandes parties. Les chapitres 1 à 8 étudient le spontané, le volontaire, le choix préférentiel, la délibération, le souhait raisonné. Les chapitres 9 à 15 étudient deux vertus spéciales, le courage et la modération. C'est dans ce double cadre que le *thumos* est, par deux fois, assez longuement abordé : 1. en *Ethique à Nicomaque* III. 3, en tant qu'exemple d'acte spontané, sinon volontaire ; 2. en III. 11, en tant qu'amorce de cette première vertu spéciale envisagée par Aristote qu'est le courage, *andreia*. L'on glisse ici sans difficulté du plan du *thumos* passion au plan de l'*andreia* vertu, en tant qu'elle se greffe sur le *thumos*.

Dans le premier passage, III, 1111 a 22 – 1111 b 14, deux grandes questions se trouvent envisagées.

Première question. Pour étudier ce qui est fait spontanément et ce qui est fait volontairement, ou au contraire ce qui est fait malgré soi, Aristote rapproche deux fonctions non raisonnées de la *psyché* : 1. l'*epithumia*, la « concupiscence », « l'appétit » ; 2. le *thumos*, « l'ardeur emportée », « l'ardeur qui s'emporte ». Chez Aristote on ne retrouve plus l'ardeur noble et combative des défenseurs de la cité selon Platon. Et le *thumos* n'est point la partie intermédiaire de l'âme qu'admettait Platon. Le *thumos* aristotélicien, ce n'est que l'emportement coléreux, « l'ardeur emportée ». En ce sens, il y a une proximité selon Aristote entre les deux formes de désirs non rationnels : l'*epithumia*, c'est-à-dire le désir concupiscent et le *thumos*, c'est-à-dire, « l'ardeur emportée ». La question essentielle qui se pose alors est la suivante. Concupiscence et ardeur emportée sont-ils désirs dont on est l'auteur, désirs spontanés, ou sont-ils imposés, dirigés ? Pour éclairer ce point il s'avère nécessaire d'analyser ce que sont les deux notions d'action faite par soi même et d'action déterminée par autrui : *ekôn* s'oppose à *akôn*. Nous traduirons ici *ekôn* non par « volontaire » (terme trop précis) mais par 1. de bon gré, de son gré ; 2. de plein gré (ou volontaire) ; et *akôn* par malgré soi. Cette traduction d'*ekôn* par « de son gré » et non point par « volontairement » a l'avantage de rendre compréhensible ce qu'Aristote dit du comportement animal, lequel assurément il serait aberrant de désigner, comme on le fait très souvent par l'épithète de « volontaire ». C'est ainsi que l'on pourrait relire le passage du livre III. 1111 a 22 *sqq.* de l'*Ethique à Nicomaque*.

> Etant donné que ce qui est fait sous la contrainte ou par ignorance est fait sans gré, ce qui est fait de son gré semblera être ce dont le principe réside dans l'agent lui-même connaissant les circonstances particulières au sein desquelles son action se produit. Sans doute est-ce à tort qu'on appelle faits sans gré les actes faits par Ardeur-Emportée ou par concupiscence. En effet d'abord on ne pourrait plus dire qu'un animal agit de son gré, ni non plus un enfant. Ensuite, est-ce que nous n'accomplissons jamais de notre gré les actes qui sont dus à la concupiscence ou à l'Ardeur-Emportée, ou bien serait-ce que les bonnes actions sont faites totalement de plein gré et les actions honteuses malgré soi ? Une telle assertion n'est-elle pas ridicule, alors qu'une seule et même personne est cause des unes comme des autres ? Mais sans doute est-il absurde de décrire comme fait malgré soi ce que nous avons le devoir de désirer : or nous avons le devoir à la fois de nous mettre en colère dans certains cas et de ressentir de l'appétit pour certaines choses, par exemple pour la santé et pour l'étude. D'autre part on admet que les actes faits malgré soi s'accompagnent d'affliction, et les actes faits par concupiscence de plaisir. En outre quelle différence y a-t-il, sous le rapport de ce qui serait malgré soi, entre les erreurs commises par calcul et les erreurs commises par Ardeur-Emportée ? On doit éviter les unes comme les autres, et il nous semble aussi que les passions irrationnelles ne relèvent pas moins de l'humaine nature, de sorte que les actions qui procèdent de l'Ardeur-Emportée ou de la concupiscence appartiennent aussi à l'homme qui les accomplit. Il est dès lors absurde de poser ces actions comme faites malgré soi [1].

Ainsi, une première conséquence de ce passage de l'*Ethique à Nicomaque*, c'est que « l'ardeur emportée » (*thumos*) loin de se dérouler, comme on pourrait le croire, malgré soi, se déroule de son gré.

Mais une deuxième question vient alors se greffer sur la première : comment situer le choix (*proairesis*) par rapport à « l'ardeur emportée » (*thumos*) ? Aristote est ainsi amené à nettement distinguer deux plans profondément différents dans ce qui est fait « de son gré » (*ekôn*). Le choix préférentiel (*proairesis*) est de l'ordre d'une spontanéité éclairée ; c'est ici qu'on trouve le niveau de ce qui est fait « volontairement » ou « de plein gré ». En revanche ce qui est fait simplement « de son gré », de « bon gré » ressortit d'une spontanéité à peine raisonnée, et englobe aussi bien et la concupiscence (*epithumia*) et « l'ardeur emportée » (*thumos*) et l'opinion

1. *Eth. Nic.*, III, 1111 a 22 – 1111 b 3.

(*doxa*). Ainsi la spontanéité de « l'ardeur emportée » ne se situe-t-elle aucunement sur le plan de ce qui est fait totalement et entièrement de plein gré.

> Après avoir défini l'acte fait de son gré et l'acte fait malgré soi, nous devons ensuite traiter du choix préférentiel. Car cette notion semble bien être étroitement apparentée à la vertu, et permet, mieux que les actes, de porter un jugement sur le caractère de quelqu'un.
> Ainsi le choix est manifestement fait entièrement de plein gré, tout en n'étant pas identique à l'acte fait de son gré, lequel a une plus grande extension. En effet, tandis qu'à l'action faite de son gré, enfants et animaux ont part, il n'en est pas de même pour le choix, et les actes accomplis par impulsion subite, nous pouvons bien les appeler faits par gré, mais non pas dire qu'ils sont faits par choix.
> Ceux qui prétendent que le choix est un appétit ou une Ardeur-Emportée ou une forme de l'opinion, soutiennent là, semble-t-il, une vue qui n'est pas correcte.
> En effet le choix n'est pas une chose commune à l'homme et aux êtres dépourvus de raison, à la différence de ce qui a lieu pour la concupiscence et pour l'Ardeur-Emportée [1].

Un second passage de l'*Ethique à Nicomaque* permet de cerner ce qu'est pour Aristote le *thumos* (III. 1116 b 24 – 1117 a 9). Or ici il s'agit du *thumos*, de « l'ardeur emportée » en tant que pouvant s'intégrer à la vertu de courage, *andreia*. Première vertu spéciale, la vertu de courage est étudiée en III. 9 – 12 (1115 a 4 – 1117 b 20), avant l'étude de la « modération », *sôphrosune* (1117 b 20 *sq.*). Ce sont là les deux vertus morales des parties irrationnelles de l'âme qu'Aristote étudie avant de venir à l'étude de vertus morales de la partie rationnelle (justice, etc, livre IV et V) puis à celle des vertus intellectuelles (prudence, contemplation).

Souvent les poètes et la foule ont tendance à unifier courage et *thumos*, « l'ardeur emportée ». Quant à Platon, sans les unifier, il les rapprochait : l'*andreia* se fonde dans le *thumos*, « partie » noble de l'âme. Comment envisager chez Aristote les différences et les rapprochements ? Une première distinction est à retenir : « l'ardeur emportée » est animale autant qu'humaine ; le courage est humain. Mais d'autres points vont en découler.

Ardeur et courage semblent proches :

> L'Ardeur emportée (*thumos*) est encore rapportée au courage (*andreia*). On regarde aussi en effet comme des gens courageux ceux qui par Ardeur Emportée (*dia thumon*) se comportent à la façon des bêtes sauvages se jetant sur le chasseur qui les a blessées (*tous trôsantas*), parce que les gens courageux sont aussi d'un

1. *Eth. Nic.*, III, 1111 b 4 – b 13.

tempérament – ardemment-emporté (*thumoeideis*). (Car rien de tel que l'Ardeur-Emportée pour se lancer impétueusement contre les dangers (*tous kindunous*). De là les expressions d'Homère :

Il a placé sa force (*sthenos*) dans son Ardeur-Emportée

et

il excitait leur animosité (*menos*) et leur Ardeur-Emportée

et encore

une âpre animosité (*menos*) irritait ses narines

et enfin

Son sang (*aima*) bouillonnait (*ezesen*)

car tous les symptômes de ce genre semblent indiquer (*semainein*) l'excitation (*egersin*) et l'élan (*hormèn*) de l'Ardeur-Emportée [1].

Toutefois ardeur et courage sont bien différents, même si le courage s'appuie sur l'ardeur :

> Ainsi, les hommes courageux agissent par l'amour du bien quoique l'Ardeur impétueuse opère en même temps en eux. Les bêtes sauvages au contraire agissent en fonction de la souffrance, à cause d'une blessure reçue, ou par peur (*plegè*, *phobos*) puisque, à l'abri dans une forêt [ou dans un marécage] elles n'approchent pas.
> Ce n'est donc pas du courage quand chassées par la souffrance et l'Ardeur Emportée, elles se ruent au danger, sans rien prévoir des périls qui les attendent. Car à ce compte-là, même les ânes seraient courageux quand ils ont faim, puisque les coups ne parviennent pas à leur faire quitter leur pâturage.
> Et les libertins poussés par la concupiscence (*epithumia*) accomplissent aussi beaucoup d'actions audacieuses [2].

Dans le courage, à l'ardeur audacieuse doivent s'ajouter le choix et le motif :

> Mais la forme de courage inspirée par l'Ardeur-Emportée semble être la plus naturelle de toutes, et, quand s'y ajoutent le choix et le motif, constitue le courage même au sens propre.
> Les hommes, quand ils sont en colère, ressentent de la souffrance et quand ils se vengeant éprouvent du plaisir. Mais ceux qui se battent pour ces raisons-là, tout en combattant vaillamment, ne sont pas courageux au sens propre, car ils n'agissent ni poussés par le

1. *Eth. Nic.*, III, 1116 b 24 – 30.
2. *Eth. Nic.*, III, 1116 b 31 – 1117 a 3.

bien ni comme la raison le veut, mais sous l'effet de la passion (*pathos*). Ils ont cependant quelque chose qui rappelle le courage[1].

Ainsi, selon ce deuxième passage concernant le *thumos*, « l'ardeur emportée » en son lien avec la vertu de courage, *thumos* est sur le chemin de cette vertu de la partie irrationnelle de l'âme qu'est *andreia*. De tels caractères rendent possible une définition du *thumos* et corrélativement du courage. 1. Le courage ressemble à « l'ardeur emportée »; mais il s'en distingue car le *thumos* consiste à s'élancer avec impétuosité face aux dangers quels qu'ils soient. 2. Toutefois la forme de courage inspirée par le *thumos*, quand s'y ajoutent le choix et le motif, constitue le courage au sens propre. 3. Comment se définir le courage ? Par l'affrontement au combat de ce danger radical qu'est la mort. 4. Quant au *thumos*, il surgit face à la blessure reçue ou à la peur. 5. Dans l'ardeur du *thumos* il n'y a rien d'une faute (*amartèma*) ni d'un vice (*kakia*). 6. Quant à l'accompagnement physiologique de la colère, il se trouve seulement indiqué plutôt qu'analysé lorsque Aristote évoque Homère : le sang bouillonne.

Outre les textes de l'*Ethique à Nicomaque* concernant *thumos* comme désir spontané et animal d'affronter tout type de danger, l'*Ethique à Nicomaque* étudie aussi la « colère » proprement dite, *orgè*. Comment se trouve introduite la « colère » en tant qu'*orgè ?* C'est dans l'*Ethique à Nicomaque* au livre IV à propos de la vertu qu'est « la douceur de caractère » (*praotès*). Les textes de la *Rhétorique* en II. 2 préciseront la définition de l'*Ethique à Nicomaque.*

Dans l'*Ethique à Nicomaque, orgè* se présente au livre IV, chapitre 11, face à la vertu qu'est la douceur de caractère, laquelle est une médiété; la douceur, c 'est la médiété entre deux extrêmes, un extrême-excès (*huperbolè*), et un extrême qui est déficience (*elleipsis*), l'absence d'irascibilité. Ainsi selon le livre IV, 11. la colère est certes assez souvent excès; 2. toutefois il y a la colère éprouvée à bon escient, la colère dominée, la colère surgissant au moment où il le faut, et face à qui il le faut; 3. ainsi la colère dominée peut-elle s'intégrer dans la vertu médiété qu'est la douceur calme du caractère; 4. quelques caractères physiologiques se trouvent sinon analysés du moins esquissés (1126 a 15).

Ce qui dans ces analyses du livre IV est tout à fait caractéristique du bon usage des passions selon Aristote, c'est que, dans son étude de cette médiété qu'est la douceur de caractère, la colère éprouvée à bon escient, loin de s'opposer à la douceur de caractère, s'y intègre. Par contre, non moins curieusement, l'absence de colère est présentée comme une faiblesse. Enfin, quand Aristote, en fin psychologue, analyse ce que peut être la colère

1. *Eth. Nic.*, III, 1117 a 3 – 9.

blâmable, ce n'est aucunement à la colère meurtrière qu'il fait référence, mais à des formes de colères qui sont toutes en définitive passablement édulcorées.

Dans un premier moment, la douceur de caractère peut sembler être plus proche de « l'absence de colère » que du « penchant à la colère ».

> La douceur de caractère est médiété dans le domaine des sentiments de colère ; mais l'état intermédiaire n'ayant pas de nom et les extrêmes se trouvant presque dans le même cas, nous appliquons le terme de douceur de caractère au moyen ; la douceur de caractère incline plutôt du côté de la déficience, celle-ci étant dépourvue de nom. Mais l'excès pourrait s'appeler une sorte de penchant à la colère ; en effet la passion en question est colère, bien que les causes qui la produisent soient multiples et diverses[1].

Mais tout de suite un renversement de perspective surgit qui va dominer tout le chapitre sur le rapport entre colère et douceur de caractère. L'homme doux de caractère et l'homme qui se met en colère à bon escient se trouvent identifiés. Tous deux sont objets d'éloge.

> L'homme donc qui est en colère pour les choses qu'il faut et contre les personnes qui le méritent, et qui en outre l'est de la façon qui convient, au moment et aussi longtemps qu'il faut, un tel homme est l'objet de notre éloge. Cet homme sera dès lors un homme doux, s'il est vrai que le terme de douceur est pour nous un éloge (car le terme doux signifie celui qui reste imperturbable et n'est pas conduit par la passion, mais ne s'irrite que de la façon, pour les motifs et pendant le temps que la raison peut dicter ; il semble toutefois errer plutôt dans le sens du manque, l'homme doux n'étant pas porté à la vengeance, mais plutôt à l'indulgence)[2].

Par antithèse, l'absence de colère apparaît maintenant comme faiblesse blâmable.

> La déficience, d'autre part, qu'elle soit une sorte d'indifférence à la colère ou tout ce qu'on voudra, est une disposition que nous blâmons (car ceux qui ne s'irritent pas pour les choses où il se doit sont regardés comme des niais, ainsi que ceux qui ne s'irritent pas de la façon qu'il faut, ni quand il faut, ni avec les personnes qu'il faut : de pareilles gens donnent l'impression de n'avoir, de la position où ils se trouvent, ni sentiment, ni peine, et faute de se mettre en colère, d'être incapables de se défendre : or endurer d'être

1. *Eth. Nic.*, IV, 1125 b 26–31.
2. *Eth. Nic.*, IV, 1125 b 32–1126 a 4.

bafoué ou laisser avec indifférence insulter ses amis, est le fait d'une âme vile)[1].

Quant aux multiples formes de colère quelque peu excessives (mais non radicalement excessives), Aristote les distingue avec grande subtilité en leurs nuances diverses.

> L'excès, de son côté, a lieu de toutes les façons dont nous avons parlé (on peut être en colère, en effet, avec des personnes qui ne le méritent pas, pour des choses où la colère n'est pas de mise, plus violemment, ou plus rapidement, ou plus longtemps qu'il ne faut), bien que tous ces traits ne se rencontrent pas dans la même personne, ce qui serait d'ailleurs une impossibilité, car le mal va jusqu'à se détruire lui-même, et quand il est complet devient intolérable[2]. Quoi qu'il en soit, il y a d'abord les irascibles, qui se mettent en colère sans crier gare, contre des gens qui n'en peuvent mais, pour des choses qui n'en valent pas la peine et plus violemment qu'il ne convient. Mais leur colère tombe vite, et c'est même là le plus beau côté de leur caractère : cela tient chez eux à ce qu'ils ne compriment pas leur colère, mais réagissent ouvertement à cause de leur vivacité, et ensuite leur colère tombe à plat. – Les caractères très colériques sont vifs à l'excès et portés à la colère envers tout le monde et en toute occasion; d'où leur nom. – Les caractères amers, d'autre part, sont difficiles à apaiser et restent longtemps sur leur colère, car ils contiennent leur emportement, mais le calme renaît une fois qu'ils ont rendu coup pour coup : la vengeance fait cesser leur colère, en faisant succéder en eux le plaisir à la peine. Mais si ces représailles n'ont pas lieu, ils continuent à porter le fardeau de leur ressentiment, car leur rancune n'apparaissant pas au-dehors personne ne tente de les apaiser, et digérer en soi-même sa propre colère est une chose qui demande du temps. De pareilles gens sont les plus insupportables à la fois à eux-mêmes et à leurs plus chers amis. – Enfin, nous qualifions de caractères difficiles ceux qui s'irritent dans les choses qui n'en valent pas la peine, plus qu'il ne faut et trop longtemps, et qui ne changent de sentiments qu'ils n'aient obtenu vengeance ou châtiment[3].

En conclusion du chapitre concernant la relation entre la colère-excès et la colère dominée, Aristote en vient de nouveau à opposer douceur et excès de colère et à rapprocher fondamentalement colère à bon escient et douceur.

> A la douceur nous donnons comme opposé plutôt l'excès que le défaut, parce que l'excès est plus répandu (le désir de se venger est

1. *Eth. Nic.*, IV, 1126 a 4 – 8.
2. *Eth. Nic.*, IV, 1126 a 9 – 14.
3. *Eth. Nic.*, IV, 1126 a 14 – 29.

> un sentiment plus naturel à l'homme <que l'oubli des injures>), et aussi parce que les caractères difficiles s'adaptent avec plus de peine à la vie en société.
>
> Ce que nous avons indiqué dans nos précédentes analyses reçoit un surcroît d'évidence de ce que nous disons présentement, à savoir qu'il n'est pas aisé de déterminer comment, à l'égard de qui, pour quels motifs et pendant combien de temps on doit être en colère, et à quel point précis, en agissant ainsi, on cesse d'avoir raison et on commence à avoir tort. En effet, une légère transgression de la limite permise n'est pas pour autant blâmée, qu'elle se produise du côté du plus ou du côté du moins : ainsi parfois nous louons ceux qui pèchent par insuffisance et les qualifions de doux, et, d'autre part, nous louons les caractères difficiles, pour leur virilité qui, dans notre pensée, les rend aptes au commandement. Dès lors il n'est pas aisé de définir dans l'abstrait de combien et de quelle façon il faut franchir la juste limite pour encourir le blâme : cela rentre dans le domaine de l'individuel, et la discrimination est du ressort de la sensation. Mais ce qui du moins est clair, c'est l'appréciation favorable que mérite la disposition moyenne, selon laquelle nous nous mettons en colère avec les personnes qu'il faut, pour des choses qui en valent la peine, de la façon qui convient, et ainsi de suite, et que, d'autre part, l'excès et le défaut sont également blâmables, blâme léger pour un faible écart, plus accentué si l'écart est considérable. On voit donc clairement que c'est à la disposition moyenne que nous devons nous attacher[1].

Après l'*orgè* selon le livre IV de l'*Ethique à Nicomaque*, reprenons l'analyse de l'*orgè* telle qu'elle se présente au livre II de la *Rhétorique*. Ici *orgè* est fondamentalement envisagée comme désir utile, indispensable, pragmatique, nécessaire. C'est le désir de se venger contre une offense imméritée. Ainsi, plus rien de la colère comme hyperbolique excès, celle des caractères amers ou difficiles, ni de la colère déficiente, du refus ou de l'incapacité de se mettre en colère (*Ethique à Nicomaque*, IV).

En *Rhétorique*, II. 2, on lit :

> Admettons que la colère (*orgè*) est le désir impulsif (*orexis*) et pénible (*lupè*) de la vengeance notoire (*timôria phainomenè*) d'un dédain notoire (*oligôria phainomenè*) en ce qui regarde notre personne ou celle des nôtres, ce dédain n'étant pas mérité. Il s'ensuit d'abord que l'on se met toujours en colère contre un individu déterminé, par exemple Cléon, et non pas contre l'homme en général ; ensuite que l'on a fait ou voulu faire contre nous-mêmes ou l'un de l'autre une action déterminée ; en troisième lieu,

1. *Eth. Nic.*, IV, 1126 a 29 – b 10.

> qu'à tout mouvement de colère est consécutif un plaisir dû à l'espoir de se venger. Il est en effet agréable de penser qu'on obtiendra ce qu'on désire ; or nul ne désire les choses manifestement impossibles pour soi. Aussi le poète a-t-il eu raison de dire au sujet de l'emportement (*thumos*) :
> Il est beaucoup plus doux que le miel distillé goutte à goutte, quand il croît dans les poitrines humaines[1].

Retrouvons enfin ici les passages par lesquels P. Aubenque a dégagé l'originalité des textes aristotéliciens du livre I du *De Anima*.

> Il est évident pour tout le monde (φαίνετα) que la plupart des « affections » de l'âme ne concernent pas l'âme seule, mais l'âme avec le corps : c'est l'être vivant tout entier – âme et corps – qui *se met en colère*, fait preuve de courage, éprouve des désirs ou des sensations (403 a 7), car ces passions de l'âme ne vont pas sans quelque passion du corps : ἅμα γὰρ τούτοις πάσχει τι τὸ σῶμα (403 a 18).
> Que sont, en effet, le courage, le désir, la colère ? Si nous nous en rapportons à l'usage courant de la langue, ces mots désignent des passions de l'âme. Mais pour le philosophe, qui ne se contente pas des *mots* et recherche la *nature* même des choses, il s'agit plus précisément de passions de l'âme *dans* le corps. Le langage peut rendre *raison* d'un sentiment, en dégager la *notion* (λόγος), mais le physicien, lui, sait que ce λόγος ne peut exister que dans une matière, qu'il est un λόγος ἔνυλος (403 a 25) [2].
> ...
> Mais une telle définition synthétique est-elle possible ? En fait, reconnaît Aristote, suivant qu'on est dialecticien ou physicien, on donnera une définition différente de la colère : « Le physicien et le dialecticien définiraient ainsi différemment chacune de ces affections, ce qu'est, par exemple, la colère : pour le dernier, c'est le désir de rendre offense, ou quelque chose de ce genre ; pour le premier, c'est l'ébullition du sang qui entoure le cœur, ou bien l'ébullition du chaud. L'un met au jour la matière, et l'autre la forme et la notion » (403 a 29 et suiv.).
> Qu'aucune de ces définitions ne soit la bonne, bien plus, que le physicien qui définit la colère par sa matière ne soit même pas un véritable physicien, c'est ce qu'Aristote n'a aucune peine à montrer dans les lignes qui suivent. C'est au véritable physicien, c'est-à-dire au physicien qui définit à la fois par la forme et la matière, qu'il appartient de donner la vraie définition de la colère... [3]

1. *Rhétorique*, II, 1378 a 30 – b 7.
2. P. Aubenque, *Revue Philosophique*, 1957, p. 300-301.
3. P. Aubenque, *ibidem*, p. 301.

Toutefois, c'est faute de mieux, « c'est-à-dire d'avoir pu déduire la matière de la forme, qu'Aristote ne nous a laissé qu'une *eidétique* de la colère »[1].

Venons aux corollaires de cette théorie aristotélicienne. Portons maintenant notre attention sur des passages connexes que l'on trouve dans l'*Ethique à Nicomaque*.

Envisageons d'abord le rapport général existant entre la colère et le domaine de l'injustice et celui du vice (livre V). Face à l'injustice totale, il existe une injustice particulière au plutôt des injustices particulières. La colère entre dans le domaine des « actes injustes » (*adikèmata*), lesquels peuvent se trouver rapportés à quelques formes de vices (*kakia*) particulières. Aristote retient ici trois exemples de telles injustices partielles : ainsi, l'adultère qui se trouve rapporté au vice qu'est le dérèglement, l'abandon d'un camarade au combat qui se trouve rapporté au vice qu'est la lâcheté, enfin la violence physique qui se trouve rapportée à la colère, laquelle, particulièrement développée dans quelques cas extrêmes et rares, peut se présenter parfois comme un vice : *mochtèria*, *akolasia*, *orgè*. Ainsi il existe en face de l'injustice totale, des formes particulières d'injustice, lesquelles sont des parties de l'injustice totale. La violence émanant de la colère est telle[2].

Toutefois l'action coléreuse n'est que rarement « injustice », c'est généralement « acte injuste ». Les actes volontaires se divisent en actes faits par choix réfléchi, et en actes qui ne sont pas faits par choix. Il y a dès lors trois sortes d'actes dommageables dans nos rapports avec autrui. Quand le dommage a lieu contrairement à toute attente, c'est une « méprise » (*atuchèma*). Quand on devait prévoir raisonnablement le dommage, c'est une « faute » si l'on a agi sans méchanceté (*amartèma*). Quand l'acte est fait en pleine connaissance mais sans délibération préalable, c'est un « acte injuste » (*adikèma*) : par exemple tout ce qu'on fait par « ardeur-emportée » (*dia thumon*). Ces actions sont des « actions injustes » mais les hommes ne sont pas pour autant des êtres injustes (*ou adikoi*). Au contraire, quand l'acte procède d'un choix délibéré, c'est alors que l'homme est un homme « injuste » et « méchant ». Mais les actes accomplis par emportement (*ta ek thumou*) sont jugés à bon droit comme faits « sans préméditation » (*ouk ek pronoias*). En effet ce n'est pas celui qui agit par emportement (*ho thumô poiôn*) qui est le véritable auteur du dommage, mais celui qui a provoqué sa colère (*ho orgisas*)[3].

1. P. Aubenque, *ibidem*, p. 317.
2. *Eth. Nic.*, V, 4, 1130 a 25 – b 10.
3. *Eth. Nic.*, V, 1135 b 10 – 30.

Est-il enfin possible d'envisager quelque injustice envers soi-même ou plus exactement quelque « action injuste » envers soi-même ? Le cas du suicide est ici à retenir. La loi ne permet pas le suicide ; ce qu'elle ne permet pas expressément, la loi le défend. Par suite, celui qui, dans un accès de colère (*di'orgèn*) se tranche à lui même la gorge accomplit cet acte contrairement à la droite règle. Il commet une injustice (*adikei*). Contre qui ? N'est-ce pas contre la cité, non contre soi-même ? Contre la cité. C'est pourquoi la cité énonce une dégradation civique ; celui qui s'est détruit lui-même a agi injustement envers la cité, et mérite l'*atimia*[1].

Après avoir envisagé les liens entre colère et acte injuste (livre V), Aristote étudie le rapport entre emportement et intempérance (livre VII).

Tout d'abord outre l'intempérance face aux plaisirs corporels, dit Aristote, il existe des formes spécifiées d'intempérance. Il existe une intempérance en matière d'argent, une autre en matière d'honneur, une autre en matière de emportement. Il y a des *akrateis chrèmaton*, des *akrateis timès*, des *akrateis thumou*[2].

Précisant ce point Aristote envisage de faire la comparaison entre ces deux formes d'intempérance que sont l'intempérance dans la colère et l'intempérance dans les appétits. Or il convient de voir que l'intempérance dans la colère et moins déshonorante que l'intempérance dans les appétits. Pourquoi ? C'est que la colère obéit dans une certaine mesure à la raison alors que l'appétit n'obéit pas à la raison. La colère emportée (*thumos*) semble prêter jusqu'à un certain point l'oreille à la raison (*akouein ti tou logou*). Mais elle entend de travers, à la façon de ces serviteurs zélés qui sortent en courant avant d'avoir écouté jusqu'au bout ce qu'on leur dit, – à la façon des chiens qui, au moindre bruit se mettent à aboyer. La colère, par sa chaleur et sa précipitation naturelle (*thermotès*, *tachutès*), tout en entendant, n'entend pas un ordre et s'élance pour assouvir sa vengeance (*hormè pros tèn timôrian*). La raison ou l'imagination présente à nos regards une insulte ou une marque de dédain ressenties (*hubris*, *oligôria*) – et la colère, après avoir conclu par « une sorte de raisonnement » (*logismos*) que notre devoir est d'engager les hostilités contre un pareil insulteur, éclate alors brusquement. L'appétit au contraire, dès que la raison ou la sensation a seulement dit qu'une chose est agréable, s'élance pour en jouir. Ainsi l'on voit que la colère-emportement obéit à la raison en un certain sens, mais que l'appétit n'y obéit pas. La honte est donc plus grande en ce dernier cas[3].

1. *Eth. Nic.*, V, 1138 a 5 – 15.
2. *Eth. Nic.*, VII, 1147 b 30 – 35.
3. *Eth. Nic.*, VII, 1149 a 25 – b.

Enfin au livre X de l'*Ethique à Nicomaque*, Aristote, étudiant en sa généralité ce qu'est l'opposition métaphysique entre « être en acte » et « être en mouvement », prend l'exemple de « se mettre en colère » en tant que distinct de « être en colère » à côté de l'exemple « être amené vers le plaisir » face à « éprouver plaisir ». Ni le plaisir, ni la colère ne sont en eux-mêmes mouvement, mais ils sont acte. Certes il est possible d'« être amené vers le plaisir » plus au moins rapidement, comme aussi de « se mettre en colère » plus au moins rapidement. Mais on ne peut pas « être dans l'état de plaisir » rapidement, ni « être en colère » rapidement. Assurément il est possible de passer à l'état de plaisir rapidement au lentement, et de même par la colère. Mais il n'est pas possible d'être en acte dans cet état (*energein*) qu'est la colère plus au moins rapidement[1].

Ainsi *orgè* et *thumos* sont *orexis* et sont *pathos*, sont des désirs impulsifs spontanés, et sont des passions. Mais 1. l'ordre du défini s'inverse : *thumos* est d'abord *orexis*, par là *pathos* ; *orgè* est d'abord *pathos* (tristesse d'un être méprisé à tort), et en même temps *orexis* (de vengeance contre l'homme méprisant) ; 2. *thumos* est à la fois animal et humain, *orgè* est uniquement d'ordre humain ; 3. *thumos* n'est jamais excès ni faute, il est « nature » ; *orgè* est souvent excès et action injuste ; 4. tous deux peuvent être utilisés à bon escient par l'homme vertueux, par le *spoudaios* que guide la raison, même si, en eux-mêmes, *thumos* et *orgè* sont poussées passionnelles.

Quelle fut dans l'Antiquité la réception de la théorie d'Aristote sur la colère ? La théorie aristotélicienne de la colère fut vivement critiquée, tout spécialement par les Stoïciens. Retrouvons une page du *De Ira* de Sénèque (IX, 2) :

> 2. « La colère, dit Aristote, est nécessaire ; on ne peut sans elle venir à bout de rien ; il faut qu'elle remplisse l'âme et enflamme les cœurs ; on doit l'utiliser non comme chef, mais comme soldat. » C'est faux ; si elle écoute la raison et va où elle est conduite, ce n'est déjà plus colère, qui est rebelle par essence ; si elle regimbe et ne s'apaise pas quand elle en reçoit l'ordre, si elle continue à marcher suivant ses caprices et sa fougue, c'est un aussi mauvais serviteur de l'âme qu'un soldat qui ne tient pas compte du signal de la retraite. 3. Donc si elle se laisse modérer, il faut lui donner un autre nom, elle cesse d'être la colère, que je conçois effrénée et indomptable ; si elle n'y consent pas, elle est funeste et ne peut compter pour une auxiliaire ; ainsi ou elle n'est pas la colère ou elle est inutile. Car si quelqu'un inflige un châtiment sans être avide de l'infliger, mais parce qu'il le faut, il n'y a pas lieu de le mettre au

1. *Eth. Nic.*, X, 1173 a 32 – b 5.

nombre des gens irrités. Le bon soldat obéit aux plans du chef; les passions s'entendent aussi mal à obéir qu'à commander.
X. 1. Ainsi jamais la raison n'appellera à son aide des impulsions aveugles et déréglées, sur lesquelles elle n'aurait aucune autorité, qu'elle ne pourrait comprimer qu'en leur en opposant d'autres semblables et égales en force (par exemple la crainte à la colère, la colère à la mollesse, la cupidité à la crainte). 2. Evitons à la vertu le malheur d'obliger la raison à recourir jamais aux vices[1].

Comment dégager les grands traits de la conception aristotélicienne de l'emportement et de la colère? Platon avait nettement opposé noble *thumos*, noble *orgè* (sentiments rares), et la colère plus au moins bestiale qui anime tant d'humains. Aristote fut plus favorable à la colère ; il ne cessa de valoriser tout ce que la colère permet de réaliser. Ainsi assiste-t-on chez Aristote à un véritable Éloge de la Colère. Comment? D'une part Aristote édulcore la colère des coléreux, des amers, etc ; d'autre part pour Aristote la colère est souvent indispensable, par exemple pour haranguer les foules des tribunaux et des prétoires. Ce faisant, Aristote dépouille la colère d'une double dimension redoutable : 1. sa cruauté (colère de tyran) ; 2. sa laideur (le visage tuméfié, le corps qui tremble). Ce sont précisément ces deux caractères de la colère – côté physique, côté bestial – qui hanteront l'esprit des Stoïciens. Or la colère physique n'intéresse guère Aristote. Quant à la colère psychologique, elle est généralement toute pénétrée de rationalité. Pas de colères sans raison de colère.

Les deux grandes vertus que sont le « courage » et la « douceur de caractère » sont toutes pénétrées par le dynamisme de « l'emportement » ou de « la colère ». La passion de colère n'est certes pas une vertu. Mais il y a pour Aristote une vertu de la colère.

1. Sénèque, *De Ira,* I, IX2 – X2.

LE MONDE MORAL

Rémi BRAGUE

En hommage à Pierre Aubenque, j'aimerais donner ici un exemple, parmi tant d'autres, de la façon dont son œuvre a été pour ma propre réflexion une source et une incitation. J'ai choisi ce qui fait en ce moment ma préoccupation, la « sagesse du monde » [1].

PRUDENCE ET COSMOLOGIE

La nouveauté de ce que Pierre Aubenque nous a apporté sur la morale d'Aristote me semble être qu'il la situe, et avec elle au fond toute morale, dans le contexte d'une ontologie de l'être-homme comme être dans le monde, et pas seulement à titre d'appendice. Ce programme est exposé à la fin de la première partie du livre qu'il a consacré à la morale d'Aristote [2]. Dans celle-ci, explique-t-il :

> il y va de la structure de l'action humaine en général et, à travers elle, de l'être de l'homme et de l'être du monde sur lequel l'homme a à agir : on ne peut parler de la prudence sans se demander pourquoi l'homme a à être prudent en ce monde, *prudent* plutôt que sage ou simplement vertueux (*PA*, p. 30).

Quant à la réalisation d'un tel programme, elle se situe avant tout dans un chapitre particulièrement important, le chap. 2 de la seconde partie,

1. Le présent texte a été écrit alors que je préparais mon ouvrage *La sagesse du monde. Histoire de l'expérience humaine de l'univers*, Paris, Fayard, 1999. Sa seconde partie, sur Kant, en reprend à peu près telles quelles les pages 254-257.

2. P. Aubenque, *La Prudence chez Aristote*, P.U.F., Paris, 1976 (2ᵉ ed.), 192 p. [ici : *PA*].

explicitement intitulé « cosmologie de la prudence » (p. 64-105, surtout p. 82). Mais il l'est aussi, de façon plus diffuse, dans le reste de l'ouvrage, où l'intention d'ensemble est rappelée à plusieurs reprises (voir par exemple p. 126 n. 2). Je choisirai un texte situé à la fin du premier paragraphe du chapitre « Anthropologie de la prudence » :

> les analyses d'Aristote sur les conditions de la prudence et les vertus intellectuelles connexes sont moins une contribution à l'éthique qu'elles ne fournissent les fondements d'une théorie générale de l'action, c'est-à-dire d'une herméneutique de l'existence humaine, en tant qu'elle est agissante dans et sur le monde (*PA*, p. 119).

On peut ici se poser deux questions. D'une part, celle, historique, du rapport avec Heidegger et son idée d'une *Hermeneutik des Daseins*[1]. Je la laisserai ici de côté. Celle, d'autre part, du statut du concept de monde, tel qu'il ressort de la dernière expression : « agir dans et sur le monde ». Les deux prépositions, « dans » et « sur », sont-elles sur le même plan ? Le sens de « monde » est-il le même dans les deux rections ? Le monde dans lequel nous sommes est-il le même que celui sur lequel nous agissons ?

Deux sens de « monde »

On peut de fait distinguer deux sens de « monde » dans *PA*. Nous avons d'une part, un concept pour lequel le grec a un mot précis, celui de κόσμος. Comme on le sait, il désigne le monde comme l'ensemble des choses présentes, telles qu'elles sont disposées en un ordre hiérarchique de réalités plus ou moins dignes, à commencer par les corps célestes, pour finir par les choses susceptibles de génération et de corruption qui nous entourent immédiatement, et *sur* lesquelles nous agissons. Nous avons d'autre part un concept qui se fait jour dans des expressions comme « venir au monde », et qui désigne la vie humaine. Pour ce concept, le grec classique nous est de peu de secours, mais il parle dans les langues germaniques (*world, Welt*). C'est *dans* ce monde que nous sommes.

Pierre Aubenque semble avoir été conscient d'un certain « bougé » dans le mot monde. Il lui arrive de l'écrire avec des guillemets :

> la vertu a besoin d'une matière pour s'exercer et, comme nous l'avons vu, d'un « monde », c'est-à-dire de conditions qui ne

1. Heidegger la formule dès le cours du semestre d'été 1923, *Ontologie. Hermeneutik der Faktizität*, GA 63.

> dépendent pas de nous : des amis, de l'argent, un certain pouvoir politique et aussi des occasions, qui ne sont pas offertes à tous[1].

Le second concept, plus tardif, puisqu'il ne semble pas antérieur au second siècle de notre ère, n'est pas formulé explicitement dans *PA*. Mais il est à l'arrière-plan là où il est question, par exemple, de la *prohairesis*. Pierre Aubenque y montre à quel point Aristote se définit en opposition à Platon. Notre personnalité n'est pas le résultat d'un choix antérieur à la naissance, comme chez Platon, dans le mythe d'Er au livre X de la *République* (p. 127 *sq.*). Notre personnalité dépend d'un hasard (p. 128 *sq.*). Aubenque fait porter à cette notion un poids immense, puisqu'il n'hésite pas à parler à trois reprises d'un « hasard fondamental » :

> Dieu est le Premier Moteur de notre âme comme de l'univers ; en ce sens il est le Hasard fondamental auquel notre existence est suspendue (p. 72 *sq.*) [...]
> Ainsi la moralité nous paraît-elle une fois de plus suspendue, dans son fondement, à un Hasard fondamental, qui fait que nous sommes bien ou mal nés, que nous sommes des hommes naturellement constitués, ou, au contraire, des monstres (p. 137) [...]
> La vie de l'homme se meut entre deux hasards : le Hasard fondamental de la naissance, qui fait que la bonne nature n'est pas également partagée ; le hasard résiduel de l'action (p. 176).

L'expression de « hasard fondamental » n'est pas sans rappeler Schelling, qui désignait comme *Urzufall* l'existence de Dieu et donc, à travers lui, de toutes choses. Elle exprime bien le fait de notre présence au monde, dans ce qu'il a d'irréductiblement factuel. Nous sommes dans le monde, sans jamais y être entrés.

LE MONDE COMME CADRE...

Dans les développements d'Aristote et, le suivant, de son commentateur Pierre Aubenque, le monde apparaît avant tout comme le lieu de l'agir moral. Non un décor indifférent, mais un cadre qui lui impose des contraintes et des limitations, et éventuellement des orientations. A commencer par le respect qu'il faut avoir d'une articulation fondamentale de la cosmologie antique et médiévale, celle qui trace une limite ontologique entre le là-haut du ciel et l'ici-bas terrestre. L'agir humain est situé dans le sublunaire, domaine du contingent.

1. *PA*, p. 78 ; le « comme nous l'avons vu » renvoie sans doute à la p. 65.

> Ainsi l'analyse du choix nous renvoie-t-elle une fois de plus à la structure du monde (p. 142).
> Ainsi la notion populaire de prudence se trouve-t-elle rattachée à une intuition proprement aristotélicienne : celle de la division du monde en deux régions et de la division corrélative de l'âme raisonnable en deux parties (p. 146).

C'est en ce sens que la prudence est, selon une formule superbe, la

> vertu du monde, et d'un monde qui n'est pas divin dans celles de ses régions qui est la nôtre, la prudence n'est certes pas ce que l'on peut concevoir de plus haut (*PA*, p. 95).

... ET COMME MODÈLE

Mais le monde est-il lui-même une réalité morale ? Le Platon du *Timée* répondait par l'affirmative, en nous proposant de modeler les mouvements de nos âmes sur les révolutions régulières de l'Ame du monde, rendues lumineusement visibles par la ronde des astres [1]. Plus tard, un aristotélicien comme Averroès, qui s'inspire peut-être d'Alexandre d'Aphrodise, n'hésitera pas à dire qu'une vertu comme la justice est présente dans la structure même de la réalité physique [2]. J'ai appelé ailleurs le rôle normatif de la nature non-humaine par rapport à l'agir humain du nom de « cosmonomie » [3].

Y a-t-il quelque chose de tel chez Aristote ? Si c'est le cas, il faut avouer que l'idée est bien discrète. C'est dans l'*Epinomis* du Pseudo-Platon que la φρόνησις prend le sens d'une contemplation de l'ordre céleste (p. 17) et reçoit pour cadre une religion astrale (p. 18). Quant à Aristote lui-même, Pierre Aubenque a sur ce sujet quelques pages très bien venues, qu'il faudrait pouvoir citer *in extenso*. Je me contenterai de souligner quelques passages. Le cadre d'ensemble est celui d'une comparaison avec le stoïcisme

> L'idéal moral d'Aristote ne peut consister, au contraire <de ce qui se passe dans le stoïcisme> dans une assimilation au monde dans son ensemble, puisque celui-ci n'est rationnel que dans ses parties

1. Platon, *Timée*, 47 bc et 90 d.

2. Averroès, Préface au *Commentaire de la* Physique, Juntes, p. 2 C; S. Harvey, « The Hebrew Translation of Averroes' Prooemium to his Long Commentary on Aristotle's Physics », *Proceedings of the American Academy of Jewish Research* 52, 1985, p. 66, 22.

3. « Cosmos et éthique. La fin d'un modèle », *Acta Institutionis Philosophiae et Estheticae* (Tokyo), vol. 12, Eco-ethica et civilisatio moderna, 1994, p. 53-64.

> supérieures, mais seulement dans une *imitation de l'ordre qui règne dans celles-ci* [...] (*PA*, p. 87).
> il dépend(e) de l'homme de changer non seulement ses désirs, mais le monde, qui n'est ordonné qu'en général ou, ce qui revient au même, dans son enveloppement céleste [...] (p. 88).
> En attendant de pouvoir *réaliser immédiatement en nous-mêmes l'ordre que nous voyons dans le Ciel*, il nous appartient d'ordonner le monde, non en le niant au profit d'un autre monde, mais en nous engageant en lui, en rusant au besoin avec lui, en nous servant de lui pour l'achever (p. 90).

L'idée que j'ai soulignée, en mettant en italiques les phrases où elle figure, ne figure dans aucun texte d'Aristote. Nulle part, à ma connaissance, celui-ci ne flirte avec l'idée platonicienne de l'imitation des allures célestes. A moins, peut-être, que l'on ne tire un rapprochement lointain du passage métaphorique de *Met.*, Λ, 10 dans lequel les hommes libres sont comparés aux astres, passage auquel renvoie Pierre Aubenque (*PA*, p. 91).

Chez Aristote, le monde est donc un cadre pour la vie morale, mais il n'est pas moral lui-même. La cosmographie moderne ruinera l'idée de la moralité intrinsèque au monde. Mais elle laissera intacte l'éthique aristotélicienne, qui n'en dépend pas.

KANT : LE VRAI MONDE EST MORAL

Pour trouver un concept moral du monde, il faudra attendre Kant. Dès la période pré-critique, le monde apparaît comme problématique. La *Dissertation de 1770* voit dans le concept de totalité absolue la croix des philosophes [1]. Car cette totalité ne peut jamais être donnée : la marche vers le plus grand ou le plus petit, la régression vers la cause, le parcours de la série des effets ne peuvent être menés à terme. Avec cette constatation, le concept de monde effectue un premier déplacement : il quitte le domaine de la contemplation, dans lequel il était installé depuis l'Antiquité. Désormais, le monde ne peut plus être l'objet d'une *expérience*, mais seulement celui d'une *pensée*.

L'œuvre maîtresse, la *Critique de la raison pure* (ici= *KRV*), procède à la destruction de la cosmologie rationnelle en montrant qu'elle aboutit à des antinomies de par sa recherche d'une totalité absolue là où celle-ci ne peut se donner. Le concept de monde n'est d'ailleurs pas le seul à élever une telle prétention. Toutes les idées transcendantales le font. C'est pourquoi

1. Kant, *De mundi sensibilis atque intelligibilis forma et principiis*, I, § 2, iii.

toutes ont droit au nom de « concepts cosmiques » (*Weltbegriffe*)[1] ; et ce que nous appelons « le monde » n'est qu'un cas particulier de cette – *sit venia verbo* – *cosmicité* plus générale de toute idée.

Les idées sont le fait de la raison. Celle-ci ne peut trouver un champ à sa mesure dans le domaine théorique. Elles y sont, avec elle, restreintes à un usage purement régulateur[2]. Mais Kant ne dégrise la raison pure de son escapade théorique que pour la rendre à son domaine authentique, qui est pratique-éthique. Il y retrouve donc, sous un autre mode, ce qu'il avait expulsé du théorique. Les idées de la raison, qui, dans leur usage théorique, étaient confinées dans un rôle régulateur, redeviennent alors législatrices :

> Puisque dans l'usage pratique de l'entendement il ne s'agit que d'en faire usage d'après des règles, l'idée de la raison pratique peut être en tout temps effectivement donnée *in concreto*, même si ce n'est qu'en partie. Elle est même la condition indispensable de tout usage pratique de la raison. Son usage est à chaque fois limité et lacunaire, mais à l'intérieur de limites que l'on ne peut déterminer, et donc à chaque fois sous l'influence du concept d'une complétude absolue[3].

Et c'est justement le cas de l'idée de monde. Le monde physique est impuissant à être adéquat au concept de monde, il n'est au fond pas encore assez « mondain ». Kant réalise de la sorte un découplage capital : *l'idée de monde est libérée de la physique*.

Le vrai monde est le monde des esprits. Le langage courant, qui parle de « connaissance du monde » alors qu'il n'entend par là que l'expérience des hommes, le pressent[4]. Kant approfondit cette intuition en la fondant sur l'analyse de ce qui fait de l'homme ce qu'il est, à savoir la liberté. Le monde passe dans le domaine éthique, sous la figure du monde intelligible.

En soi, l'idée est ancienne. Elle apparaît avec Philon, et, chez Plotin, elle est accompagnée de cette affirmation, capitale pour le lien de l'idée de monde avec la subjectivité, que ce monde intelligible se trouve en nous, et même que nous *sommes* ce monde[5], une idée dont Leibniz avait remarqué l'intérêt[6]. Cependant, si l'idée de « monde intelligible » est ancienne et ambiguë, comme Kant le sait très bien[7], c'est à partir de lui seul que l'on

1. Kant, *KRV*, A 407 ; B 434.
2. *KRV*, A 684 ; B 712.
3. *KRV*, A 328 ; B 384 *sq*.
4. Kant, *Anthropologie*, Préface, WW, ed. W. Weischedel, t. VI, p. 399.
5. Plotin, *Ennéades*, III 4 [15], 3, 22 et IV 7 [2], 10, 35 *sq*.
6. Leibniz, Lettre à Hanschius, 23.7. 1707, § 3, ed. Erdmann, p. 446.
7. Kant, *KRV*, A 256 ; B 312.

est à même de penser comme tel le caractère « mondain » de l'édifice des idées.

C'est à partir de l'optique morale que les trois idées que la dialectique transcendantale chassait de l'usage spéculatif de la raison retrouvent leurs droits. La *Critique de la raison pratique* (ici= *KPV*) expose cette restitution. Elle le fait en particulier pour l'idée de monde :

> La visée du souverain Bien, rendue nécessaire par le respect pour la loi morale, et la présupposition qui en découle de la réalité objective de celui-ci mène donc, par l'intermédiaire de postulats de la raison pratique, à des concepts que la raison spéculative pouvait certes présenter (*vortragen*) comme tâches, mais dont elle ne pouvait s'acquitter (*auflösen*). Elle [...] mène donc à ce dont la raison spéculative ne contenait que l'antinomie dont elle ne pouvait fonder la résolution que sur un concept qui était certes pensable de façon problématique, mais qui restait pour elle indémontrable et indéterminable quant à sa réalité objective, à savoir l'idée cosmologique d'un monde intelligible et la conscience de notre existence en celui-ci[1].

Le monde physique n'est pas assez solide pour fournir une base permettant l'accès à l'absolu de Dieu. En effet, nous ne pouvons savoir si le monde réel est le meilleur des mondes possibles et donc, qu'il doit être l'œuvre d'un Dieu, sans connaître tous ceux-ci – ce qui ne se peut pas[2]. En revanche, le monde moral est donné d'emblée et tout d'un coup comme le seul possible. Le vrai monde est le règne des fins. C'est implicite dans la conclusion de la *Critique de la raison pratique*. La présence de la loi morale en moi

> me représente <comme> dans un monde qui possède une vraie infinité, mais dont seul l'entendement peut percevoir la trace, et avec lequel (mais, du coup, aussi avec tous ces mondes visibles) je ne me reconnais pas seulement, à la différence de ce dernier cas, comme lié de façon purement contingente, mais de façon universelle et nécessaire[3].

Reprenant l'image ancienne de l'amphibie, Kant écrit que nous appartenons à deux mondes[4]. Leur réconciliation n'est pas commode. Peut-être retrouvons-nous ici, dans un autre style, la scission antique entre les domaines sublunaire et supralunaire, la loi morale ayant pris la place du ciel

1. Kant, *KPV*, I, 2, 2, vi, p. 239 *sq.* ; je cite les pages de l'édition originale.
2. *KPV*, I, 2, 2, vii, p. 251.
3. *KPV*, Conclusion, p. 289.
4. *KPV*, I, 1, 3, p. 155. *Cf.* aussi *Grundlegung zur Metaphysik der Sitten*, III (AK, IV, p. 451 *sq.*).

étoilé… Quoi qu'il en soit de ce gouffre béant, et des différentes tentatives pour l'enjamber d'un pont, la nouvelle détermination du concept de monde résout en tout cas la question de notre présence à celui-ci. On peut bien percevoir dans le caractère « contingent » (*zufällig*, « tombé comme cela ») de notre présence dans l'univers physique une trace ultime d'antiques images : celle, gnostique, du jet, ou l'image épicurienne du naufrage[1]. Mais dire que nous sommes dans le monde n'est pleinement vrai que si l'on entend par là le monde intelligible. En effet, si notre présence dans l'univers physique est contingente, notre appartenance au monde moral est nécessaire.

Conclusion

Pierre Aubenque a su dégager le lien entre cosmologie et éthique chez Aristote, voire, il a su montrer, sur l'exemple d'Aristote, le problème plus vaste de l'articulation de l'humain sur le cosmique. Certes, Aristote n'a pas formulé nettement la nature mondaine de l'éthique, telle qu'elle se rencontre dans le *Timée* ou chez les Stoïciens. Encore moins a-t-il pu dégager le statut éthique du monde, tel que Kant l'a conquis. Au moins a-t-il su, en pensant le cosmique à partir de l'humain plutôt que l'humain à partir du cosmique, mettre son éthique à l'abri des révolutions cosmographiques qui ruinaient le modèle platonicien, stoïcien et médiéval de l'imitation du monde.

1. Pour la gnose, *cf.* par exemple Clément d'Alexandrie, *Extraits de Théodote*, 78, 2, éd. F. Sagnard, SC 23, p. 203 ; *Hymne des Naassènes*, v. 7, dans Hippolyte, *Réfutation de toutes les hérésies*, V, 10; pour l'épicurisme, Lucrèce, V, 222 *sq.*

CE QU'ÉTAIT ARISTOTE POUR NIETZSCHE

Monique DIXSAUT

Lorsque Pierre Aubenque parle d'Aristote, Heidegger est présent. Non pas du tout au sens où nous serait offert un Aristote heideggerien, mais au sens où Heidegger est un intercesseur, qui permet de rouvrir les problèmes aristotéliciens, de leur redonner un sens inactuel et pressant, et qui nous contraint à les penser au lieu de les traiter. C'est évidemment la conception même de l'histoire de la philosophie qui est ici enjeu. Que Pierre Aubenque en ait maintenu la nature philosophique a fait que d'autres, autrement que lui, en choisissant d'autres voies d'accès, se sont sentis encouragés à la maintenir également. La question de notre rapport aux philosophes grecs est une *question*, qui ne peut se résoudre seulement philologiquement et historiquement. Grâces soient rendues à Pierre Aubenque d'avoir, par son autorité, rappelé que cette question se posait.

Alors qu'il est encore étudiant à Leipzig, Nietzsche est sollicité par le directeur de la *Literarisches Zentralblatt*, F. Zarncke, pour faire des comptes rendus d'ouvrages philologiques. Afin de préciser les termes de cette collaboration, Nietzsche écrit à Zarncke (le 15 avril 1868) : « pour citer quelques noms d'auteurs avec lesquels je suis plus familiarisé, peuvent prendre place, à côté d'Hésiode, Platon, Théognis et l'ensemble des élégiaques, Démocrite, Épicure, Diogène Laërce, Stobée, Suidas, Athénée ». Et il écrit un peu plus tard à Rohde (9 nov. 1868) que le champ des ses comptes rendus « couvre à peu près toute la philosophie grecque, à l'exception d'Aristote ». Aristote, à cette époque, ne lui est pas familier, et ne sera jamais un de ses auteurs familiers. Pourtant, la même année, Nietzsche envisage de consacrer sa dissertation de doctorat à l'étude du catalogue des œuvres d'Aristote donné par Diogène Laërce, mais il abandonne le projet. Son enseignement de philologie classique à l'université de Bâle comporte des références obligées à Aristote, en particulier dans son cours général sur la *Rhétorique* (sem. d'hiver 1872-1873) ou dans celui sur l'*Histoire de la littérature grecque*. Donnant, pour compléter son service à l'université, des cours de grec au Paedagogium, il lit avec ses élèves des extraits du *Gorgias* et de la *Rhétorique* (sem. d'été 1874), d'où sort un cours donné à l'université (sem. d'hiver 1874-1875) sur la *Rhétorique*, le seul consacré entièrement à Aristote, mais qui n'a pas encore été édité. On sait par ailleurs que la bibliothèque personnelle de Nietzsche ne comportait pas d'édition des œuvres complètes d'Aristote, bien qu'il ait décidé maintes fois de les lire en entier, sans jamais mettre à exécution cette bonne résolution. Il est certain qu'il a lu en grec la *Poétique* et la *Rhétorique*, ainsi que les fragments publiés en 1863 par V. Rose sous le titre *Aristoteles Pseudoepigraphus*. Il est probable qu'il connaissait également de première main les livres I de la *Métaphysique* et de la *Physique*, qu'il utilise abondamment pour son étude sur *Les Philosophes préplatoniciens*, et peut-être aussi certains passages de l'*Éthique à Nicomaque* et de la *Politique*. Pour tout le reste, il puise dans la littérature secondaire, essentiellement dans Lange, *Histoire du matérialisme*, Ueberweg et surtout Zeller.

Il ressort de tout cela que, pour le jeune Nietzsche, la voie d'accès à Aristote est celle de la philologie classique, non celle de la philosophie. La très grande majorité des références se situe dans cette période et dans cette perspective : Aristote n'existe alors que comme source pour les philosophes présocratiques, il n'existe pas comme philosophe. Or c'est une source dont le philologue doit se méfier : pas plus que Platon, Aristote n'est un historien de la philosophie. Son ami Paul Deussen lui ayant fait part de son intention de rédiger sa dissertation sur l'authenticité de l'*Euthydème*, Nietzsche lui donne dans une lettre (fin avril – début mai 1868) le conseil suivant : « lorsque le texte ne parle pas en faveur de Platon, aucun témoignage ne sert à rien, y compris celui d'Aristote, car avec ceux-là le terrible est qu'ils ont pu être ajoutés ultérieurement, par exemple lors de la rédaction d'Andronicus. Oui, chez Aristote, il existe des exemples précis de pareils témoignages interpolés. » Non seulement le texte est suspect, mais la perspective historique particulière propre aux Alexandrins fait qu'on a mal interprété les témoignages. Dans *Les Philosophes préplatoniciens*, Nietzsche soutient qu'Aristote n'expose pas les théories de ses prédécesseurs pour elles-mêmes, mais pour confirmer sa propre théorie des causes. Ainsi, à le lire attentivement, on constate qu'Aristote ne mentionne jamais très précisément l'existence d'Écoles. Là où les historiens de la philosophie disent « atomistes », il parle de « Leucippe et son compagnon Démocrite » (985 b 4-5) ; s'agissant des « soi-disant Pythagoriciens » il donne de leurs diversités doctrinales une présentation assez floue, et il exprime de manière dubitative le rapport entre Xénophane et Parménide : « on dit que Parménide a été son disciple ». Nietzsche en déduit, contre les Alexandrins suivis par les philologues du temps (Zeller et Diels), qu'il n'y a rien chez Aristote qui autorise à présenter les Préplatoniciens selon un groupement par Écoles (en particulier il refuse catégoriquement l'existence d'une « École d'Ionie »), et qu'on ne peut même pas se fier complètement à lui pour établir un ordre de succession temporelle. Dans une leçon de 1873 sur *Les* διαδοχαί *des philosophes*, Nietzsche substitue, à « l'harmonie artificielle » des combinaisons chronologiques établies par les Alexandrins, le principe méthodologique fondamental : « de deux calculs chronologiques, le plus digne de foi est celui à l'aide duquel une διαδοχή *n'est pas* rendue possible [1] ». Or si, selon Nietzsche, on ne peut pas s'appuyer sur Aristote pour corroborer les chronologies antiques, on ne peut pas non plus se servir d'Aristote pour infirmer l'hypothèse de Nietzsche : les Préplatoniciens sont de grandes figures singulières, des individus indépendants qui n'entretiennent entre eux ni des rapports d'École ni des rapports de maître à disciple, mais ont tout au plus avec un prédécesseur un rapport doctrinal. « De Thalès aux sophistes et à Socrate, nous avons [...] sept fois l'apparition de philosophes originaux et indépendants [...] La réunion par διαδοχαί est arbitraire, voire absolument fausse. »

Le rapport strictement philologique des années 1872-1873 se double trois ans plus tard d'un jugement sur la valeur de la personnalité d'Aristote : « Aristote semble n'avoir pas d'yeux pour voir quand il se trouve devant ces grandes personnalités [*sc.* les philosophes de Thalès à Démocrite]. Et il semble ainsi que ces magnifiques personnalités aient vécu en vain. [variante : il lui manque, de façon presque énigmatique le sens de ces grandes natures polyphoniques] [2]. » En ce sens, Platon est une meilleure source, non pas d'un point de vue doctrinal, mais si nous désirons comprendre ce que c'était que d'être à cette époque un philosophe, et que cela consistait à incarner une belle et nouvelle possibilité de pensée et de vie.

Or si Aristote n'a pas d'yeux pour ces grandes personnalités, c'est qu'il n'en était pas lui-même une. Pour comprendre ce jugement surprenant de

1. *Les Philosophes préplatoniciens*, suivi de *Les διαδοχαί des philosophes*, textes établis d'après les manuscrits par Paolo D'Iorio, présentés et annotés par Francesco Fronterotta, traduit de l'allemand par N. Ferrand, Paris, éditions de l'Eclat, 1994, p. 261.

2. *Friedrich Nietzsche. Kritische Studienausgabe*, hsg von G. Colli und M. Montinari, 1967 ff (cité par la suite *K.S.A.*), vol. 2, *Menschliches, Allzumenschliches* I, § 261, p. 217 ; trad. fr. Rovini, *Humain trop humain. Un livre pour esprits libres*, dans *Œuvres philosophiques complètes* (cité par la suite *O.P.C.*), Paris, Gallimard, t. III, 1, 1968, p. 201.

Nietzsche, il faut préciser la manière dont Nietzsche conçoit son rapport aux philosophies antérieures. Il comporte deux aspects : philologique et psychologique. « Chez presque tous les *philosophes*, l'utilisation d'un devancier et la lutte menée contre lui manquent de rigueur, et sont injustes. Ils n'ont pas appris à *lire* et à interpréter *correctement*[1]. ». Nietzsche a constamment déclaré avoir appris de la philologie l'art de bien lire, l'*ephexis*, la retenue dans l'interprétation. Il n'y a avec *les textes* de rapport rigoureux que *philologique*, parce que la philologie est le seul rapport au langage qui ne soit pas un rapport immédiat d'usage, mais un rapport médiatisé. Le philologue est le seul à savoir lire parce qu'il lit les mots et fait du sens un problème, au lieu de présupposer le sens pour traverser et annuler les mots.

En revanche, le rapport *philosophique* à une philosophie passée n'est pas un rapport avec un système dépassé, mais une rencontre entre deux personnalités : il est *psychologique*. Car « les systèmes philosophiques ne sont tout à fait vrais que pour ceux qui les ont fondés [...] ceux qui viennent après n'y voient habituellement qu'une seule et monumentale erreur ». La seule chose qui puisse encore nous intéresser dans ces systèmes, c'est la personnalité du philosophe. Au début de son *Introduction à la lecture des Dialogues de Platon*, Nietzsche affirme que, dans ce genre de recherches, il y a deux visées possibles[2] : « il est courant d'avoir en vue ou bien la philosophie, ou bien le philosophe ; nous suivrons la dernière voie : pour le système, nous nous contentons de l'utiliser à l'occasion. » Car, même erronés,

> tous les systèmes renferment quelque point absolument irréfutable, une tonalité, une teinte personnelles qui nous permettent de reconstituer la figure du philosophe [...] Je ne veux extraire de chaque système que ce point qui est un fragment de personnalité et appartient à cette part d'irréfutable et d'indiscutable que l'histoire se doit de préserver[3].

Le philosophe est la seule chose éternellement intéressante, il est « ce que nous serons obligés d'*aimer et de vénérer toujours* et qu'aucune connaissance ultérieure ne pourra nous ravir »[4]. Si Nietzsche accorde toujours aux *philologues* le mérite de lire lentement, avec rigueur et justice, il ne lit pourtant pas tout à fait en philologue : comprendre n'est pas pour lui une fin mais un moyen. Il lit *pour* vénérer ou combattre, opposant à une

1. *K.S.A.* 8, 1876-1877, 23 [22] ; *O.P.C.*, t. III, 1, p. 467.

2. *Einleitung in das Studium der platonischen Dialoge*, dans Kröner, *Nietzsches Werke* III Abth., Bd. XIX [Philologica III], Leipzig, 1910, p. 325.

3. *K.S.A.* 1, *Die Philosophie in tragischen Zeitalter der Griechen*, 801-802 ; *O.P.C.*, t. I, 2, 1975, *Écrits Posthumes 1870-1873*, trad. fr. de M. Haar, p. 209-210.

4. *Ibid.*, p. 210.

objectivité conçue comme neutralité une probité capable de maintenir son pour et son contre : « Pour voir une chose *entièrement*, l'homme doit avoir deux yeux, un d'amour et un de haine[1]. » La conscience des présupposés, affects, instincts dont procède toute compréhension lui paraît faire partie de la philologie entendue comme « art de bien lire ».

Pourquoi ce rapport psychologique aux philosophes ? Parce que procéder autrement reviendrait à aborder les philosophies comme elles prétendent qu'elles doivent l'être : sous l'angle de la vérité, *théoriquement*. Or les philosophes se trompent et ignorent que ne survit des philosophies que la voix qui s'y fait entendre. C'est cette perspective qui explique le rapport que Nietzsche entretient avec ceux qu'il appelle ses prédécesseurs. Le mot ne désigne pas chez lui une relation de cause à conséquence, rien qui permette de parler de source ou d'influence, mais une vie singulière donnée, reçue, redonnée. Se reconnaître des prédécesseurs n'est pas une affaire théorique, affaire d'héritage où ne circulerait que de l'encre, c'est une affaire de sang. Est un prédécesseur non seulement celui qui infuse une vie mais qui accepte l'immolation (certains, donc, la refusent) :

> Moi aussi j'ai été aux Enfers comme Ulysse, et j'y retournerai souvent ; et je n'ai pas seulement sacrifié des moutons [...] c'est aussi mon propre sang que je n'ai pas ménagé. Il y eut quatre couples à ne pas refuser leur réponse à mon immolation : Epicure et Montaigne, Gœthe et Spinoza, Platon et Rousseau, Pascal et Schopenhauer [...] C'est avec eux qu'il me faut m'expliquer quand j'ai longtemps marché seul, par eux que j'entends me faire donner tort ou raison, eux que je veux écouter quand ils se donnent alors eux-mêmes tort et raison entre eux. Quoi que je puisse dire, résoudre, imaginer pour moi et les autres, je fixe les yeux sur ces huit-là et vois les leurs fixés sur moi. –[2]!

On rencontre dans les fragments posthumes plusieurs listes, où n'apparaissent pas toujours exactement les mêmes noms. Il y a cependant une constante : Aristote n'y figure jamais. Si Aristote n'est pas pour Nietzsche un prédécesseur, c'est qu'il n'est possible d'entretenir avec lui qu'un rapport historique et doctrinal.

I. Celui « pour qui la vérité existe »

Aristote en effet pour Nietzsche n'a pas de voix et pas de style : « Chez Aristote on voit la blancheur des os » (*K.S.A.* 8, 1875, 5[6]). N'ayant pas

1. *K.S.A.* 8, 1876, 16 [53] ; *O.P.C.* t. III, 1, p. 250.
2. *K.S.A.* 2, « Vermischte Meinungen und Sprüche », 533-534 ; *H.T.H*, 2, § 408.

de personnalité, il n'est pas, au sens nietzschéen, un philosophe : « Aristote : la science pure » – un autre fragment dit « la science absolue ». Il est néanmoins une figure, la figure de « celui pour qui la vérité existe » (c'est le titre de l'aphorisme 424 d'*Aurore*).

> Autrefois, on était si convaincu que l'homme était le but de la nature que l'on admettait sans façon que rien ne pouvait être découvert par la connaissance qui ne fut salutaire et utile à l'homme, bien plus il était *impossible, inadmissible* même qu'il *existât* d'autres choses. – Peut-être est-ce là l'origine du principe selon lequel la vérité dans sa *totalité* et sa cohérence n'est faite que pour les âmes à la fois puissantes et ingénues, joyeuses et pacifiques (comme l'était celle d'Aristote), les seules d'ailleurs qui soient en état *de la chercher* : car, aussi fières soient-elles de leur intelligence et de sa liberté, les autres cherchent des *remèdes* à leur mal – elles *ne* cherchent *pas* la vérité [1].

A l'origine, donc, une croyance : aucune vérité ne peut être nuisible à l'homme, ou dangereuse, aucune ne peut être contradictoire avec une autre : les vérités font système, la vérité est un tout cohérent. Cette croyance, dit Nietzsche est peut-être à l'origine du principe qui réserve la vérité à certaines âmes, les seules capables de la chercher pour elle-même et non pas pour se guérir et se consoler des maux de l'existence, et de la douleur même d'exister. Les quatre qualités énumérées par Nietzsche vont toutes dans le même sens, elles s'opposent au tourment, au ressentiment, à la dissimulation, bref à ce qu'il caractérisera comme « l'idéal ascétique », cette volonté de puissance des impuissants. Aristote est le prototype de ceux qui cherchent la vérité sans mettre le moins du monde en doute sa nature ni son existence. Son âme était puissante : capable d'affronter la réalité, toute entière et sous tous ses aspects, ingénue, c'est-à-dire sans présupposés, pas encore déformée par des jugements sur la valeur du réel, de l'homme et de la vie ; elle était aussi joyeuse, en raison justement de sa puissance, de sa capacité à dominer et organiser l'ensemble des connaissances et des phénomènes ; et enfin pacifique, d'abord parce qu'elle était certaine que tous les domaines de la connaissance peuvent et doivent s'harmoniser et se compléter, toutes les perspectives s'unifier, à la condition de dessiner soigneusement les limites et de définir les domaines, et ensuite parce qu'elle jugeait possible de régler avec prudence et mesure toutes les passions et toutes les expériences humaines. Aristote est le type du bien portant, de celui qui prend plaisir à connaître ce qui est comme c'est, sans fuir la réalité dans la fiction, à la différence de Platon, par exemple, qui « ne

1. *K.S.A.* 3, *Morgenröthe*, § 424 : « Für wen die Wahreit da ist » ; *O.P.C.*, t. IV, *Aurore*, trad. J. Hervier, p. 230.

voulait pas de ce qu'il voyait ». Mais justement, Aristote ne veut rien, sinon connaître, et pour lui, même la connaissance de la réalité la plus laide est belle. Aristote « trouve plaisir au réel seul, au solide, au vrai » (*H.T.H.*, I, § 264). Si les malades « reprochent à la science sa froideur, sa sécheresse, son inhumanité », les bien portants prennent plaisir à la connaissance, à l'activité d'un intellect bien exercé, capable de « rassembler, d'additionner et de classer (comme le fit Aristote pour la nature) » (*K.S.A.* 8, 1875, 11[22]). On voit que, aussi bien dans l'aphorisme d'*Aurore* que dans celui d'*Humain trop humain*, Aristote est un exemple, un type. Mais il n'incarne pas un type de philosophe, il est l'exemple même de la « nature scientifique », animée par le seul esprit de la science, c'est un des « grands méthodologues » (*K.S.A.* 11, 1884, 9[61]). C'est pourquoi il n'a pas de personnalité, il ne produit aucun effet sur l'imagination, il est le grand homme du concept, le plus grand homme de l'intellect. Ce qui explique, selon Nietzsche, qu'à la différence de Platon il ait été rigoureusement et subtilement interprété à travers les siècles, et c'est pourquoi aussi Nietzsche, pour qui il n'a ni voix ni véritable présence, peut lui rendre justice. Il est celui pour qui la vérité existe, qui est certain non seulement de son existence mais aussi de son utilité et de sa bonté, il n'imagine même pas qu'elle puisse nuire à la vie. Et il la recherche pour elle-même, non pas comme un remède ou un refuge. Mais la vérité qu'il cherche en tous domaines est pour lui l'objet d'un savoir, non celui d'une expérience et d'une passion, et il conçoit la philosophie comme une science de la totalité de la vérité. Cette chouette de Minerve, ce tard venu, se contente de réfléchir des expériences de pensée qu'il n'a pas faites, de mener à leur terme des tentatives dont il n'est pas l'initiateur. Il n'intervient dans le cours d'aucune histoire, il n'en est pas l'acteur, mais le spectateur pacifique et joyeux. Ce n'est pas rien, dit Nietzsche, car « le bonheur de ceux qui connaissent accroît la beauté du monde et rend plus ensoleillé tout ce qui existe[1] ».

Pourtant, si avec Aristote le monde est devenu plus ensoleillé, il est aussi devenu plus superficiel et plus schématique : « Éprouver le monde comme système et faire de cela le sommet du bonheur humain, je découvre bien là une tête toute en schèmes. » Le signe le plus évident de cette superficialité, c'est l'incompréhension d'Aristote envers le tragique et la tragédie. Avant de passer à ce point – assurément le plus connu – je voudrais évoquer un autre usage nietzschéen d'Aristote. Homme de l'intellect, Aristote n'a pas d'expériences propres, ses instincts, ses aversions et ses goûts personnels ne transparaissent pas dans sa doctrine, comme c'est le cas pour Platon. Il porte néanmoins des jugements sur

1. *K.S.A.* 3, § 550, 320 ; *Aurore*, *op. cit.*, p. 280.

l'expérience commune, jugements que Nietzsche se plaît à citer et dont il reconnaît la pertinence. Aristote n'est pas seulement pour lui un savant, au sens moderne du terme, c'est un sage, dont les sentences expriment ainsi selon Nietzsche une philosophie « populaire » (les expériences qu'Aristote réfléchit sont communes et non pas exceptionnelles), et il les condense dans des maximes dont Nietzsche s'empare pour les interpréter à sa manière (souvent déconcertante). De telle sorte que se dégage au bout du compte l'image d'un Aristote auteur d'aphorismes, de sentences séparées qui ne doivent rien à leur contexte et sont riches de beaucoup de sens en peu de mots. Ainsi, une phrase de la *Poétique* prend un sens inattendu :

> as-tu ouï dire que c'est, selon Aristote, une mort non tragique que d'être écrasé par une statue [...] Les philologues meurent de la main des Grecs, on peut en prendre son parti. Mais l'Antiquité elle même vole en éclats sous les coups des philologues[1].

La même phrase est reprise par Zarathoustra, mais c'est alors le maître qui est comparé à une statue risquant de faire mourir son disciple d'une mort non tragique. De même, citant la *Politique* « pour vivre seul il faut être une bête ou un Dieu », Nietzsche ajoute : « reste un troisième cas : il faut être un *philosophe*[2] ». « Il faut détruire les productions des hommes âgés » ; cette paraphrase de la *Politique* (7.16 1335 b 26 *sq.*) devient le point d'un départ d'un long aphorisme d'*Aurore* (§ 542) sur « Le philosophe et la vieillesse ». Certaines phrases sont citées sans commentaire, sur le mariage (*Aurore*, § 246) : « chez les enfants des grands génies, la folie éclate, et chez ceux des grands vertueux, la bêtise – remarque Aristote », sur les femmes : « une femme petite n'est jamais belle[3] », ou encore sur l'amitié[4], sur la colère (« sans la colère, on n'est jamais vainqueur[5] »), etc. Par quoi on peut voir que la sagesse d'Aristote est tout le contraire d'une sagesse tragique.

1. *Ueber die Zukunft unserer Bildungsanstalten*, *K.S.A.* 1, Vortrag III, 702-703 ; *Sur l'avenir de nos établissements d'enseignement*, Troisième conférence, *O.P.C.*, t. I, 2, p. 123. Comme on sait, dans ce passage (1452 a 7-10), Aristote dit tout le contraire !

2. *K.S.A.* 6, *Götzen-Dämmerung*, « Sprüche and Pfeile », § 3, 59 ; *Crépuscule des Idoles*, *O.P.C.*, t. VIII, 1, p. 61.

3. *Eth. Nic.*, 1123b6-8 ; K.S.A 3 ; *Die fröliche Wissenschaft*, § 75, Le *Gai Savoir*, *O.P.C.* t. V, p. 104.

4. *K.S.A.* 8, 1876-1877, 21[26], 23[106].

5. *K.S.A.* 11,1884, 15[36].

II « Critique d'Aristote »

Savant, sage d'une sagesse trop humaine, Aristote ne pouvait que construire une esthétique dépourvue, aux yeux de Nietzsche, de tout sens esthétique. Depuis son premier ouvrage, la *Naissance de la tragédie*, jusqu'aux derniers fragments, Nietzsche n'a cessé de critiquer la conception non esthétique et non tragique, mais éthique et politique, que la *Poétique* donne de la tragédie. Or selon Nietzsche, les évaluations esthétiques sont plus originaires que tous les autres types d'évaluation. L'attitude à l'égard de l'art est ce qui traduit le plus profondément la conception de la réalité propre à un philosophe, c'est le lieu où se révèlent le plus authentiquement les traits fondamentaux de sa pensée.

Dans les cahiers contemporains de la préparation de la *Naissance de la tragédie*, on trouve plusieurs fois les mentions « critique d'Aristote » ou « contre Aristote »[1], parfois sans précision supplémentaire, et parfois suivies d'indications laconiques comme : « Le dionysiaque expire dans la tragédie » (*K.S.A.* 7, 1871-1872, 8[48]), ou « Aristote, avec son usage platement euripidien du chœur, ne doit pas nous égarer » (*ibid.*, 9[9]). Mais cette critique de la théorie aristotélicienne de la tragédie, Nietzsche ne l'a pas faite, en tous cas pas sous la forme d'une « critique d'Aristote ». Tout au long de son œuvre, il revient pourtant inlassablement sur la dénonciation des mêmes contresens. Méconnaissance du *pathos* dionysiaque, conception superficielle du chœur, indifférence envers les éléments de la représentation théâtrale, erreur sur l'effet produit, tels sont les principaux axes de la critique nietzschéenne. Avant de les aborder rapidement, je voudrais insister sur un point qui n'est pas toujours suffisamment souligné, à savoir la différence dans *l'approche* même du problème de la tragédie. Pour Nietzsche, il faut en découvrir et en assigner l'origine, car c'est seulement à partir de son origine – de sa double origine – que peut se comprendre cet événement qu'a été la tragédie grecque. Mais Aristote, lui, a fait du problème de la tragédie une question de définition. Déterminer de quelles sources elle jaillit, *d'où* lui viennent ses forces, sa puissance et le plaisir qu'elle provoque, ou dire *en quoi* elle consiste, quels en sont les éléments, les règles et les effets : ces deux perspectives sont si étrangères l'une à l'autre que l'on comprend pourquoi Nietzsche n'a jamais réalisé son projet de critiquer Aristote. Une critique, dit-il, est toujours nécessairement sur le même plan que ce qu'elle critique. Or, pour l'essentiel, il n'y a pas entre eux de terrain commun.

1. *K.S.A.* 7, 1869-1870, 3[53], 3[66], 1870-1871, 7[140], 7[143], 8[3], etc.

La tragédie selon Nietzsche est née, on le sait de reste, de l'unité du dionysiaque et de l'apollinien. Pour le dionysiaque, dans la *Naissance de la tragédie,* cela reste encore un point d'interrogation; seize ans plus tard, l'*Essai d'autocritique* répond à la question : par dionysiaque il faut entendre un délire issu d'une surabondance de force, qui veut, pour éprouver cette force, « l'image de tout ce qu'il y a de terrible, de cruel, d'énigmatique, de destructeur, de fatal au fond de l'existence »[1]. C'est un « oui dit sans réserve à la vie, et même à la douleur, et même à la faute », et « à la contradiction, à la guerre, au devenir ». Ce oui dit à une vie qui ne cesse de détruire ce qu'elle produit et de s'opposer elle-même à elle-même dans toutes ses manifestations ne peut pas émaner d'une force déclinante et pessimiste. La tragédie grecque est ce moment inexplicable où une pulsion effroyable (le plaisir de la cruauté et de la destruction) se transforme en une pulsion d'art et de jeu, où l'intrigue, la parole, l'image, viennent correspondre à la musique et se hissent à la même hauteur. C'est dans cette histoire *mythique*, dans cette mimétique gestuelle, dans ces masques, que l'homme se reconnaît en cela qui n'est pas lui-même, qui n'est pas non plus ce qu'il pourrait, voudrait ou devrait être, qui n'a aucun rapport avec sa nature *naturelle* ou *idéale*. La tragédie grecque a offert à l'homme une multiplicité de visages où se chercher et se reconnaître, sans qu'il se soit *d'abord* connu. Ainsi comprise – ou interprétée – elle est tout autre chose qu'un fait littéraire ou politique, elle est radicalement *poétique* : elle a *fait* de l'homme autre chose qu'un être biologique, historique, elle l'a arraché à son existence empirique sans pour autant (comme la philosophie) lui conférer une essence idéale, essence dont l'homme serait par nature le détenteur et qu'il n'aurait plus qu'à accomplir. La tragédie a produit des images en lesquelles l'homme a pu se comprendre – non pas au sens finalement assez plat où ces images lui auraient révélé le sens de sa destinée, mais au sens où il s'est reconnu dans sa puissance la plus haute : celle d'être un créateur de mythes, une créature de masques et de métamorphoses.

L'équilibre du dionysiaque et de l'apollinien ne s'est instauré que pour être aussitôt rompu : et le « sacrilège Euripide » est pour Nietzsche bien plus sacrilège que Prométhée, lui qui a abaissé la tragédie aux limites du drame humain. Or c'est Euripide qui, aux yeux d'Aristote, est « le plus tragique des poètes »[2]. Ses tragédies sont pour celui-ci des modèles, des paradigmes, et c'est à lui que s'applique le mieux la célèbre définition aristotélicienne de la tragédie. La *définition* : Aristote, en effet, définit la tragédie, et en produisant un énoncé définitionnel, un *logos* si parfaitement

1. *K.S.A.* 1, *Versuch einer Selbstkritik*; *Essai d'Autocritique*, § 4.
2. *Poétique*, 13, 1453 a 29-30.

et complètement articulé, il opère en quelque sorte une *catharsis* sur la tragédie elle-même. Il la purge de ses éléments irrationnels, donc, selon Nietzsche, il en expulse le tragique. L'entreprise de définition repose sur la délimitation préalable du champ de la poétique – Aristote a constitué le tragique en genre poétique – et elle aboutit à un *logos* dont on s'est demandé pendant des siècles s'il exprimait une définition obtenue par induction, ou s'il devait valoir comme norme (les deux sont d'ailleurs forcément vrais puisque ce que le *logos* définit est la perfection d'une essence).

Nietzsche nous force donc à réfléchir sur la légitimité d'une opération définitionnelle appliquée à la tragédie grecque. Car pour la définir, il faut en effet nécessairement s'en tenir à distance, ne plus s'en sentir ou s'en pressentir le participant, être un spectateur qui peut tout aussi bien être un lecteur, bref en faire un genre littéraire et non pas l'expression d'une « compréhension du monde du point de vue de la souffrance ». Quant au plaisir qu'un tel spectacle peut procurer, plaisir qui est, selon Aristote, l'*ergon* propre (1452 b 30, *cf.* 1453 b 11) de la tragédie, il est une espèce du genre plaisir, lequel « procède d'une action non empêchée et s'ajoute à l'action accomplie »[1]. C'est pourquoi Aristote exige que l'intrigue soit menée jusqu'à son terme, que le *muthos* soit *teleios*[2]. Mais ce plaisir est d'une espèce particulière : pourquoi aimons-nous regarder des images répugnantes, des cadavres ? Parce que nous y reconnaissons des effets de l'art (*Parties des animaux*, I). « La raison en est qu'*apprendre* est un plaisir non seulement pour les philosophes mais également pour les autres hommes ; en effet si l'on aime à voir des images, c'est qu'en les regardant on apprend à *connaître* et on *conclut* ce qu'est chaque chose, comme lorsque l'on dit : celui-là, c'est lui » (*Poétique*, 1448 b 12-17). Apprendre, conclure, reconnaître : si telle est l'espèce de plaisir pris à la tragédie, il est éminemment intellectuel et intelligible. Comme il s'agit d'un plaisir poétique, la reconnaissance n'est pas celle du particulier (ce qui est le cas pour l'histoire, la chronique, *cf. ibid.*, 1451 b 4-7) mais du général. Le plaisir du spectateur naît de ce qu'il reconnaît « ce qu'un certain type d'homme fait ou dit vraisemblablement et nécessairement » (1451 b 9). Reste que « si celui-là, c'est lui », celui-là n'est pas moi, même s'il est mon semblable. La reconnaissance du général suppose l'horizon de la *philanthropia* : ce n'est pas moi, mais ce pourrait l'être, il n'est pas invraisemblable que cela le soit. D'où la règle : le héros ne doit être ni un homme « qui atteint l'excellence dans l'ordre de la vertu et de la justice », ni un méchant incurable. C'est ce caractère « intermédiaire » du personnage

1. *Éthique à Nicomaque*, livres VII et X.
2. *Poétique*, chap. 6.

qui garantit que le malheur est plausible et qu'il éveillera ma pitié : il rend possible l'identification.

L'action

La critique nietzschéenne porte d'abord essentiellement sur cette humanisation de la tragédie, sur la désacralisation et la moralisation qu'entraînent la définition d'Aristote. Censée ouvrir l'espace de la fiction et du « mythos », la *Poétique* ne l'ouvre que pour mieux lier le champ fictif de l'esthétique au domaine bien réel de l'éthique. L'articulation se marque, à l'évidence, dans les termes de *praxis* et d'*èthos*. On sait que la tragédie est pour Aristote une « *mimesis praxeos* » (1450 b 24-28), la représentation « d'hommes agissants » (1450 b 3). Dans une note au *Cas Wagner*, Nietzsche fait remarquer que le terme dorique *drama* ne désigne pas une action, mais un événement hiératique, une « histoire » sacrée qui sert de fondation à un culte local. (Cela a été confirmé par H. Frisk[1], après la découverte d'une inscription attique où *dramosunè* signifie « service sacré »). La tragédie ne représente pas un drame, mais des grandes scènes de *pathos* : « on voulait entendre le *pathos*, non pas voir le *drân* ». Dès 1864, dans son *Introduction aux leçons sur l'Œdipe Roi de Sophocle*, Nietzsche affirme que « l'action n'est que peu de choses, le lyrisme tout ». L'action est extérieure au temps comme à l'espace tragiques : elle se situe avant ou en dehors. Mais le lyrisme est tout : « comprendre le monde du point de vue de la souffrance : c'est le tragique de la tragédie ».

Cela s'oppose directement à la conception aristotélicienne selon laquelle le « bon » poète tragique doit agencer les faits, enchaîner les épisodes selon un lien de causalité (*di'allela*) et non pas selon une simple loi de succession (*met'allela*). « Composer l'intrigue, c'est faire surgir l'intelligible de l'accidentel, l'universel du singulier, le nécessaire ou le vraisemblable de l'épisodique[2]. » On ne saurait mieux dire : le poète restaure toute l'intelligibilité dont les actions réelles risquent d'être dépourvues. La bonne intrigue doit répondre à des exigences de cohérence, d'unité et de complétude, exigences plus logiques que strictement poétiques. Même quand elle imite un *pathos*, la tragédie reste selon Aristote la représentation d'une action – dans la *Poétique,* le *pathos* est un élément de l'action dramatique, c'est une « action destructrice ou douloureuse » (πάθος δέ ἐστι πρᾶξις φθαρτικὴ ἢ ὀδυνηρά, 1452 b 9-13). Mais la tragédie ajoute à la nature de l'action qu'elle représente une exigence « poétique » –

1. *Grieschiches Etymologisches Worterbuch*, H, 1954, I, 416, cité par K. Weinberg, « The Impact of Ancient Greece and of French Classicism on Nietzsche's Concept of Tragedy », in *Studies in Nietzsche and the classical tradition*, *op. cit*, 89-108.

2. P. Ricœur, *Temps et Récit*, Paris, Éditions du Seuil, I, 1983, p. 70.

plus logique en fait que poétique, exigence de cohérence, d'unité et de complétude. Là où l'éthique considère les conditions du bonheur – l'exercice des vertus – la tragédie raconte et enseigne de quelles manières des hommes, ni complètement mauvais ni complètement bons, que rien donc ne prédisposait à un tel destin, sont, sans le savoir, les artisans de leur propre malheur. L'intelligibilité qu'elle propose ne relève pas de la *theoria* mais de la *praxis* et de la *phronesis* – du vraisemblable et non du vrai.

S. Halliwell [1] remarque qu'en faisant abstraction de la dimension religieuse du mythe, Aristote situe l'action tragique dans le domaine de l'intention morale et de la responsabilité. La faute ou plus généralement la faillibilité humaines sont les concepts qui permettent de rendre la catastrophe intelligible, de comprendre pourquoi arrive ce qui arrive. Mais, ajoute Halliwell (p. 65), c'est au prix de la caractéristique la plus propre de la tragédie grecque, à savoir « le sentiment de ce que les tragédies extrêmes n'ont pas besoin d'être, et sans doute ne peuvent pas être, entièrement intelligibles ». La conception aristotélicienne comporte donc quelque chose de rassurant : la conviction sous-jacente que les choses auraient pu se passer autrement, et le malheur être évité. Il existe un lien (p. 64) entre la dévalorisation par Aristote de la *tukhè* (les meilleures intrigues doivent en faire l'économie) et la laïcisation de la tragédie : *tukhè* est un mot qui subsume à la fois « les forces divines et le destin, il renvoie à des situations conçues comme inévitables et extérieurement déterminées » (*ibid.*). La causalité de la *tukhè* est incompatible avec la conception de la tragédie comme genre « pouvant représenter dans ses actions des vérités générales (*katholou*) proches de celles de la philosophie ». Car pour atteindre le général, le mode de causalité doit être rationnel. L'esthétique d'Aristote reflète donc une tendance profonde de sa philosophie, « le fait que tout conflit est perçu comme une chose à éviter ou à maîtriser [2] ». Si j'ai pris le temps d'exposer l'interprétation de Halliwell, qui ne fait aucune référence à Nietzsche et se préoccupe uniquement du texte de la *Poétique*, c'est pour montrer que, bien que situées dans deux univers radicalement différents, les deux lectures se rejoignent. Celle de Nietzsche n'est alors peut-être pas le produit d'un « génial délire », comme l'ont pensé les philologues allemands du temps. Nietzsche s'élève contre l'expulsion par Aristote de l'irrationnel et de l'incompréhensible, mais affirmer que le tragique est de l'ordre de l'irrationnel n'est pas une affirmation en soi nécessairement irrationnelle.

1. S. Halliwell, « Plato and Aristotle on the denial of tragedy », *Proceedings of the Cambridge Philological Society* 30, 1984, 49-71.

2. Halliwell cite ici Mac Intyre, *After Virtue, a Study in moral Theory*, London, Duckworth, 1981, p. 153.

Le chœur

D'où le rôle éminent accordé par Nietzsche au chœur. « Le chœur est le plus important facteur poétique de la tragédie », et Aristote, « avec son usage platement euripidien du chœur, ne doit pas nous égarer » (*K.S.A.* 7, 1871, 9[9]). Le chœur n'est pas le représentant du peuple politique [1], mais du peuple dionysiaque (*N.T.*, § 7). Sa subordination aux acteurs, qui commence déjà avec Sophocle, « en détruit l'essence, quelle que soit la caution fournie par Aristote » (*N.T.*, § 14). Chantant la douleur d'exister, d'être soi (de *n'être que* soi), l'étrangeté de la vie, l'omniprésence de la souffrance et de la mort, le chœur primitif de la tragédie marque l'irruption d'un sens qui ne peut se dire mais seulement se chanter. Ce sens réside en deçà de l'opposition entre identité personnelle et altérité, en deçà aussi de la distinction entre agir et pâtir. La tragédie est « le conflit le plus profond de la vie et de la pensée », et l'expression non dramatique, non dialectique (non dialoguée) de ce conflit échoit au chœur.

Les "assaisonnements" (hedusmata)

Cependant l'expression chantée issue des pulsions intérieures, nocturnes, contradictoires de la vie, n'est pas la tragédie, c'est le dithyrambe, comme l'a dit justement Aristote. À la puissance magique du chant, du rythme et de la mélodie, la tragédie doit en ajouter d'autres : la séduction du récit, certes, mais aussi celle du spectacle et de la danse, la fascination des masques, le charme des métamorphoses. Ces puissances-là ne sont pas dionysiaques mais apolliniennes, leur magie est celle de la forme. Or selon Aristote, si le spectacle et la musique sont des parties de la tragédie, ce sont des éléments inessentiels, puisque la tragédie peut réaliser sa fin sans être représentée, sans participer à aucun concours et sans acteur (1450 b 17-19) : « elle peut se passer du mouvement, la lecture suffit à révéler sa qualité » (*ibid.*). Nietzsche s'élève une fois de plus « contre Aristote : qui ne compte l'*opsis* et le *melos* que parmi les *hedusmata* de la tragédie, et qui cautionne déjà le drame [2] ». Réduite ainsi à l'essentiel, purifiée de l'irrationalité de la péripétie inutile, de l'excès invraisemblable, et de toutes ces formes d'agitation, de « condiments » superflus que sont le spectacle, la musique et la danse, l'œuvre tragique se réduit à « problématiser l'infortune

1. Pour une critique extrèmement précise et documentée de la prétendue nature politique de la tragédie grecque, voir Nicole Loraux, *La Voix endeuillée. Essai sur la tragédie grecque*, Paris, Gallimard, 1999.

2. *K.S.A.* 7, 1869-1870, 3[36], 1870-1871, 5[124].

imméritée[1] », à faire réfléchir sur les conséquences de la faute involontaire, à communiquer une terreur et une pitié *justifiées*.

La catharsis

Pour provoquer ses effets, la tragédie doit, selon Aristote, représenter « le malheur immérité d'*un homme* », et non pas du répugnant et du monstrueux. Les émotions tragiques sont provoquées par la représentation d'événements possédant les « qualités pathétiques » du pitoyable et de l'effrayant. Ces qualités ne produisent leur effet sur le spectateur qu'à la condition (1) que le héros n'ait pas mérité son malheur, donc que sa faute soit involontaire (condition pour susciter la pitié) ; et (2) que je puisse le reconnaître comme mon semblable (sans quoi je n'éprouverais pas de terreur (1453 a 5 *sq.*). On assiste ici à la seconde expulsion de l'irrationnel : les émotions doivent être construites par l'œuvre tragique de manière à pouvoir produire certains effets sur le spectateur, et c'est cette finalité qui régit l'ensemble de la définition. La représentation d'une action noble « réalise, par le moyen de la terreur et de la pitié, l'épuration de ce genre d'émotions » (1449 b 27-28). Ces quelques mots ont, au cours des siècles, donné lieu à de multiples interpétations, et Nietzsche constate l'embarras des philologues de son temps qui ne savent trop s'ils doivent compter la *catharsis* « au nombre des phénomènes médicaux ou moraux » (*N.T.*, § 22). Faut-il la comprendre comme une purification de l'âme du spectateur qu'elle débarrasse de ses passions, ou comme une épuration de ces passions excessives que sont la terreur et la pitié, ou encore comme une purgation, une décharge de l'organisme ? Sur ce point Nietzsche a varié. A l'époque des leçons sur l'*Œdipe Roi,* il ne connaît que l'interprétation morale, celle de la *catharsis*-purification telle qu'on peut la trouver chez Lessing et chez Gœthe. Pour Lessing[2], la *catharsis* de la crainte et de la pitié aboutit au rétablissement de la mesure, de ce juste milieu aristotélicien qui constitue le critère de la vertu ; en faisant éprouver ces passions au degré requis, la tragédie les transforme en dispositions vertueuses. Gœthe élargit un peu la vision : la tragédie grecque a pour effet, après nous avoir profondément ébranlés, de nous laisser rassérénés, elle amène progressivement le spectateur à un état de juste équilibre psychique[3]. « Le but de la tragédie, dit-il à Eckermann, n'est pas tant la beauté morale que purement humaine, dans toute l'acception du terme, la morale étant une partie essentielle de la

1. Ricœur, *op. cit.*, p. 75 n. 1.

2. *Hamburgische Dramaturgie,* Hambourg, 1767, p. 37. La meilleure mise au point des théories successives de la *catharsis* se trouve dans E.P. Papanoutsos, *La Catharsis des passions d'après Aristote*, Coll. de l'Institut français d'Athènes 71, Athènes, 1953.

3. *Nachlese zu Aristoteles Poetik,* 1826, cité par Bernays.

nature humaine ». Nietzsche, on s'en doute, ne peut qu'ironiser lourdement sur une telle interprétation : elle marque le triomphe du spectateur non artiste, celui qui « se réjouit de n'être pas cet Œdipe » et de « se détacher beau et pur sur ce sombre arrière-fond ». « La *catharsis* tragique serait ainsi le sentiment de triomphe de l'homme juste, modéré, dépourvu de passion. » C'est là un « phantasme de philistin », d'« escargot dans sa coquille ».

Lorsqu'il prépare la *Naissance de la tragédie*, Nietzsche prend connaissance de l'ouvrage de Bernays et de son interprétation physiologique, appuyée sur un passage de la *Politique* (1341 b 32-1342 a 16), et sur le fait que toutes les autres occurrences aristotéliciennes renvoient à un processus organique de purgation ou d'évacuation (aux menstrues, par ex.). Selon Bernays, la *catharsis* est une décharge (*Entladung* : le terme est maintes fois repris par Nietzsche) qui soulage, une purgation qui débarrasse le corps de l'excès et de l'agitation des passions. S'il paraît converti à l'interprétation de Bernays (dans le *Crépuscule des idoles*, il tient pour acquis que la *catharsis* consiste à « se purifier d'une émotion dangereuse en la faisant se décharger violemment – ainsi que l'entendait Aristote[1] »), la détermination exacte de la nature de la *catharsis* n'est pas pour lui une question essentielle. Purification ou purgation, cela ne fait pas grande différence. Car dans les deux cas, l'erreur d'Aristote est la même. Dans un aphorisme de 1888 intitulé : « Qu'est-ce que le tragique », Nietzsche affirme avoir à plusieurs reprises mis le doigt « sur la grande erreur d'Aristote » qui croyait que les affects tragiques résidaient dans « deux émotions déprimantes : la terreur et la pitié. » Il n'est pas vrai que la tragédie purge ou purifie (l'âme, le corps ou les passions, peu importe). Terreur et pitié ne sont pas comme le plaisir sexuel, la « décharge » d'une pulsion, elles ne correspondent à aucun organe. Même si la tragédie procure, périodiquement, un « amoindrissement » des affects, un allégement ou une décharge, au bout du compte elle les fortifie[2]. Loin d'être un moyen de purifier des passions dangereuses ou de nous en purger, la tragédie les accroît. Elle est un tonique, un stimulant, non un calmant. Il est faux de croire que le spectateur rentre chez lui plus calme, plus modéré et plus froid, et il suffit, pour le vérifier, d'utiliser un dynamomètre[3]... Pour cesser d'interpréter l'effet esthétique de la tragédie en termes médicaux-moraux, il faut se tourner vers le dionysiaque, qui est « la clef du sentiment tragique » :

1. *K.S.A.* 6, *Götzen-Dammerung*, « Was ich den Alten verdanke », § 5, 160 ; *Crépuscule des Idoles*, *O.P.C.* t. VIII, p. 151.

2. *K.S.A.* 2, *Menschliches, Allzumenschliches*, I, § 212 ; *O.P.C.* t. III, 1, p. 163.

3. *La Volonté de Puissance*, trad. G. Bianquis, Paris, Gallimard, t. II, 26e éd. 1948, § 851.

« au delà de la terreur et de la pitié, *être soi-même* la volupté éternelle du devenir, cette volupté qui inclut généralement la *volupté d'anéantir*[1]... »

Les concepts aristotéliciens de *mimèsis praxeos* et de *catharsis* aboutissent selon Nietzsche à une conception de la tragédie qui se révèle éthique et rationnelle de part en part. Il suffit donc, pour « critiquer Aristote », de rejeter les deux concepts d'où tous les autres découlent : la tragédie n'est pas l'imitation d'une action complète, et elle n'a pas pour tâche d'apaiser ou de sublimer les émotions du spectateur. Car si on la conçoit ainsi, le héros mythique devient un personnage, le masque cède la place au caractère, le dialogue obéit aux règles de la rhétorique (vraisemblance et persuasion), le chœur devient le porte-parole d'une sagesse commune éthico-politique, enfin spectacle, musique et danse ne sont que des « assaisonnements » (*hedusmata*). La conception nietzschéenne de la naissance et de la mort de la tragédie ne s'oppose donc pas à la définition aristotélicienne sur des points de détail, elle la récuse radicalement.

« Que cherchais-tu, sacrilège Euripide[2] ! » C'est en effet lui qui, à la suite de Socrate selon Nietzsche, a permis la théorisation et la moralisation de la tragédie, et c'est en lui qu'Aristote reconnaît « le plus tragique des poètes » (tout en admettant qu'Euripide ne compose pas très bien). Aristote n'aura donc fait que théoriser ce qu'Euripide avait déjà tué, et même dans cette histoire là, il ne constitue pas un tournant décisif. « Le désir d'avoir une certitude en esthétique a conduit au culte d'Aristote. Je crois qu'il devient progressivement clair qu'il ne comprenait rien à l'art et que ce ne sont que les conversations ingénieuses des Athéniens dont nous admirons chez lui l'écho » (*K.S.A.* 8, 1875, 5[13]). Au regard de Nietzsche la tragédie définie par Aristote n'a plus rien de tragique et plus rien d'esthétique. Elle est le triomphe d'une forme cohérente qui n'a même plus à être belle puisque rien ne la menace et ne risque plus de la briser. La définition de la *Poétique* ne marque pas le triomphe de la lumière apollinienne, mais celui de la logique et de la dialectique. S'instaure alors le privilège du regard critique, celui d'un spectateur qui préfère la distance à la proximité, la lucidité à l'enthousiasme, la rhétorique à la musique.

III « Aristote et tous »

Aristote expulse le tragique de la tragédie, et il expulse également de la nature tout ce qu'elle pourrait comporter d'incompréhensible, de terrifiant,

1. *K.S.A.* 6, *Götzen-Dammerung*, « Was ich den Alten verdanke », § 5 ; *O.P.C.* t. VIII, p. 151, repris dans *Ecce Homo*, « Die Geburt der Tragödie », § 3 ; *O.P.C.*, t. VIII, p. 288.

2. *K.S.A.* 1, *Die Geburt der Tragödie*, § 10, 74.

d'absurde. Car selon lui l'homme est la finalité de la nature, et le bonheur la finalité de l'homme : « la félicité comme but final de la vie individuelle : Aristote et tous » (« *Aristoteles und Alle !* », *K.S.A.* 10, 1882, 7[209]). Un aphorisme particulièrement violent de *Par-delà Bien et Mal* (§ 198) affirme que les morales qui se proposent de faire le bonheur de l'individu ne sont que « des compromis avec le danger qui menace la personne de l'intérieur », c'est-à-dire « ses passions, ses bons et ses mauvais penchants, dans la mesure où ils aspirent à régner et à dominer sur la conscience ». Il n'y a là que « relents de sagesse de bonne femme », astuce pitoyable et sottise. Or parmi ces morales, on doit compter le stoïcisme, le spinozisme, et « l'aristotélisme ». Ces trois systèmes offrent moins des théories que de naïves recettes pour faire de l'homme un animal apprivoisé, incapable de se nuire à lui-même ou à son prochain, elles ne se parent même pas de la sombre séduction métaphysique du judéo-christianisme. Les recettes diffèrent, l'impassibilité stoïcienne n'est pas identique à la vivisection spinoziste des passions, et c'est dans leur « rabaissement [...] à un niveau si médiocre qu'il devient permis de les satisfaire tant elles deviennent inoffensives » que Nietzsche situe « l'aristotélisme de la morale ». Et il ajoute aussitôt « astuce et sottise aussi la morale qui consiste à jouir intentionnellement des passions, à les épurer et les spiritualiser à travers le symbolisme de l'art, par ex. de la musique »[1]. Le lien est explicitement établi entre aristotélisme éthique et aristotélisme esthétique. Mais Nietzsche, ici, parle bien d'aristotélisme et non pas d'Aristote, et d'aristotélisme *de* la morale, et non pas d'aristotélisme *en* morale. Il y a un aristotélisme de la morale qui réclame cette réduction des passions à un niveau médiocre afin de pouvoir les satisfaire sans danger. « La relation de la médiocrité à la vertu – Aristote a ressenti comme agréable la fatalité de l'état de fait ! » (*K.S.A.* 11, 1884, 25[39]). Autrement dit, il ne s'agit pas de la morale d'Aristote, mais du fait que la morale contient structurellement en elle-même, en tant que morale, de l'aristotélisme. En fait, l'aristotélisme de la morale précède la morale d'Aristote : celle-ci ne fait que codifier, expliciter, justifier une composante générale et constante de la morale de tous. L'éthique d'Aristote, on le sait, analyse un comportement incarné par le *phronimos*, celui qui n'a pas, de l'aveu même d'Aristote, besoin de lire Aristote pour être vertueux. La recherche du bonheur et sa conséquence, la nécessité de se conduire avec prudence, mesure et modération, constituent un élément permanent de la morale, du moins de celle qui a précédé la morale chrétienne, lui a résisté, ou s'en est affranchie. Car cette tendance pacifique se différencie radicalement du « long effort spirituel » qui « fit interpréter chaque événement selon un schéma chrétien, découvrir et justifier

1. *K.S.A.* 5, § 198, p. 118 ; *Par-delà Bien et Mal*, *O.P.C.*, t. VII, p. 109.

le Dieu chrétien dans le moindre hasard », elle est étrangère à « tout ce qu'une pareille attitude comporta de brutal, d'arbitraire, de rigide, de terrible et de déraisonnable » et qui « s'est révélé comme le moyen de conférer à l'esprit européen sa force » (*P.B.M.*, § 188). L'aristotélisme de la morale en représente donc l'élément raisonnable, souple, mesuré, par opposition à ce que représentent, par exemple, le jansénisme et le puritanisme.

Or s'il existe un aristotélisme de la morale, il existe aussi, et bien plus encore, un aristotélisme de la logique. Nietzsche n'emploie pas l'expression, mais dans un fragment de l'automne 1887 (*K.S.A.* 12, 9[97]), il attaque, si on peut dire, l'aristotélisme à sa racine en s'attaquant au principe de non-contradiction. 1) Il commence par énoncer sa propre thèse : le principe de non-contradiction est un principe subjectif, qui exprime une incapacité psychologique – « affirmer et nier une même chose, nous ne saurions y parvenir » –, et nullement une nécessité logique. 2) Mais, continue-t-il, admettons avec Aristote que ce principe soit le plus certain de tous : il convient alors d'examiner avec une extrême rigueur tout ce qu'il « présuppose au fond d'affirmations préalables ». Car a) ou bien il a une portée ontologique, et signifie que des prédicats contradictoires *ne peuvent pas* être attribués à l'étant. Mais pour pouvoir dire qu'un principe logique est adéquat au réel, on doit avoir de ce réel une connaissance préalable, et indépendante de ce principe[1]. Ou bien, b) le principe énonce qu'on ne *doit* pas attribuer des prédicats contradictoires : dans ce cas « la logique est un impératif, non pour la connaissance du vrai, mais pour poser et accommoder un monde *censé s'appeler pour nous le monde vrai* ».

Donc, pour pouvoir affirmer que le réel est non contradictoire, et que la logique est par conséquent conforme à la réalité (ou la réalité à la logique), il faudrait avoir une connaissance de ce qui est qui ne soit pas soumise au principe de non-contradiction. Or cela ne peut pas être si l'on pose que ce principe est le principe premier et dernier de toute connaissance. Par conséquent, « ce principe contient non pas un *critère de vérité*, mais un *impératif* quant *à ce qui* DOIT *valoir pour vrai* ». Comme toujours, selon Nietzsche, la prudence des philosophes est prise en défaut, elle s'arrête

1. C'est ce que, dans son déconcertant commentaire de ce fragment, affirme Heidegger à propos d'Aristote, qui « pensait dans le sens grec : l'Être était immédiatement aperçu dans son essence en tant que présence » et « l'essence de l'étant consiste en la constante absence de toute contradiction ». De telle sorte que Heidegger reproche à Nietzsche de ne pas avoir compris ce que précisément il dénonce (car que veut dire « immédiatement aperçu » sinon une connaissance indépendante du principe ?). De plus, affirmer que le « fait primitif de commander [...] ne procède toujours que d'une liberté », alors que Nietzsche parle d'instinct, c'est dénaturer profondément la pensée nietzschéene et la rendre « idéaliste ». Voir Heidegger, *Nietzsche*, t. I, trad. fr. de P. Klossowski, Paris, Gallimard, 1971, p. 467-478.

prématurément devant de pseudo-évidences premières. Ce qui est tenu par eux pour premier ne l'est pas véritablement, et le principe de non-contradiction n'est pas un principe puisqu'il dérive d'une croyance plus originaire. Car la formulation ultime du principe n'est pas que A ne puisse être, en même temps et sous le même rapport, A et non-A, elle est d'abord que A est A. Or cette identité logique repose sur la croyance à l'identité de chaque chose avec elle-même, donc finalement sur la croyance qu'*il y a* des choses. Notre croyance aux choses est la présupposition de notre croyance à la logique. Chose, substance, être sont nos concepts les plus anciens et les plus faux, parce qu'ils contredisent le monde du devenir. Il existe donc une archi-croyance, une archi-affirmation au fond de toute affirmation, celle qui consiste à dire oui à l'être, à l'identité, et à dire non au devenir et à la contradicition : « les actes de pensée les plus originels sont l'affirmation et la négation ». L'identité et la non-contradiction sont le sens même de l'être, de sa consistance et de sa constance. Seul un tel monde, et non pas celui du devenir et du chaos, est connaissable, connu, et notre vie n'est durablement possible que dans ce monde. L'ontologie est plus favorable à la conservation du vivant que le devenir imprévisible qui ne cesse de le menacer. Aristote est le grand homme de l'intellect, seulement, notre intellect n'est pas un organe de connaissance, c'est un appareil de simplification, de stabilisation et d'assimilation « qui n'est pas réglé sur la connaissance mais sur notre maîtrise des choses » (*K.S.A.* 11, 1884, 26[61]) : la formule prend alors un tout autre sens. Si par principe d'identité on entend la « croyance aux cas identiques », croyance qui est une falsification nécessaire pour accommoder le monde à nos exigences de vie et de connaissance, alors le principe est bien premier. Il est la forme de toute connaissance possible, et plus encore la forme de toute forme, il donne lieu au « monde des concepts, des espèces, des formes, des fins, des lois » et aussi « de choses identiques, de sujets, de prédicats ». La logique est cette tentative « pour comprendre le monde réel selon un schème de l'être posé par nous » : logique et ontologie ont la même origine et le même âge, elles sont aristotéliciennes.

Grâce à ce regard solitaire d'un sujet spectateur ou lecteur (on se souvient de Diogène Laërce rapportant ce mot de Platon : Aristote, ce lecteur...), grâce à cette âme soustraite aux fureurs et à l'exubérance de la vie et de la souffrance, s'institue le dédoublement de la représentation et l'espèce de connaissance qui ne reconnaît que l'identifiable et l'intelligible. La vie, le monde, l'homme deviennent *familiers* parce qu'ils sont *vus* et non pas vécus dans l'horreur ou la jouissance. Autrui devient celui avec qui je discute, et les dieux ne peuvent, par définition, être ni méchants ni terribles. Rassuré par la stabilité des choses et de l'univers que son œil immobilise, par la bonté des dieux que sa raison lui garantit, par la similitude des hommes que lui confirme l'observation des genres et des espèces, assuré aussi de son identité, l'homme aristotélicien se construit un monde, une religion, une cité, un moi qui s'interposent entre lui et la vie (donc la mort), entre lui-même et lui-même, ce lui-même effrayant et pitoyable dont il ne veut plus rien savoir, et que seule la tragédie grecque avait réussi à exprimer. La vision et le chant tragiques se trouvent ainsi rejetés du côté de l'irrationnel. Irrationnelle, la tragédie le devient sous le regard rationnel de Socrate, mais l'effort d'Aristote pour la rendre rationnelle ne la sauve pas : au contraire, elle en meurt. Avec la tragédie c'est, selon Nietzsche, l'art même qui disparaît, l'art en qui on ne verra plus désormais qu'un divertissement, un luxe. De cette mort, Aristote n'est pas responsable, il n'en est même pas conscient, il contribue simplement à l'élimination de la conception tragique du monde au profit d'une conception logique et morale, conception qui a fini par s'identifier pour nous à la philosophie entendue comme connaissance des causes de tout ce qui est.

Pour résumer les différents aspects examinés : on a successivement rencontré un Aristote source doctrinale des Préplatoniciens, mais sans véritable compréhension de ce qu'ils ont incarné ; un homme de la science pure, de la recherche d'une vérité qu'il ne songe même pas à problématiser ; l'auteur d'une théorie esthétique dépourvue de tout véritable sentiment esthétique ; et enfin, l'aristotélisme comme expression ingénue d'une tendance morale fondamentale, et d'une croyance non moins fondamentale à l'adéquation du logique et de l'ontologique, adéquation possible seulement par leur égale soumission au principe d'identité. Ce qui frappe immédiatement au simple énoncé de ces points, c'est leur disproportion. On tire des textes de Nietzsche un Aristote à la fois trop petit – réduit à son seul intérêt philologique ou à sa seule théorie esthétique (et même à sa seule théorie de la tragédie) –, ou trop grand – dilaté à l'ensemble de l'ontologie dont il n'est pas seulement le premier moment mais comme le soubassement persistant. La représentation nietzschéenne semble ne pas pouvoir s'ajuster à la philosophie d'Aristote, telle que nous la connaissons ou croyons la connaître. Sans doute est-ce parce qu'il n'y a pas, à proprement parler, pour Nietzsche, de philosophie d'Aristote. Celui-ci est pour lui la personnification impersonnelle de la puissance de la science et du plaisir de connaître, de telle sorte que ses vérités ne sont pas plus vraiment les siennes que ses erreurs. Après avoir tenté de faire le tour de ce qu'était Aristote *pour* Nietzsche, je ne suis pas certaine, au bout du compte, que l'on puisse parler d'un Aristote *de* Nietzsche.

INDEX LOCORUM

TABLE DES MATIÈRES

PLATONICA

ARISTOTELICA

Imprimerie de la Manutention à Mayenne – Novembre 2000 – N° 376-00
Dépôt légal : 4e trimestre 2000